SERIAL KILLERS

Rubens Correia Jr.

SERIAL KILLERS

Como funciona a mente sombria dos assassinos em série

© 2024 - Rubens Correia Jr.
Direitos em língua portuguesa para o Brasil:
Matrix Editora
www.matrixeditora.com.br
❻/MatrixEditora | ◐ @matrixeditora | ◉ /matrixeditora

Diretor editorial
Paulo Tadeu

Capa, projeto gráfico e diagramação
Patricia Delgado da Costa

Revisão
Adriana Wrege
Silvia Parollo

CIP-BRASIL - CATALOGAÇÃO NA PUBLICAÇÃO
SINDICATO NACIONAL DOS EDITORES DE LIVROS, RJ

Correia Jr., Rubens
Serial killers: como funciona a mente sombria dos assassinos em série / Rubens Correia Jr. - 1. ed.
São Paulo: Matrix, 2024.
264 p.; 23 cm.

ISBN 978-65-5616-410-6

1. Homicídios em série. 2. Investigação criminal. I. Título.

23-86804   CDD: 364.1523
                            CDU: 343.61

Gabriela Faray Ferreira Lopes - Bibliotecária - CRB-7/6643

SUMÁRIO

AGRADECIMENTOS 7

PREFÁCIO 9

APRESENTAÇÃO 13

PRÓLOGO 17

Sobre a consolidação da expressão "serial killer" na
contemporaneidade 20

Serial killer ou homicida em série? 23

1. O SUJEITO 27

1.1. O que é um homicida em série 27

   1.1.1. Homicida em série 28

   1.1.2. Homicida em massa 39

   1.1.3. Homicida ao acaso 44

1.2. Quem é o homicida em série 47

   1.2.1. O perfil dos homicidas em série 47

   1.2.2. O abuso na infância 48

   1.2.3. O domínio sobre a vítima 55

   1.2.4. A capacidade intelectual e a sociabilidade 56

1.3. Como são os homicidas em série 59

   1.3.1. Quanto ao planejamento do crime 59

   1.3.2. Quanto ao lugar do crime 65

   1.3.3. Quanto à razão do crime 68

   1.3.4. A ausência de motivos 72

   1.3.5. Os tipos de homicida em série 74

2. A MENTE 91
2.1. A mente de um homicida em série 91
2.1.1. E depois? 95
2.1.2. Complementos à Teoria de Norris 96
2.2. O difícil diagnóstico dos homicidas em série 97
2.2.1. A pessoa nasce assim ou se torna um homicida em série? 99
2.3. Psicopatas 105
2.3.1. As características da psicopatia 114
2.3.2. A tríade obscura da personalidade 124
2.3.3. Uma crítica à questão da psicopatia 126
2.3.4. Os números 128
2.4. As estruturas da maldade 129
2.5. Quando eles param de matar 143

3. QUEM É CAPAZ DE SE TORNAR UM HOMICIDA 147
3.1. Estigmas – do que somos capazes? 147

4. OUTRO OLHAR SOBRE O HOMICIDA EM SÉRIE 181
4.1. A psicanálise e o homicida em série 181
4.2. Id, superego, ego e o impulso criminoso 186
4.3. Outros conceitos psicanalíticos 189
4.4. Perversos e psicóticos 192

5. A CRIMINOLOGIA E O HOMICIDA EM SÉRIE 197
5.1. A criminologia e a análise do comportamento violento.. 197
5.2. A história da criminologia e os homicidas em série 198
5.3. A procura da natureza criminosa –
Lombroso e seu criminoso ideal 212
5.4. Os monstros e o positivismo 220
5.5. Demais apontamentos sobre a criminologia e sua história 224

6. OS HOMICIDAS EM SÉRIE E A MÍDIA 227
6.1. A construção do fascínio midiático pelos homicidas seriais 227

REFERÊNCIAS BIBLIOGRÁFICAS 241
NOTAS 257

AGRADECIMENTOS

Escrever um livro pode parecer uma atividade extremamente solitária. Contudo, para que uma folha em branco se inunde de letras, conceitos e ideias, é necessário que o escritor tenha se permitido vivenciar uma série de experiências boas e ruins, tenha convivido e aprendido em cada relação.

Nesse sentido, todos os agradecimentos têm em si uma inegável carga de ingratidão para com todos que, eventualmente, passaram pela vida do escritor e não foram citados, até porque faltariam páginas para agradecer a quem nos edifica.

Assim, começo agradecendo a todos que de alguma forma transitaram pela minha vida, ora como protagonistas, ora como coadjuvantes ou mesmo figurantes. Todos são formadores de trechos significativos desta obra. Cada observação feita, até mesmo em relação às pessoas que para mim são anônimas, acabou por resultar na maneira como vejo a vida e, consequentemente, na maneira como vejo o fenômeno aqui estudado.

Agradeço às instituições em que ministro aulas (tanto na graduação quanto na pós-graduação) espalhadas pelo Brasil. Que me permitem aprofundar a cada dia os conceitos trabalhados neste livro. Aos professores, criminólogos, psicólogos e psicanalistas que contribuíram na minha jornada, em todas as pesquisas e estudos que fiz.

Meus agradecimentos ao psicólogo português Mauro Paulino, que contribuiu para este livro, e à psicóloga e psicanalista argentina Silvia Tendlarz, por nossa parceria desde o seu livro (que tive a honra de traduzir) até o prefácio desta obra. À professora doutora Carla Ventura e ao nosso grupo de pesquisa da USP. Em especial ao escritor Ullisses Campbell, que contribuiu para hoje eu estar nesta editora.

Meus singelos agradecimentos à minha esposa, Luana De Vito, pelo seu apoio incondicional durante a produção desta obra e pela colaboração afetuosa, intelectual e crítica, sempre.

Não poderia deixar de citar os meus alunos, de graduação e pós-graduação, por todo o aprendizado e experiências que resultaram em considerações neste livro.

Por fim, agradeço ao meu filho, João Francisco (o cara mais bacana do mundo), por suportar algumas horas de minha ausência, preço que paguei por cada página deste livro, e, além disso, meu muito obrigado a Samantha Amui, sua mãe, que incondicionalmente ama esse pequeno.

PREFÁCIO

No meio acadêmico do século XX, se diferenciavam o normal e o patológico. Os assassinos eram examinados para determinar se haviam agido em estado de demência e se eram ou não imputáveis. Os loucos homicidas não eram mais considerados monstros, e, mais que o castigo, estava em jogo o tratamento.

O termo "serial killer" foi criado nos anos 1970 pelo agente do Federal Bureau of Investigation (FBI) Robert Ressler, autor do livro *Dentro del monstruo*. Ressler trabalhou por vinte anos nessa instituição, tornando-se especialista e pioneiro no desenvolvimento de perfis psicológicos de criminosos. Para ele, os termos "série" e "serial" são usados após o terceiro assassinato. A definição "serial killer" foi solidificada na linguagem popular, em grande parte devido à publicidade dada aos crimes de Ted Bundy e David Berkowitz, este último mais conhecido como "o filho de Sam". Embora existam numerosos livros sobre os mais famosos assassinos, somente a partir de 1985 começaram a publicar estudos sobre o assunto. O livro de Rubens Correia Jr. faz parte dessa orientação, mas diferenciando-se dela ao mesmo tempo, já que nos permite examinar os textos anteriores, mantendo um eixo de trabalho que leva do universal ao singular.

As normas e leis que incidem sobre os homicidas variam de acordo com os diferentes momentos históricos, os discursos de cada época, que surgem da oposição específica estabelecida entre a ordem social e o crime, que geram os nomes e suas respectivas classificações.

No livro *O criminoso e seus juízes*, Alexander e Staub, psicanalistas contemporâneos de Freud que se interessaram pela criminologia, distinguem três grupos de criminosos: neuróticos, com uma "satisfação criminosa das pulsões", que se expressa por meio de ato real contra o mundo exterior; delinquentes normais identificados como modelos criminosos, o que levou o psicanalista austríaco Aichhorn a afirmar que os criminosos têm um "superego criminoso"; e, finalmente, um terceiro grupo, daqueles que matam impulsionados por enfermidades orgânicas.

Lacan se interessa particularmente pela distinção que o psiquiatra Guiraud faz entre crimes do eu, em que o indivíduo se comporta de acordo com sua vontade, com a ilusão de liberdade total, e crimes de id, típicos de demência precoce, em que o ego permanece como um espectador passivo e surpreso. Além disso, ressalta a maneira pela qual Guiraud revela a agressão simbólica presente em homicídios desmotivados ou crimes de identidade: "O que o sujeito quer matar não é seu ego ou seu superego, mas sua doença, ou, mais genericamente, o 'mal', o kakon (palavra grega para mal) [...]". De lá, segue o seguinte tripé: crimes do eu, em que crimes de paixão são incluídos; crimes de id, como aqueles cometidos por esquizofrênicos; e crimes do superego, que incluem a paranoia da autopunição estudada por Lacan em sua tese.

Todas essas propostas surgem da questão sobre o diagnóstico que pode ser feito sobre o sujeito homicida e como situar seu crime: passagem ao ato psicótico ou crime homicida de um sujeito não psicótico? Que crime é e como situar o sujeito que o comete? Por outro lado, o que leva um sujeito a matar sujeitos diferentes, um após o outro, sem motivo aparente? Para o serial killer, ao contrário da passagem para o ato homicida punitivo, uma morte não é suficiente, é necessário estabelecer uma série, que, em muitos casos, está produzindo uma aceleração psíquica e a busca do prazer inconsciente, que só termina quando o próprio sujeito é preso.

Já com os assassinos em massa, quanto mais mortes ocorrem, melhor fica, já que a aceleração psíquica se dá de maneira instantânea.

As classificações dos homicidas buscam, de algum modo, apreender o que se furta frente ao real da morte, sem êxito. Motivos, explicações ou significados proliferam e falham, em face do absurdo. No entanto, para fins judiciais, as perícias relativas ao ato homicida são utilizadas para estabelecer a pena e a sentença. A falta e a culpa são características de cada sujeito, de modo que o criminoso e a justiça formam um todo através do crime e da expiação.

As legislações se ocupam do grau de lucidez e discernimento do sujeito para estabelecer a imputabilidade diante de um crime. A psiquiatria está interessada na motivação e pergunta se ele é um enfermo mental. Já o psicanalista não tenta se colocar como juiz ou determinar a sentença, apontando para o sujeito em suas várias formas de apresentação: agressividade, destrutividade, estado alucinatório ou delirante.

Jacques-Alain Miller distingue entre "crime utilitário" e "crime de gozo". E logo retoma a oposição lacaniana entre os crimes do id, do ego e do superego, de acordo com os três registros. Distingue, assim, os crimes do imaginário, típicos do estágio do espelho; os crimes do simbólico, como os regicidas, que matam o representante da autoridade; e, finalmente, os crimes do real, uma figura mista entre o simbólico e o real. Nesse último tipo de crime o autor inclui o serial killer, que culmina com o crime nazista, que excede a lei criminal e se torna um crime contra a humanidade como um todo. Esse tipo de crime está atualmente ligado a homicídios em massa perpetuados em ataques terroristas.

Juntamente com Carlos Dante Garcia, conseguimos estabelecer várias sequências clínicas dentro dos casos de serial killers: psicoses compensadas em forma perversa; psicoses que mostram o impulso à mulher; psicoses que buscam a extração do gozo através de uma série de passagens ao ato homicida; psicoses que buscam a extração do gozo através de um "tratamento" do corpo das vítimas; psicoses alucinatórias que estão incluídas no grupo de esquizofrenias; delírios em ação que levam à produção de uma série metonímica[1] indefinida de homicídios; homicídios perversos, caracterizados pela vontade de gozo e pela ausência de culpa; e, finalmente, as psicoses ordinárias, nas quais as mortes entram em uma rede particular e sutil de delírio.

O livro de Rubens Correia Jr. trata de tudo isso e tem como objetivo desvendar passo a passo as particularidades de como surgiu o conceito de homicídio em série e como foi examinado pelos diferentes autores. Além disso, investiga as diferentes arestas que correspondem aos assassinatos em série com seus respectivos autores em suas diferenças subjetivas. É, sem dúvida, um livro indispensável para entrar no mundo do serial killer.

Silvia Elena Tendlarz
Psicanalista

APRESENTAÇÃO

O último dia de agosto de 1888 marcaria profundamente o mundo e a cultura dos séculos que estavam por vir. No subúrbio de Londres, Jack, o Estripador, se aproveitou da noite sem lua, da escuridão e da névoa londrina para mutilar e destruir o corpo de sua suposta primeira vítima. Nesse momento, sem saber, ele estava inaugurando um fenômeno que, mesmo dois séculos depois, continua a fascinar e intrigar o mundo.

Na sequência dos seus crimes, Jack começa um jogo macabro, de cartas, promessas e ameaças que despertam a curiosidade do grande público. A pulsão por morte alimenta a imprensa, enquanto os investigadores da polícia se perdem entre um labirinto de suspeitos e provas frágeis.

Com isso, o mundo ocidental descobre o poder e o fascínio que os homicidas em série são capazes de gerar em toda a população, monopolizando a opinião pública e – no caso de Jack – ainda saindo ilesos. Além de constatar que métodos investigativos (em processo de modernização na época) não eram capazes de prever o próximo passo de Jack, tampouco apontar o principal suspeito.

Embora o "Estripador" definitivamente não tenha sido o primeiro, foi sem dúvida o marco divisor entre a imprensa, os homicidas e o grande público. Anos depois, as perguntas sobre tais sujeitos continuam as mesmas: por que matam? Como matam? Como escolhem suas vítimas? Sentem remorso? São pessoas normais, comuns? Nascem ou se tornam assassinos? Monstros ou frutos da sociedade em que vivem? Existe uma natureza criminosa?

Este livro tentará aplacar um pouco essa necessidade humana de entender os atos cruéis, torpes, selvagens e violentos que contestam nossa definição de sociedade civilizada, organizada e consensual[2], sem, contudo, demonizar alguns sujeitos ou sacralizar outros.

Os serial killers podem ser mais do que sujeitos desviados e brutalizados, podem representar um verdadeiro sintoma de que em nossa sociedade – em pleno século XXI – alguma coisa ainda falha.

Não se pode continuar tratando o fenômeno desse tipo de criminoso como uma anomalia isolada, como um fato que somente atinge vilões monstruosos, pessoas anormais determinadas ou personagens de filmes e livros. O conceito lombrosiano biodeterminista (segundo o qual tudo se resume a características físicas ou psicopatológicas) se mostra frágil demais para os dias atuais. Saber mais sobre esses sujeitos leva ao questionamento das noções preconcebidas da sociedade. Tal exercício talvez potencialize o questionamento do ser humano em si, do comportamento do próprio leitor desta obra.

Ao mudar o paradigma, evitando considerar tais protagonistas de crimes bárbaros como doentes (portadores invariavelmente de um mal ontológico e primitivo) e começando a considerá-los um sintoma, bem como uma consequência da engrenagem social, pode-se encontrar amanhã as respostas que faltam hoje.

Este livro trata de homens, mulheres, cidadãos (às vezes, acima de qualquer suspeita). Pode ser assustador, mas todos os atos descritos nas próximas páginas foram cometidos por sujeitos aparentemente comuns, seres humanos, como o leitor ou o escritor desta obra.

O foco aqui não será apenas buscar as causas do fenômeno, mas sim procurar e descrever vários aspectos dos crimes, dos ofensores e das vítimas. Assim, não haverá respostas diretas aos anseios do leitor, e sim o fornecimento de elementos para que forme sua própria convicção a respeito de tal fenômeno criminoso.

Para isso, utiliza-se a análise e a descrição dos serial killers no Brasil e também no mundo. Construindo possíveis perfis, traçando suas características, pormenorizando seus atos, contemplando o fenômeno da violência, a estrutura da maldade, a responsabilidade penal, a culpa, os motivos do crime, as fantasias sexuais, entre outros aspectos.

O leitor desconstruirá alguns mitos e algumas falsas verdades sobre os assassinatos cometidos em série, questionará se há realmente um padrão nas condutas violentas ou se existe alguma possibilidade de prever tais ações.

O papel deste livro é apenas fornecer alguns dados a respeito dos homicidas seriais e sobre o comportamento violento como um todo, pois sabemos que o fenômeno "homicida em série" sempre representou um capítulo instigante, mas pouco estudado pela criminologia, uma vez que tais sujeitos não se enquadram em nenhuma classificação clássica ou costumeira das ciências, como psiquiatria, criminologia e psicologia.

Por fim, não se tem a intenção de esgotar todas as causas e consequências da criminalidade em série. A criminologia, a psicanálise e a psicologia desconstruíram o estudo do crime e demonstraram que não existe apenas uma causa para a violência, a criminalidade e os comportamentos brutais.

O leitor é convidado a fugir do lugar-comum das obras do gênero, lançadas em todo o mundo, que tendem apenas a estigmatizar o fenômeno e tachar de monstros e aberrações os indivíduos (sem olhar com alteridade o outro). Estigmatizando os serial killers, nós nos afastamos do sujeito de estudo e solidificamos preconceitos em vez de análises científicas. O objetivo deste livro é tirar o leitor de sua posição confortável e aproximá-lo dos sujeitos que estão descritos aqui.

E, neste ponto, deve-se ir além. Os homicidas em série são um mal ontológico? Um mal por sua própria natureza? Ou são frutos também da sociedade e um sintoma da época em que vivem? A maldade é exclusividade de alguns? Ou qualquer um dos leitores deste livro pode em algum momento cometer atos sádicos, brutais e cruéis?

Prepare-se para ler sobre esses homicidas, prepare-se, talvez, para conhecer um pouco melhor a realidade que os cerca. Lembre-se de que esta é uma obra que fala de homens e não de monstros, de pessoas comuns e não de anomalias. Talvez, ao se aprofundar mais nestas páginas, o leitor acabe se conhecendo melhor e se surpreendendo.

Rubens Correia Jr.

PRÓLOGO

De forma geral, o inconsciente das sociedades ocidentais e orientais tem grande fascínio pela violência e pelos homicidas em série. Na tentativa de seduzir, algumas obras lançam mão de recursos variados, tais como o estigma e o terror, para prender a atenção do espectador.

Constrói-se, assim, uma imagem do homicida como alguém que tem a face, a personalidade e a vida desfiguradas, pessoas bem distantes do universo do leitor, como se fossem monstros totalmente alheios ao nosso convívio, visando não chocar o consumidor literário. A maioria das obras que aborda o homicídio realizado em série e a violência é elaborada de maneira que o leitor apenas imagine como esses seres são peculiares e diferentes.

Isso, no entanto, não é verdade.

Eles não são tão diferentes.

Nesta obra, tentaremos não recorrer à explicação mais fácil, descrevendo os criminosos como "monstros" e "bestas desumanas" e assombrosas, mas lembraremos que homicidas, psicopatas e agressores formam grande parte de nossa sociedade, muitos têm família, amigos, qualidades e defeitos que passariam despercebidos a um olhar próximo.

O que difere nossos chefes, vizinhos e irmãos dos homicidas e agressores aqui analisados é sua história de vida, seus traumas, problemas e (lógico) suas escolhas, bem como seus sintomas, sua responsabilização, sua passagem ao ato e patologias, para além de sua não humanidade, sua monstruosidade ou somente problemas psicopatológicos.

A maioria dos livros nunca dá a importância devida ao tema no Brasil. No decorrer de nossa história, foram publicados poucos livros com o objetivo de estudar verdadeiramente o desvio de comportamento apresentado pelos homicidas em série. Tal peculiaridade se torna curiosa ao analisarmos que o fenômeno conhecido popularmente como "serial killer" não é uma exclusividade dos Estados Unidos, nem de países da Europa, mas é recorrente aqui no Brasil.

Nesse contexto, acreditamos ser importante uma abordagem crítica desse fenômeno, fazendo um levantamento geral sobre os delinquentes nos diversos continentes, apresentando dados necessários ao completo entendimento desses homicidas nos dias atuais.

Tais aspectos deverão ser interpretados de maneira ampla, uma vez que o objetivo principal é tornar claro que o fenômeno em tela está intrinsecamente ligado à sociedade mundial – não figura somente como enredo de filmes estrangeiros e não é apenas um problema isolado de países específicos.

Os tristes fenômenos criminais descritos nesta obra estão espalhados pelo mundo e definitivamente não estão tão distantes de nossa cultura quanto gostaríamos que estivessem. Acreditamos que entendendo e estudando esses ditos "delinquentes em série" característicos, podemos avançar na maneira como lidamos com esses cidadãos rotulados como sociopatas[3], psicopatas ou os ditos portadores de transtorno de personalidade antissocial, responsáveis por parte dos crimes em qualquer sociedade, inclusive a brasileira.

Temos por base o pensamento crítico, a criminologia crítica, que hoje exige uma revisão em todo o aparato penal (anacrônico e ilegítimo), e nada mais adequado para incitar a reflexão sobre nosso sistema penal do que o tortuoso tema dos homicidas em série.

Sem pretensão aqui de esgotar o tema, como já falado, este trabalho se apresenta ora como uma denúncia do fenômeno criminal no mundo e no Brasil, ora como uma crítica ao pequeno volume de estudos realizados até hoje, tentando assim dar início à construção de um estudo mais sério sobre tais delinquentes em nosso país e chamar a atenção para um problema que, a despeito do que muitos imaginam, não passa longe de nossas fronteiras.

Os homicidas serão apresentados em uma perspectiva mundial, criando, assim, uma ferramenta simples e objetiva para que o leitor tenha parâmetros para iniciar seus estudos e trilhar um caminho rumo ao entendimento desse fenômeno.

Tal entendimento passa pela seguinte indagação:

No sonho de uma quimérica convivência pacífica, no antigo embate entre bons e maus, no desejo de um mundo moderno e tecnológico, com a globalização e a promessa de um mundo sem fronteiras, alguma coisa ainda falha, a sociedade ainda abriga sujeitos que não se enquadram. Será que eles estão apenas à margem do que é socialmente imposto ou será que é a sociedade que não compreende e não abriga a todos de maneira equilibrada e democrática?

A sociedade se mostra em conflito, esfacelada, na qual tudo é descartável e líquido. Nossos laços sociais são frágeis e vulneráveis. Com relações cada dia mais fluidas, em uma engrenagem social feita para a perpetuação das desigualdades. Nesse cenário, o homicida em série aparece como peça ideal para a criação e solidificação de monstros no ideário popular. Muitas vezes, são apenas bodes expiatórios para aplacar os nossos desejos inconscientes. Afinal, ao almejar exterminar um homicida (querer a pena de morte, desejar que sejam torturados ou sofram), estamos, na verdade, a ansiar eliminar o desejo de matar que também repousa em nós.

A tendência para consolidar esse fenômeno de conflito e divisão subjetiva que repousa em nós é estigmatizar, recriminar e tentar eliminar sem antes procurar entender as causas do ato. Esta obra não aponta culpados, loucos ou desviados, mas tão só descreve fatos e mostra que o fenômeno de homicidas em série não respeita fronteiras nem regimes políticos e é, antes de tudo, um fenômeno humano.

A maioria dos criminosos aqui descritos não se enquadra no perfil comumente aceito e perpetuado em nossa cultura; são de difícil rotulação, não têm cicatrizes no rosto, não têm o queixo proeminente de Lombroso[4], não são necessariamente de uma cor, etnia, religião ou classe social.

Talvez por isso o fenômeno homicida em série choque tanto o senso comum, pois não segue os estereótipos da criminalização, foge dos modelos e imagens arraigados em nossa cultura, que geralmente se compõem de explicações biodeterministas e preconceituosas.

Devemos concluir que não podemos exclusivamente tachar pessoas como monstros; não se deve alimentar o discurso popular de criar meros antagonistas, párias ou inimigos para o nosso dia a dia. O estudo está aberto, as perguntas são deixadas no ar, e não teremos aqui a audácia de afirmar que conhecemos as respostas. As conclusões, particularmente, estão em aberto.

Sobre a consolidação da expressão "serial killer" na contemporaneidade

O emérito professor de História Philip Jenkins (1994) identifica a consolidação do termo "serial killer" na década de 1980, embora seja impossível falar de tal fenômeno sem verificar as décadas anteriores (1950 a 1970), que foram de grande valia para a expansão das notícias sobre mortes em série e a disseminação desse assunto por meio midiático, cinematográfico e literário.

Para saber o porquê de a consolidação do termo "serial killer" ocorrer somente em 1980, deve-se entender que o termo não surgiu de maneira arbitrária, mas foi, sim, consequência de um novo panorama que se apresentava, principalmente na sociedade americana das décadas anteriores.

Em anos emblemáticos de mudanças, com o surgimento da contracultura[5] e a desconstrução do ideal americano de vida, conhecido como "American way of life", a necessidade de um bode expiatório no ideário popular aumentava vertiginosamente. O monolitismo cultural americano começava a sofrer grandes fissuras, a partir da década de 1960, com os movimentos *hippie*, feminista, dos Panteras Negras, entre outros (KARNAL, 2007).

Na verdade, podemos traduzir esse momento como uma mudança nos modelos da sociedade ocidental em geral. Os jovens já não obedeciam aos modelos sociais estabelecidos nas décadas anteriores. Os padrões e valores estavam em colapso.

O mundo idealizado estava em desconstrução e as minorias se insurgiam, em uma ameaça ao equilíbrio social edificado até então pelo poder dominante. Como normalmente ocorre em toda época de desequilíbrio do desenho social, o surgimento ou potencialização de inimigos comuns externos e internos foi a ferramenta necessária para a manutenção da unidade, a fim de proteger os padrões sociais vigentes.

Como inimigos externos, os comunistas representavam tudo que ia mal, já do ponto de vista interno, os criminosos comuns ocuparam o papel de **bode expiatório,** e o **homicida em série** representou o ápice da figura do inimigo interno. A mídia potencializou a presença desses indivíduos como protagonistas dos noticiários. Ou seja, o homicida em série assume um importante e ideológico papel, e o incremento midiático não ocorreu sem motivo.

A figura do bode expiatório não é privilégio da segunda metade do século XX, pois foi largamente utilizada durante séculos, fosse com as bruxas na Idade Média, os judeus na Segunda Guerra, os *kulaks*[6] na Revolução Russa, os infiéis nos séculos V a XV ou até mesmo usuários de drogas ilícitas, nos dias atuais (CHRISTIE, 1993).

Assim, a figura dos chamados serial killers atinge seu ápice de importância e destaque nas décadas de 1970 e 1980, quase um século depois de seu surgimento como fenômeno mundial (veremos detalhadamente tal surgimento em capítulo próprio). Então, a consideração do homicida em série foi uma construção histórica, alegórica e lenta, não aleatória, mas um projeto de consolidação de um forte inimigo social.

Como bode expiatório, tais homicidas ganharam destaque em um momento em que a política norte-americana precisava de figuras hostis que agissem como unificadores do tecido social, ou seja, que induzissem à unidade da comunidade em face de inimigos comuns a uma sociedade considerada ainda de consenso (REIK, 1997).

Devemos acrescentar também que a década de 1980 teve os estudos de homicidas em série potencializados devido à tentativa de homicídio do então presidente Ronald Reagan por John Hyncley Jr. (que ocorreu no final de março de 1981, dois meses após Reagan ter assumido a presidência). Uma vez que John apresentava sérios distúrbios mentais e seu julgamento foi amplamente divulgado, com vários questionamentos em relação à sua capacidade de discernimento em relação à tentativa do ato homicida, a sociedade americana se voltou para a necessidade de explicar fenômenos violentos a partir da concepção médico-psiquiátrica (KARNAL, 2007).

Além disso, a sociedade unitária de consenso sofre, a partir dessas décadas, duras críticas, e a mudança exige novas abordagens e análises em relação à tensão que está presente em toda a comunidade. Nesse sentido, há um cenário novo, tanto no aspecto social como nos aspectos cultural e político (com a Guerra Fria, a política da boa vizinhança etc.). Um cenário de quebra de paradigmas e análise da estrutura social (BECKER, 2008).

Nesse ambiente invasivo e pouco dócil à engrenagem social, figura então esse bode expiatório, que se mostra ideal para canalizar os anseios de reforço do superego de toda essa sociedade, para aplacar pulsões e principalmente entreter a todos: o homicida em série.

Na década de 1970, então, pode-se verificar a consolidação do comunismo como inimigo externo número 1 (pelo menos para a política americana), a potencialização da política de boa vizinhança e a consolidação de ditaduras em vários países do mundo, em prol da defesa de supostas ameaças (KARNAL, 2007).

A década de 1980 tem a multiplicação dessas políticas e a consolidação da doutrina Reagan, que, sob a justificativa de combater o mal, contribuía para o surgimento de inimigos e opositores aos princípios ditos americanos (KARNAL, 2007).

Do ponto de vista interno, a mídia americana trata de difundir ao mundo um grande número de mortes causadas por sujeitos com peculiaridades. As outras formas de comunicação acabam trabalhando para infundir os crimes de homicidas em série na consciência coletiva da sociedade.

Tal transição fica clara quando vemos o cinema do período. Filmes emblemáticos na década de 1970, como *Dirty Harry* (1971), de Don Siegel, enchiam as telas do cinema com histórias de mortes, investigações e homicidas em série. *Frenesi* (1972), de Alfred Hitchcock, trouxe a perspectiva de angústia do próprio homicida na efetivação de seus crimes e fugas. Outras películas popularizaram o fenômeno no mundo todo, como *O massacre da serra elétrica* (1974), de Tobe Hooper, *Halloween* (1978), de John Carpenter, e *Sexta-feira 13* (1980), de Sean Cunningham.

Assim, a década de 1980 surge com um desenho social, cultural e político propício para o tema homicida em série. Jenkins (1994) descreve tal ambiente por quatro características específicas:

1. **Aumento dos números da violência:** houve um aumento no número de homicídios múltiplos e também da violência de forma geral nas cidades; ademais, o aumento do número de homicidas em série se torna visível à população.

2. **O avanço das investigações e o feminismo:** as investigações científicas com relação ao homem e à mulher se desenvolveram nesses anos, o que permitiu ampliar as discussões sobre a liberdade e a igualdade entre os gêneros, potencializadas pelo movimento feminista.

3. **A descoberta do abuso infantil:** nesse período, pode-se afirmar que houve o desenvolvimento de estudos pautados na violência doméstica contra as crianças.

4. **Relação entre mães e crianças:** aplicação da ciência e de pesquisa no cuidado das mães para com as crianças.

Foi nesse cenário, portanto, que o conceito de homicidas em série foi definitivamente moldado e consolidado, e é a partir dessa imagem solidificada nas décadas de 1970 e 1980 que até hoje os estudos são feitos e tais homicidas são interpretados.

Serial killer ou homicida em série?

Primeiramente, é indispensável dizer que grafar o termo em português ou inglês é uma questão de estética, que pouco influencia a produção do conhecimento.

Nesta obra, trabalhamos um tema que está fatalmente vinculado à expressão da língua inglesa, sendo o termo *serial killer* totalmente difundido pela mídia, embora o fenômeno esteja longe de ser exclusividade de terras anglo-saxãs ou americanas.

Na verdade, o que é indispensável para a leitura de qualquer obra que cite ou descreva os serial killers é o distanciamento de todo e qualquer estereótipo que acompanha tais indivíduos, tanto no imaginário popular como na seara acadêmica, que pouco discute sobre o tema (TENDLARZ; GARCIA, 2013).

O estigma tem de ser abolido, para que interpretemos os casos aqui expostos de maneira moderada e, principalmente, objetiva. Assim, a partir deste ponto, reforçamos que a expressão "serial killer" tem uma grande carga conceitual e ideológica relativa à construção do estudo sobre esse fenômeno criminal, e se consolidou no ideário popular ao longo de décadas. Além disso, sabemos que grande parte da população brasileira identifica o assunto pela expressão em inglês, já consolidada. Por isso, nossa obra tem seu título apoiado nessa expressão.

No entanto, independentemente disso, tentaremos, na construção dos capítulos, consolidar uma abordagem que reforce também a expressão brasileira **"homicidas em série".**

Isso porque, a despeito do que ocorre em outros países, como Estados Unidos e Inglaterra, não se vislumbra em nosso país, nem mesmo timidamente, uma doutrina forte e respeitada na área de delinquentes seriais. Até mesmo a criminologia anda por aqui a passos lentos, e a engrenagem do pensamento político-criminal também não funciona a contento em nossas terras.

E por que a melhor tradução para "serial killer" no Brasil seria "homicidas em série", uma vez que temos uma multiplicidade de nomenclaturas para tais sujeitos e seus atos, como homicídios múltiplos, homicídios seriais, homicídio de desconhecidos, homicida de conhecidos, homicida em massa, assassinos em série e até mesmo nomes sensacionalistas, como monstros e caçadores de humanos?

Vejamos o significado de algumas das palavras e expressões citadas e que serão utilizadas constantemente nesta obra. De acordo com alguns filólogos, a palavra "assassínio" remonta aos muçulmanos do século XI que habitavam a Síria e deriva da palavra "haxixe". Especula-se que os seguidores de um fundamentalista islâmico utilizavam haxixe para ficar ainda mais cruéis e cometer seus homicídios, por isso ganharam a alcunha de "hashshashîn", algo como "consumidor (bebedor) de haxixe". Outra explicação para o vocábulo diz que deriva da palavra "assassiyun", que pode ser traduzido como "os que são fiéis a Assass".

O termo utilizado por nós, que temos uma língua de origem latina, é "homicídio", que, nas palavras de Washington dos Santos (2001), é:

> Homicídio – (Lat. homicidiu.) S.m. Assassínio; morte de pessoa praticada por outra; na definição de Carmignani, a mais em voga entre os criminalistas, "é a morte violenta de um homem, injustamente praticada por outro". Planiol diz com a sua característica concisão: "La personalité se perd avec les vies. Les morts ne sont plus de persones, ils ne sont plus rien". Comentário: O homicídio pode ser assim qualificado: pela intensidade do dolo; pela consanguinidade entre agente e vítima; pelos meios de execução; pelas causas perversas. O homicídio pode dar causa a indenizações conforme dispõe o art. 948 do CC.

O vocábulo ora em questão vem do latim "hominis excidium", "homicidiu", e foi escolhido por nossos legisladores, sendo a definição para o mais bárbaro e repreensível crime contra a vida. Nas palavras de Hungria (1955): "Homicídio é a mais chocante violação do senso moral médio da humanidade civilizada [...]".

Somada a essas palavras, temos a definição do vocábulo "série" (FERREIRA, 2000), que significa:

> **1** Número de coisas ou eventos, semelhantes ou relacionados, dispostos ou ocorrendo em sucessão espacial ou temporal. **2** Sucessão espacial ou temporal de eventos ou coisas. **3** Disposição ordenada lado a lado de objetos.

Sobre tal definição, Tendlarz e Garcia (2013, p. 129) asseguram:

> Os termos "série" e "serial" são utilizados na conceptualização a partir do terceiro assassinato, independentemente do uso matemático do termo. Independente porque, habitualmente, a palavra série se define como um conjunto de coisas que vão, estão ou ocorrem uma depois da outra. Em matemática se refere a uma sucessão de quantidades que se derivam uma de outra segundo uma lei fixa. Por outro lado, podemos destacar que "serial" é um neologismo não constante no Dicionário da Língua Espanhola, da Real Academia.

Somando-se, então, essas duas palavras da língua portuguesa e de origem latina, temos a nomenclatura mais acertada para os delinquentes que cometem homicídios de forma seguida, qual seja **"homicida em série" ou "homicida serial"**.

Em tempo: vale ressaltar que em inglês temos também um termo análogo: "serial murderer", que perdeu importância a partir da década de 1970, devido ao impacto literário da expressão "serial killer". No entanto, para a língua portuguesa, a expressão "homicida em série" permanece mais apropriada.

A partir dessa nomenclatura, procuramos construir uma literatura nacional sobre o tema, visando suprir uma lacuna que existe em nosso direito criminal. É lógico que outras nomenclaturas serão usadas ao longo desta obra (inclusive na capa do livro), até mesmo por motivo estilístico e em uma tentativa de deixar o texto menos repetitivo.

Mas é importante deixar claro que a expressão que neste capítulo evidenciamos é a mais acertada para definirmos a tradução do fenômeno estudado neste livro, embora no decorrer desta obra outros vocábulos apareçam, deixando a expressão em língua inglesa para eventuais casos de necessidade textual.

Por fim, lembramos que, apesar de os homicídios em série existirem (de forma razoavelmente comprovada) desde os primeiros tempos da era cristã, levou séculos para que o seu estudo e sua definição começassem a tomar forma.

1

O SUJEITO

1.1. O QUE É UM HOMICIDA EM SÉRIE

Todos nós temos em mente uma vaga noção do que seja um serial killer. Imaginamos, desde a adolescência (ao ver filmes e séries de terror e violência), que sabemos exatamente como definir e identificar um homicida em série. No entanto, do ponto de vista técnico e científico, para classificar um sujeito como homicida serial é necessário considerar alguns parâmetros, características, certas circunstâncias objetivas e também subjetivas, levando em conta variáveis como o *modus operandi*, o tempo entre um homicídio e outro, o resfriamento emocional, o comportamento da vítima etc. (EGGER, 1998).

Devemos então estabelecer de maneira clara o significado desse fenômeno criminoso, pois, ao leitor atento, antes de adentrar os casos reais, é imperioso o conhecimento da real acepção da expressão "homicida em série".

A definição carece, nos países de língua portuguesa, de um trabalho mais cuidadoso e de doutrinas a respeito, embora a doutrina estrangeira há muitas décadas já debata o tema. Independentemente das doutrinas alheias, hoje se faz necessária uma definição e classificação próprias, considerando a nossa história e o nosso direito.

Para tanto, não é possível, nos dias de hoje, abordar o tema sem passar pela classificação dos homicídios. Nesse sentido, salientamos que toda classificação é um exercício discricionário, nas palavras do escritor e professor de criminologia Salomão Shecaira (2004). Uma categorização se faz essencial, tendo em vista "a variedade de fenômenos de violência que habitam nosso mundo contemporâneo" (TENDLARZ; GARCIA, 2013, p. 140), e, diante dessa variedade, optamos por dividir os sujeitos que cometem homicídios com várias vítimas em: homicidas em série, homicidas em massa e os chamados homicidas ao acaso.

1.1.1. HOMICIDA EM SÉRIE

O termo "serial killer" é bastante popular nos dias de hoje, mas, definitivamente, essa expressão não é tão recente na história da humanidade. Embora tal assunto pareça ter sido introduzido no ideário social, de maneira manifesta, apenas com Jack, o Estripador, a definição desse fenômeno veio décadas depois.

Alguns historiadores atribuem a Ernst Gennat, na Alemanha, em 1931, a primeira tentativa de nomear os homicidas que matavam em série, chamando-os de *Serienmörder* em um artigo no qual tratava de um conhecido homicida da época (MOURA, 2017).

Apesar de ser um tema controverso e de vários artigos e reportagens erroneamente apontarem o contrário, a outra definição de homicidas que matam em série de que temos registro surgiu com o criminologista James Reinhardt (1957), quando formulou a definição "assassinos em cadeia", no final da década de 1950, em sua obra *Sex perversions and sex crimes* (bem antes da popularização do tema, que somente se deu na década de 1970).

Já na década de 1960[7], na Inglaterra, o autor John Brophy aprofundou o tema e cunhou uma definição próxima a "serial killer" – assassino serial ou homicida em série, em uma livre tradução para o português, como já abordamos (MOURA, 2017).

O livro em questão, *The meaning of murder* (1966), abriu a discussão sobre o assunto. John Brophy, acertadamente, não concordava que os homicidas em série fossem chamados de assassinos em massa, pois havia uma grande diferença conceitual entre esses dois tipos de homicidas.

Por fim, tal autor ainda definiu a repetição da conduta criminosa em determinado espaço de tempo como uma das principais características do homicídio em série, além de considerar Jack, o Estripador, um dos primeiros exemplos de tais assassinos na sociedade moderna (BROPHY, 1966).

Embora a definição tenha sido consolidada ainda na década de 1960, na Inglaterra, é importante lembrar que a autoria desse nome é amplamente discutida até os dias atuais. O FBI[8], inclusive, na pessoa de seu ex-agente Robert Ressler (talvez um dos nomes mais proeminentes no estudo dos homicidas em série), até hoje questiona o pioneirismo de Brophy e reclama para si a criação do termo "serial killer" (NEWTON, 2002).

Robert Ressler foi um agente especial do FBI, atuante na divisão de crimes violentos da polícia americana (programa de captura de criminosos violentos). Durante décadas foi responsável por analisar perfis psicológicos de homicidas em série. Alguns historiadores atribuem a ele a criação do termo "serial killer", na década de 1970. É autor de vários livros sobre o tema, como *Whoever fights monsters, Sexual homicide, I have lived in the monster, Dentro del monstruo.* Ajudou a traçar o perfil de Hannibal Lecter, o assassino canibal de *O silêncio dos inocentes,* na década de 1990. E em 2017 foi retratado na série *Mindhunter,* da Netflix, como o personagem Bill Tench, interpretado pelo ator Holt McCallany. A série foi baseada no livro de seu parceiro no FBI, John E. Douglas. O referido programa ainda retratou a doutora Ann Wolbert Burgess, uma notável enfermeira psiquiátrica que contribuiu para o estudo do comportamento criminal.

A maioria dos livros que trata do assunto atribui a Ressler o nome e a definição dos homicidas em série, mas na verdade tal afirmativa demonstra um conhecimento superficial da literatura específica, antes da década de 1970 (SCHECHTER, 2013).

Mesmo nos Estados Unidos, temos outros autores que reivindicam o ineditismo da expressão "serial killer". Nesse sentido, Pierce Brooks, policial de Los Angeles, teria sido o primeiro a utilizar a nomenclatura em terras americanas. Criador do ViCAP (Violent Criminal Apprehension Program), programa de apreensão de criminosos violentos, também teria sido o primeiro a diferenciar os homicidas em série dos homicidas em massa (MOURA, 2017).

No entanto, contrariando parte dessas afirmações, em sua biografia, *Whoever fights monsters* ("Aquele que luta com monstros", não editado no Brasil), Ressler é categórico ao afirmar que criou o termo assassino em série. Tal livro teve o título, claramente, inspirado na célebre frase de Nietzsche: "Aquele que luta com monstros deve acautelar-se para não se tornar também um monstro. Quando se olha muito tempo para um abismo, o abismo olha para você".

É inegável que o ex-agente do FBI teve, sim, o grande mérito de substituir, no meio policial investigativo, o termo "stranger killer" (algo como homicida de desconhecidos), até então difundido e usado para classificar todos os indivíduos que matavam pessoas em série e sem motivos aparentes, pelo termo "serial killer".

Outro aspecto a ser sublinhado foi a alteração significativa em língua inglesa que Ressler causou com seus estudos. Ele não só consolidou a expressão "serial killer" como tornou obsoleta a expressão "serial murderer" (SCHECHTER, 2013).

Nesse sentido, embora haja uma confusão sobre o tema na doutrina, fica claro que os homicidas seriais eram, até a década de 1960, conhecidos mais como assassinos múltiplos. E a ausência de uma definição mais específica obstava investigações e estudos sobre os sujeitos.

Embora, definitivamente, não possamos atribuir a criação da nomenclatura a Ressler, é notório que a popularização do termo, assim como a importância dele no ambiente policial, somente se deu a partir da interferência desse ex-agente policial nas investigações e estudos.

A mudança de nomenclatura no meio policial foi um ponto crucial para o estudo criminológico (a sistematização científica, assim como o surgimento de referências bibliográficas) dos homicidas em série, pois o termo "stranger killer" – por ser abrangente demais – acabava por dificultar as possibilidades de estudo e impedia a confecção do perfil criminal dos homicidas, uma vez que predeterminava a representação da vítima.

Ressler comprovou que não necessariamente a vítima era totalmente desconhecida do agente, e os grandes departamentos de investigação foram beneficiados com a mudança de postura proposta por ele.

A nomenclatura "homicida de desconhecido" é totalmente refutada hoje, não só pelos meios jurídico e policial, como também pelo meio psicanalítico. Isso porque o sentido da palavra "desconhecido" é muito questionado, uma vez que, geralmente, o sujeito, em seu delírio, acaba por matar alguém que supõe conhecer (ou seja, o agente projeta na vítima a sua própria imagem ou a imagem de alguém que conhece e que quer atingir).

A vítima nunca será desconhecida do assassino, pois, se não for conhecida de maneira consciente pelo agente, o será de maneira inconsciente. Isso porque, simbolicamente, os homicídios têm um sentido na mente do autor, e todas as vítimas assumem uma identificação na realização do ato.

A nomenclatura citada acabou por limitar ou desconsiderar a leitura com viés psicanalítico dos homicídios, como o homicídio por autopunição, o homicídio por sentimento de culpa, o delírio, a psicose, entre outros sintomas. Simplesmente considerar a vítima uma desconhecida é abandonar todos os diagnósticos subjetivos sobre a motivação do crime (TENDLARZ; GARCIA, 2013).

Assim, um sujeito que mata uma dezena de pessoas aparentemente desconhecidas no seu cotidiano pode, sim, estar matando a mesma pessoa dentro de sua construção delirante. Reforçamos, então, que dificilmente o homicida matará uma vítima que não conhece, pelo menos não em seu delírio.

Silvia Tendlarz e Garcia (2013, p. 130) afirmam:

> Um assassino pode não "conhecer" a sua vítima no sentido da convivência pessoal e cotidiana, mas, na verdade, "conhecê-la" em seu delírio, ou seja, o sujeito concretiza o assassinato de um desconhecido de maneira manifesta, mas na verdade está a concretizar o assassinato de quem "conhece" pelo lugar que esta ocupa em seu delírio.

Por fim, um indivíduo pode, em uma sequência de homicídios, matar apenas UMA pessoa. Em seu delírio, ele pode atentar várias vezes e de várias formas contra vários sujeitos e, na verdade, ferir em todas as ocasiões a mesma vítima. Um dos erros recorrentes nesse caso é tentar buscar nas vítimas a única razão do ato criminoso, quando na verdade o ato VIOLENTO encontra sua raiz, em regra, na subjetividade do agente. Ou seja, se quisermos descobrir quem ele mata, devemos, *a priori*, buscar em sua fantasia, para depois analisar as características reais da vítima.

Assim, a nomenclatura se solidificou durante as últimas cinco décadas. Mas, superadas as polêmicas criadas em torno do nome "serial killer", resta ainda definir o que vêm a ser esses homicidas em série e como podemos conceitualmente avaliar um assassino como um serial.

Tal definição não é unânime entre os países nem entre os doutrinadores. O Manual de Classificação de Crimes do FBI de 1992 trouxe a definição de homicídio em série: "Três ou mais eventos separados em três ou mais locais diferentes com um período de resfriamento emocional entre os homicídios".

O autor espanhol Borrás Roca (2002) lembra que as classificações do FBI (que ainda traçam a definição de homicida em massa também a partir da quantidade de vítimas) devem ser criticadas, por muitas vezes desprezar os homicídios que não se concretizaram.

Realmente, embora a classificação do FBI tenha sido difundida no meio investigativo na década de 1990, longe está de ser satisfatória. Haja vista que um delinquente serial pode muito bem ser caracterizado apenas com duas mortes ou com mortes no mesmo local em momentos distintos. Confirmando isso, no Brasil, um dos casos mais famosos de homicida em série é o do conhecido, vulgarmente, como "Chico Picadinho", um exemplo de homicida em série que cometeu somente dois homicídios.

Apesar de ter matado apenas duas vítimas, em um intervalo de uma década, Francisco repercutiu no imaginário popular brasileiro, tendo recebido a alcunha de Chico Picadinho. Teoricamente, dependendo de algumas classificações e conceitos mais conservadores sobre homicidas em série, Chico Picadinho não seria conceituado como tal, mas, ao falarmos desse fenômeno no Brasil, ele é o primeiro nome que vem à cabeça, principalmente das pessoas que viveram os anos de 1966 a 1976. Vale advertir que ele mutilou suas vítimas se utilizando de tesoura, giletes, facas e outros instrumentos cortantes. As mutilações eram sempre variadas, Francisco descarnou parte do corpo das vítimas e tomou pouco cuidado para se desfazer das provas, deixando um rastro de indícios.

Frisa-se que o paradigma classificatório deve ser deslocado do plano da ação e da quantidade (apenas) para o plano subjetivo do ato e seus motivos.

Tal controvérsia, a respeito do número de vítimas, foi duramente criticada por Steven Egger (1998), professor de justiça criminal da Universidade de Illinois já em 1998. Ele considera que a partir da segunda morte, e presentes outras características e pressupostos, pode-se considerar um assassino como homicida em série.

Para Egger (EGGER *apud* ROCA, 2002, p. 51), os homicídios em série são:

> A obra de um ou mais indivíduos que cometem um segundo ou posterior assassinato, sem que haja relação anterior entre vítima e agressor. Os assassinatos posteriores ocorrem em diferentes momentos, não têm relação aparente com o assassinato inicial e costumam ser cometidos em uma localização geográfica distinta. Além disso, o motivo do crime não é o lucro, mas sim o desejo de exercer o controle ou a dominação sobre suas vítimas.

Como podemos perceber, a discussão a respeito do **número de mortes** é secundária, pois, entre as principais características dos homicidas em série, o número de vítimas é apenas uma delas. Havendo uma pluralidade de vítimas (mesmo que mínima), o que realmente vai importar são as demais particularidades do caso.

Outra confusão feita pela classificação americana é quanto ao requisito de serem **locais separados e diferentes**. Nesse ponto, os agentes do FBI abriram a possibilidade para que muitos casos de serial killers fossem reclassificados, pois os locais, por diversas vezes, se repetem (mesmo sendo em eventos separados) (VORPAGEL, 1998).

A doutrina americana também se confunde ao tentar quantificar o período de **resfriamento** (estabelecendo desde horas até alguns dias). Tal quantificação, a nosso ver, é bastante limitadora, uma vez que o estudo de homicidas em série não é linear, devendo-se considerar caso por caso.

O resfriamento, ou seja, o lapso entre um crime e outro – em que o homicida sai de seu estado "catártico", volta a viver sua vida cotidiana e cessa temporariamente a busca de vítimas – é subjetivo e pessoal. Cada sujeito vai passar por esse período de maneira distinta – alguns vão buscar substitutos simbólicos na busca do seu prazer, outros alimentarão, por vezes, seu sadismo com os suvenires conquistados com a última morte. Os demais serão obstados por razões alheias à vontade, como um policiamento maior ou mesmo a ausência de vítimas em potencial (VORPAGEL, 1998).

Como exemplo da subjetividade do resfriamento, podemos citar a linha do tempo dos crimes de dois notórios homicidas em série: Ted Bundy e Dennis Rader (BTK). Bundy atacou pela primeira vez em janeiro de 1974 (Karen Sparks, que sobreviveu) e cerca de um mês depois ele conclui o seu primeiro homicídio (Lynda Ann Healy). Após o primeiro homicídio, agiu freneticamente, matando em março (Donna Manson), abril (Susan Rancourt), maio (Roberta Parks), junho (Brenda Ball e Georgann Hawkins), julho (Janice Ott e Denise Naslund), outubro (Melissa Smith e Laura Aime), novembro (Debra Kent). Durante os anos de 1975 a 1978 ele cometeria vários outros homicídios (com intervalos de horas, dias, semanas ou meses entre eles). Sua constância foi prejudicada apenas pelas prisões durante o período. Já BTK, também famoso serial killer, inicia seu legado infame com quatro mortes logo em sua primeira ação, em janeiro de 1974. Em abril de 1974, mata Kathryn Bright. Em março de 1977, Shirley Vian. Em outubro do mesmo ano, tira a vida de Nancy Fox. Em abril do ano seguinte, faz uma tentativa frustrada de homicídio. Após um hiato de alguns anos, em 1985 mata novamente (Marine Hedge). Em setembro de 1986, comete o homicídio de Vicki Wegerle. BTK supostamente fecha seu ciclo homicida em janeiro de 1991, com a morte de Dolores Davis. Vale lembrar que BTK somente foi preso em 2005 (catorze anos após seu último homicídio), quando volta a se comunicar com a imprensa.

Tendlarz e Garcia (2013, p. 141) resumem: "Os assassinos em série levam a cabo uma sequência de homicídios, de maneira espaçada".

Assim sendo, podemos estabelecer uma definição prática, menos precária, levando em consideração características amplas e definitivas, para identificar um serial killer, principalmente pelos traços e peculiaridades mentais/subjetivos[9].

O homicídio em série, desse modo, pode ser identificado da seguinte maneira: dois ou mais homicídios, cometidos em eventos separados, necessitando de um período para o arrefecimento e abrandamento emocional do agente, o qual, na maioria das vezes, age sozinho, com um *modus operandi* simbólico e sem ter apresentado um relacionamento ou convivência duradoura com a vítima, sendo a motivação psicológica o impulso mais frequente, apresentando uma ou mais parafilias.

Parafilia, explicamos, é o termo que hoje se utiliza para definir alguns transtornos de sexualidade. Tais transtornos podem ser caracterizados por anseios, fantasias ou comportamentos sexuais intensos que geralmente envolvem objetos, atividades ou situações consideradas incomuns ou não convencionais. Tais comportamentos podem causar sofrimento clinicamente significativo ou prejuízo no funcionamento social ou ocupacional do indivíduo, ou em outras áreas importantes de sua vida. Trata-se de uma perturbação sexual qualitativa e, na CID-10 – Classificação Estatística Internacional de Doenças e Problemas Relacionados à Saúde, é definida como transtornos da preferência sexual.

Segundo Konvalina-Simas (2014, p. 259), as parafilias são "padrões de comportamento sexual que requerem objetos, rituais ou encenações específicas para que o indivíduo se sinta sexualmente gratificado".

As características essenciais de uma parafilia, em geral, envolvem:

- Objetos não humanos.
- Sofrimento ou humilhação, próprios ou do parceiro.
- Crianças ou outras pessoas, sem o consentimento destas.

Como exemplos de parafilias, o Manual Diagnóstico e Estatístico de Transtornos Mentais cita fetichismo, masoquismo sexual, sadismo sexual, pedofilia, entre outros.

No entanto, para G. J. Ballone (2002), "a psiquiatria forense se interessa, predominantemente, pela forma grave de parafilia, que para se caracterizar exige os seguintes requisitos:

- Caráter opressor, com perda de liberdade de opções. O parafílico não consegue deixar de atuar dessa maneira.
- Caráter rígido, o que significa que a excitação sexual só é obtida em determinadas situações e circunstâncias estabelecidas pelo padrão da conduta parafílica.
- Caráter impulsivo, que se reflete na necessidade imperiosa de repetição da experiência.

Devemos frisar que parafilia e transtornos sexuais são características da personalidade e não estão necessariamente atrelados à delinquência, que é a transgressão de normas sociais.

Vale lembrar a diferença entre parafilia e psicopatia, segundo Henriques (2009, p. 293):

> Tratando-se da classificação multiaxial proposta pelo DSM, a psicopatia (eixo II) e as parafilias (eixo I) aparecem em lócus diferentes, o que sugere uma diferença qualitativa, de natureza, entre elas. Supõe-se, nesse caso, que a psicopatia e as parafilias sejam entidades nosológicas autônomas e qualitativamente distintas entre si.

É importante frisar que aqui o fetichismo e as parafilias assumem protagonismo no ato homicida, característica pouco comum em outros crimes.

Como exemplos de parafilias mais comuns, podemos citar:

Piquerismo: necessidade sexual vinculada ao ato de se perfurar, se cortar ou cortar outra pessoa.

Pedofilia: necessidade sexual vinculada a crianças, atração física por crianças.

Necrofilia: necessidade sexual vinculada a cadáveres.

Sobre o número de crimes, em desacordo com nossa definição, Tendlarz e Garcia (2013, p. 129) advertem:

> Segundo o FBI, os assassinos em série são pessoas que matam pelo menos em **três ocasiões** com um intervalo entre cada assassinato. Os crimes cometidos são resultado de uma compulsão, que pode ter suas origens na juventude ou nos desajustes psicopatológicos do assassino; esses casos se contrapõem àqueles que são movidos por desejos patrimoniais (por exemplo, assassinos profissionais) ou os que têm motivações ideológicas ou políticas.

Já o cientista forense e *profiler* criminal Brent Turvey (2009), em suas definições sobre crimes em série, é categórico ao afirmar que os homicídios em série devem ser considerados a partir de duas ocorrências.

A respeito da quantidade, Michael Newton (2002, p. 49-50) também critica:

> Primeiro, temos o requisito de *três ou mais* assassinatos para compor uma série *bona fide*. Infelizmente, as outras categorias *oficiais* do FBI de assassinato – único, duplo, triplo, em massa e atividade de assassinato – não fazem nenhuma referência ao fato de o assassinato de apenas duas vítimas no requisitado período de *resfriamento* entre os crimes e que é, então, preso antes de atingir o número três. (sic) [...] Assim, o assassino que aguarda meses ou mesmo anos entre seu primeiro e segundo assassinato e encontra-se na prisão não se encaixa no esquema do FBI.

Repetimos que considerar serial killer um criminoso apenas a partir do terceiro homicídio nos parece um perigoso equívoco, que acabaria por deixar de fora homicidas emblemáticos, como Francisco da Costa Rocha (Chico Picadinho), um dos homicidas em série mais característicos que temos na história brasileira.

Corroborando isso, Luiz Alberto Moura (2017, p. 6), citando inclusive Schechter (2013), assevera:

> [...] uma vez que um dos serial killers mais notórios da história, Ed Gein, famoso também por ser influência dos assassinos clássicos do cinema, Norman Bates e Buffalo Bill, teria cometido somente dois assassinatos. O National Institute of Justice tem uma posição mais abrangente sobre o que seria o serial killing, contando como "uma série de dois ou mais assassinatos cometidos como eventos separados [...] podem ocorrer durante um período de tempo que varia de horas a anos.

Medrado de Araújo (2012) afirma que as características do homicida serial se definem pelo intervalo de tempo entre os crimes, combinadas com lugares distintos para os seus atos, período de reflexão e um arrefecimento emocional. Nesse aspecto, tais crimes diferem dos homicídios em massa, pois estes requerem o mesmo lugar, um episódio único e sem um lapso acentuado entre as mortes.

No mesmo sentido do abordado nesta obra, a investigadora e criminóloga portuguesa Tânia Konvalina-Simas (2014, p. 253) afirma que o agressor deve, nos homicídios em série, apresentar comportamentos específicos, que denunciem um processo subjetivo latente (que fica claro na execução do seu crime, na escolha das vítimas e no *modus operandi*), sendo o número de mortes um item secundário para a identificação de tais homicidas.

Vale lembrar que a definição ora defendida, como todas as demais, é pouco profunda e puramente de cunho prático, pois, para uma conceituação mais abrangente, é preciso lançar mão da interdisciplinaridade, buscando o auxílio de outras ciências, tais como a psicologia, a psicanálise, a sociologia, a antropologia, entre outras. Não há estudo no campo dos assassinos múltiplos que se sustente sem o auxílio desses conhecimentos.

As definições aqui apresentadas são de cunho didático e meramente objetivo. Não podemos esquecer que a psicologia, a psiquiatria e, principalmente hoje, a psicanálise, podem e devem trazer grandes contribuições a esses estudos.

Mais adiante, apresentaremos alguns dos pontos de vista psicanalíticos e tentativas de explicar o fenômeno ora exposto.

A conceituação aqui exposta visa deixar clara a tênue, mas importante, diferença entre os homicidas em série e os homicidas em massa ou "mass murderers", sendo que estes últimos são, por vezes, confundidos com os primeiros.

Embora o homicida em série seja classificado, nesta obra, sob o ponto de vista objetivo, devemos afirmar que, em nosso entendimento, a apresentação de parafilias (como demonstrativo claro de desvio sexual) é um dos pontos principais para considerar os crimes cometidos em sequência como genuínos homicídios em série (BORGES, 2007).

Ou seja, aquele agente que mata com a intenção apenas de ocultar um crime anterior, ou para garantir o lucro ou o patrimônio ilicitamente adquirido, deverá ser classificado como latrocida em série, estelionatário em série ou mesmo **matador de aluguel**. É importante frisar esse aspecto, pois é comum as pessoas considerarem serial killers os sujeitos que carregam várias condenações de homicídios, mas todos com características bem distintas das descritas neste livro. Jagunços, grupos ideológicos de extermínio, pistoleiros, justiceiros, sujeitos em busca de vingança pessoal e assassinos a mando de grandes facções obedecem a motivações específicas e apresentam atributos comportamentais singulares.

Como exemplo desses matadores de aluguel, assinalamos que Julio Santana (conhecido como Julião) não figura em nenhuma lista de serial killers no Brasil, embora tenha matado quase 500 pessoas ao longo de sua vida. Julio agiu durante a ditadura militar e é considerado um dos mais prolíficos assassinos de aluguel do Brasil. Sua história virou filme em 2017, com o título *O nome da morte* (CAVALCANTI, 2018). Julio não é um serial killer, de acordo com o conceito que apresentamos.

Em regra, nos crimes estudados e relatados neste livro, o leitor deve se ater principalmente ao diferencial comportamental dos assassinos seriais, que é um anseio sexual (latente ou não) ligado direta ou indiretamente à morte da vítima – a morte como componente de uma estrutura de desejo, sendo essencial para a concretização do prazer sexual do agente (TENDLARZ; GARCIA, 2013).

No entanto, subsidiariamente, abordaremos neste trabalho homicidas em série em que a parafilia não se apresenta como móvel principal ou identificável. Mas também nesses casos é impreterível que as mortes apresentem uma motivação relacionada ao prazer de matar, mesmo que tal prazer não seja relacionado conscientemente ao viés sexual e ao gozo.

Portanto, **homicidas sequenciais têm uma estrutura psíquica singular e complexa, com falhas na convivência social, desejos tracionados, desvios de personalidade. Não matam por matar, ou exclusivamente por dinheiro ou vingança, mas atingem uma estrutura psíquica singular com uma busca recorrente de satisfação de seu desejo/prazer. É a busca incessante pelo gozo.**

1.1.2. HOMICIDA EM MASSA

De forma preliminar, podemos catalogar o homicida em massa geralmente quando acontecem massacres, sendo os homicídios efetuados de maneira praticamente simultânea, ou com um intervalo mínimo de tempo, com três vítimas ou mais. Ademais, não há nesse caso o resfriamento da motivação psicológica, ou seja, o homicida, embora se permita um curto lapso temporal entre um crime e outro, ainda mantém o liame e o impulso entre os crimes.

São homicidas que se apresentam em lugares públicos, chacinam um número indeterminado de pessoas, não têm traçado um bom plano de fuga e, na maioria das vezes, optam pelo suicídio como desfecho do ato trágico. Tendlarz e Garcia (2013, p. 142) chegam a afirmar: "Nenhum assassino em massa pretende ou mesmo pensa em escapar da carnificina que iniciou".

Neste livro, denominaremos tais homicidas como "**homicidas de um impulso só**", sendo que esse impulso pode ter uma conotação psicológica ou até mesmo ideológica. Essa classificação apresenta diversas diferenças em relação à classificação americana, pois focamos mais os impulsos e motivações relacionados ao ato em vez da conduta propriamente dita.

O "homicida de um impulso só" ou homicida em massa tem um perfil caracterizado por ser geralmente um homem de 25 a 40 anos de idade, portador de uma ou mais enfermidades mentais ou transtornos psicológicos. Objetivamente, tais sujeitos têm uma intimidade com armas e podem dispor de armamentos em sua casa ou carro. Conhecem o manejo de armas ou procuram aprender sobre a fabricação de explosivos e manipulação de munições.

Estão sempre em contato com um ambiente de violência, seja em casa, seja nas instituições que frequentam. Por vezes, são expulsos de instituições disciplinares, como polícia, exército, bombeiros ou escolas. Nesse ambiente de violência em que vivem, podem ser algozes, não obstante seja mais comum que figurem como vítimas, com grande presença de *bullying* (VORPAGEL, 1998).

Além disso, tais sujeitos mantêm certa fixação por locais que os remetem a uma lembrança de violência e abusos sofridos. Em geral, têm uma motivação de vingança contra pessoas e grupos determinados (TENDLARZ; GARCIA, 2013).

Agem respaldados em justificativas (por vezes falsas e ilusórias), o que exclui praticamente a possibilidade de sentirem culpa ou remorso no transcorrer da ação. Embora as justificativas sejam falsas, isso não se traduz em uma mentira consciente para o homicida, pelo contrário, ele acredita que todo cenário lhe é desfavorável e o ambiente em que se encontra é hostil e adverso.

Nesse caso, não são tão aparentes as parafilias, mas pode-se citar, de acordo com o Centro Brudnick para Conflito e Violência, da Northeastern (Boston), cinco fatores comuns aos homicidas em massa (DUNHAM, 2007), que são:

- Um longo histórico de frustração e fracasso.
- Tendência a culpar os outros e nunca aceitar a culpa por seus próprios erros.
- Tendência a ser socialmente isolado e solitário.
- Passar por algum tipo de "gota d'água", como ser abandonado pela namorada ou demitido de um emprego.
- Acesso a armas de fogo, preferivelmente de alta potência.

Geralmente, a ação desses homicidas é concretizada em pouco tempo, e as pessoas que matam são, em regra, a personificação de seus inimigos.

Tais homicidas, em geral, quando saem com vida do ocorrido, não reincidem em outro massacre ou chacina. Tais crimes, portanto, estão ligados àquelas situações em que o sujeito se dirige a um local público (com entrada limitada ou não), como uma lanchonete, cinema, escola ou universidade, começa a disparar contra todos e, por vezes, busca notoriedade para suas angústias e aflições.

Tendlarz e Garcia (2013, p. 142), a respeito desses homicidas, complementam:

> Normalmente, chegam armados até os dentes, vestidos com trajes militares ou de camuflagem. Começam seu ataque com armas automáticas. Matam todos aqueles que passam pelo seu caminho, seja quem for (embora na maioria das vezes sejam pessoas que personificam a causa de sua fúria).

Desejam, quase sempre, se tornar visíveis ao mundo ou tornar visíveis suas angústias e combater os inimigos que julgam ter. Têm um critério subjetivo, um viés de denúncia de uma situação que para eles deve cessar.

O ato se confunde, às vezes, com um grito de atenção, revolta ou reivindicação, um recado a determinadas pessoas ou a exteriorização de uma vingança (vingança, inclusive, ideológica). Em regra, não ambicionam sobreviver ao seu crime, diferentemente do homicida serial (que ambiciona, pelo menos durante certo período, continuar a viver, para continuar matando).

Frisamos que há necessidade de interpretar todos os requisitos descritos aqui, de maneira bem crítica, para evitar cair em lugar-comum, que são as estigmatizações e rotulações.

Vale lembrar que raramente o homicida em massa vai se identificar ou mesmo se preocupar com a singularidade de cada uma de suas vítimas. Elas são vistas como grupo ou conjunto e representam algo que o assassino quer a todo custo extirpar. O contrário do que ocorre com os homicidas em série, que em sua maioria são meticulosos ao escolher suas vítimas, selecionando pessoas com biótipos semelhantes ou com características singulares (CENTINI, 2001).

No caso dos homicidas em massa, as características físicas de suas vítimas são totalmente desconsideradas pelo agressor. O ambiente, o histórico de convivência e o lugar que esse grupo ocupa na mente do agressor sobressaem. Assim, o local em que as vítimas estão, ou os estereótipos, o gênero, a raça a que pertencem têm valor determinante para a sua morte.

Uma das características que comprovam o distanciamento entre sujeito e vítima nos homicídios em massa se observa pela arma comumente utilizada. Enquanto nos assassinatos em série vislumbram-se facas, fios ou mesmo as próprias mãos como arma, no homicídio em massa temos a prevalência das armas de fogo – impessoais.

Desse modo, pode-se afirmar que, ao matar em massa, mata-se simbolicamente um grupo, um inimigo (mesmo que simbólico) coletivo. As singularidades e subjetividades de cada vítima são deixadas de lado em prol do recado que se quer passar. Assim, são comuns os episódios de morte em massa atrelados ou justificados pelo bullying escolar, discriminação, homofobia, misoginia, racismo ou xenofobia.

Os homicidas em massa, muitas vezes, não se preocupam em fugir, tampouco fazem jogos e provocações à polícia. Suas vítimas, diferentemente daquelas dos assassinos em série, raramente apresentam características físicas semelhantes. E os ataques podem terminar com o suicídio do homicida.

Vale ressaltar que hoje são comuns os chamados crimes de ódio, e diversos atentados em locais públicos visam promover ideologias de morte, que vão do nazismo ao machismo potencializado. Os autores desses crimes destoam dos homicidas em massa clássicos, pois muitas vezes não buscam a morte ao final do ato, mas, sim, esperam a fama nas entranhas dos grupos extremistas na *deep web* e em *chats* espalhados pela internet.

Esses assassinos, em especial, apresentam características específicas, são jovens (muitos deles, menores de 18 anos) e cultuam outros autores de massacre. Têm acesso à internet e se vinculam a grupos extremistas.

Nos últimos quarenta anos, apenas em solo americano, foram dezenas de homicídios em massa, que resultaram em mais de uma centena de vítimas. Em menor grau, vislumbramos tal fenômeno na Europa e também na América do Sul. No entanto, há um significativo aumento das células extremistas em todo o mundo, o que se reflete em mais ataques violentos.

Alguns autores estrangeiros denominam tais homicidas como "rampage killers", definição que nada acrescenta ao assunto, por ser bastante genérica, fazendo alusão tanto aos homicidas em massa como aos homicidas ao acaso, pois faz referência a matar muitas pessoas em um curto intervalo de tempo, sem um resfriamento emocional (SCHECHTER, 2013).

Os característicos homicídios em massa não eram tão comuns no Brasil (em sua forma pura e simples), como sempre foram em países do hemisfério norte. Devido a isso, alguns autores costumavam, por uma interpretação extensiva, considerar as ações de grupo de extermínio e as chacinas como espécies de homicídios em massa, por aproximação conceitual.

Tal confusão não deve prosperar, uma vez que faltam certos pressupostos e requisitos para que tais crimes sejam considerados homicídios em massa, visto que geralmente são investidos de motivos e características (também torpes) distintos daqueles que se atribuem aos homicídios em massa, conforme apontado neste capítulo. O mesmo pode-se dizer dos atos terroristas, que são destituídos das motivações dos homicídios em massa.

HOMICIDAS EM MASSA NO BRASIL

1999 – No estado de São Paulo, em novembro, Mateus da Costa Meira, estudante de medicina de apenas 24 anos, metralhou a plateia em uma sessão de cinema do filme Clube da Luta, matando três pessoas e ferindo outras quatro. Mateus hoje está cumprindo pena e foi acusado, ainda, de tentativa de homicídio contra seu companheiro de cela.

2011 – Na manhã do dia 7 de abril, um massacre de grandes proporções colocou o país na rota das chacinas escolares, causando comoção nacional e grande repercussão internacional. O caso teve como protagonista o jovem Wellington Menezes de Oliveira, de 23 anos, que sai de casa armado e se dirige à Escola Municipal Tasso da Silveira, na zona oeste do Rio de Janeiro. Ao entrar na escola, vai até uma das salas de aula (do nono ano do ensino fundamental – antiga oitava série) no primeiro andar e, diante de dezenas de alunos e munido de duas armas, começa a disparar, matando 12 pessoas e ferindo uma dezena. Depois de ser atingido por um sargento da polícia militar que conseguiu entrar no local, comete suicídio. Posteriormente, o homicida foi apontado como alguém introvertido, calado e discreto e que passava grande parte do tempo na internet. Não interagia com os familiares nem recebia visita de amigos. Em uma das cartas, afirma ser vítima de bullying, o que foi posteriormente confirmado por ex-colegas de escola. Sua situação teve uma significativa piora depois da morte de sua mãe adotiva.

Em relação aos atos terroristas, é importante ressaltar que os homicidas em massa não ambicionam passar um recado que atinja toda a população de forma ampla, assim como também não vislumbram benefícios espirituais diretos com sua morte – aliás, eles não enxergam sua morte apenas como um sacrifício, mas sim como uma ação necessária de profilaxia ou higienização ou, ainda, como o desfecho trágico de um ato de agonia e aflição, do qual não veem saída.

Vale lembrar que, com um histórico de humilhações, tais homicidas passam a ser uma "bomba-relógio humana" (SCHECHTER, 2013, p. 19).

Por fim, a classificação aqui exposta tem como foco a figura do homicida e sua subjetividade e comportamento. As vítimas, como frisamos, estão em segundo plano. Isso não afasta o simbolismo das mortes, pois em toda ação existe uma necessidade de alcançar algo além do próprio ato (TENDLARZ; GARCIA, 2013).

Grande parte dos autores aponta uma semelhança entre os homicidas em massa e os conhecidos como *"spree killers"*, e por vezes confundem esses conceitos. Tentaremos traçar diferenças básicas e uma conceituação padrão, para que o leitor possa classificar as ações de acordo com as características de cada caso.

1.1.3. HOMICIDA AO ACASO

Os homicidas ao acaso se distinguem por matar de maneira súbita muitas pessoas e em um período muito curto de tempo, que pode ser de horas ou até mesmo de alguns dias. Tais assassinos podem ser considerados impulsivos e descontrolados.

Alguns autores norte-americanos chegam a fazer uma pequena adição à definição, acrescentando a expressão "spree killer"[10] como referente a matadores ao acaso. Já os autores espanhóis reconhecem os "asesinos arbitrarios".

É, sem dúvida, um **assassino do tipo misto**. Guarda grandes semelhanças também com o homicida em série, mas sua ação é muito mais veloz e suas razões carecem de motivação sexual (EGGER, 1998; RESSLER e SHACHTMAN, 2005).

Tendlarz e Garcia (2013, p. 143), em análise sobre os homicidas ao acaso, argumentam:

> Este tipo de criminoso [...] trata de passar despercebido, fugindo do público como da autoridade. O assassino também pode ser definido a partir de um comportamento típico, caracterizado por matar um mínimo de 3 a 5 pessoas, em um período de tempo de mais de um

dia entre um crime e outro. O assassino não tem relação prévia com as vítimas; aparentemente, o crime ocorre ao acaso ou sem conexão com os outros.

Com relação às características principais, podemos apontar: são homens com idade de 30 a 40 anos e não têm motivação sexual, não se preocupam com esse aspecto, tampouco visam vantagem de cunho patrimonial. Sua motivação é sempre de ordem psicológica.

Diferentemente dos homicidas em massa, os homicidas ao acaso não se direcionam a determinado lugar, e sim matam as vítimas casualmente, o que leva alguns autores a afirmar que tais **vítimas estão no lugar errado, na hora errada** (a escolha quase sempre é totalmente aleatória). Podemos afirmar que tais homicídios são um único evento, cuja execução se prolonga por determinado tempo.

Outro aspecto que deve ser sublinhado é o fato de comportamentos suicidas serem mais raros nos homicidas ao acaso se comparados aos homicidas em massa.

Já Schechter (2013) afirma que a diferença entre esses dois tipos de assassinos se constitui no movimento. Ou seja, enquanto os homicidas em massa ficam em apenas um lugar, os homicidas ao acaso estão em constante movimento, são itinerantes.

No cinema, o tema spree killer foi abordado pelo diretor Joel Schumacher em 1993, com o filme *Um dia de fúria* (*Falling down*). A película narra a história de William Foster (interpretado por Michael Douglas), um homem comum, pacato e desempregado. Preso em um congestionamento em pleno verão, na cidade de Los Angeles, ele tem um colapso nervoso e, enfurecido, abandona seu veículo e sai pela cidade cometendo diversos homicídios e atos violentos. O filme é apontado por alguns autores ora por retratar um "homicida em massa", ora um "homicida ao acaso".

Episódios de homicidas ao acaso são difíceis de diagnosticar e diferenciar. Como exemplo, apontamos o jovem ex-combatente da Segunda Guerra Mundial Howard Unruh, que, cheio de condecorações de guerra, mas desempregado, na manhã de 7 de setembro de 1949, com uma pistola *Luger*, matou 13 pessoas (de 2 a 60 anos de idade) ao acaso, num período de 13 a 20 minutos, em Camden, Nova Jersey. Supostamente, Unruh, de 28 anos, abriu fogo contra seus vizinhos e outros pedestres porque o seu portão havia sido arrombado. Posteriormente, Unruh foi diagnosticado com esquizofrenia paranoide (TENDLARZ; GARCIA, 2013).

Outro caso que podemos considerar como de um homicida ao acaso aconteceu em 1913, quando Ernst Wagner, um professor alemão convencido de que as pessoas da comunidade em que vivia (Mühlhausen na der Enz) haviam destruído sua reputação, com difamações e injúrias a respeito de seu comportamento, decide atacar a população, disparando em todos que cruzassem seu caminho.

Wagner primeiro mata sua esposa e seus quatro filhos, depois sai de casa de bicicleta, vai à casa do irmão, almoça e de lá pega um trem até a sua comunidade. Chegando lá, corta os cabos de telefone e começa a caminhar e atirar contra todo homem que cruzasse o seu caminho. Por fim, deixa 14 mortos e 11 feridos (TENDLARZ; GARCIA, 2013).

Quanto às classificações, lembramos que existem diversas outras não tão pertinentes ao nosso tema, entre as quais citamos a definição "copy killer", mencionada por criminólogos americanos em referência àqueles homicidas em série que tendem a imitar outro assassino, ou mesmo personagens fictícios ou virtuais, ou seja, são homicidas que agem inspirados em outro assassino. Procuram imitar e superar seu antecessor. Geralmente ambicionam o sucesso de que o assassino original goza na mídia. Visam ser reconhecidos e, na maioria das vezes, atrapalham as investigações policiais.

Tais homicidas são comuns no cinema, em séries de TV e livros. No entanto, no cotidiano, não representam uma parcela significativa dos homicidas em série que justifique uma classificação em separado.

Por fim, lembramos que todas as definições classificatórias que apresentamos aqui são baseadas apenas em comportamentos, tendo como objetivo a prevenção no âmbito da segurança pública e a facilitação do trabalho investigativo. Sendo assim, nenhuma dessas classificações leva em conta o sujeito, a subjetividade, a vítima, o simbólico e o real, o que coloca em dúvida a eficácia dessas tipologias, segundo Carlos Garcia e Silvia Tendlarz (2013). Dessa maneira, as classificações apresentadas devem apenas auxiliar o trabalho do *profiler* e dos demais profissionais na busca investigativa.

1.2. QUEM É O HOMICIDA EM SÉRIE

Apontaremos um perfil aproximado dos homicidas em série, baseado nos relatos de casos reais presentes nesta obra, nas obras da literatura criminal mundial e nos estudos publicados por profissionais ao longo das últimas décadas. Lembramos que várias obras tentam responder a essa pergunta[11].

Advertimos que toda generalização deve ser vista com cuidado, principalmente quando estamos falando de criminologia e comportamento humano; por isso recomendamos ao leitor que tal perfil não seja entendido como um cálculo perfeito ou uma fórmula infalível de identificação de criminosos. Não se pode depositar todas as análises de comportamento e subjetividade de um sujeito em classificações ou estudos matematizados, unilaterais e inflexíveis.

A representação aqui debatida pode, sim, ajudar a compreender o fenômeno e a buscar soluções preventivas para evitar homicídios, mas não é um procedimento exato e sempre confiável para diagnosticar situações.

Compreendemos que toda agência de investigação, nos dias de hoje, apresenta um ou mais perfis criminosos ou um padrão de identificação de homicidas para auxiliar na definição de homicidas em série.

1.2.1. O PERFIL DOS HOMICIDAS EM SÉRIE

Após um extenuante trabalho de pesquisa e com os dados coletados, além dos estudos da doutrina estrangeira, podemos considerar que os homicidas em série geralmente se apresentam da seguinte maneira – o que a psicanalista Tendlarz chamará de "serial killer médio" (2013, p. 151):

> É importante destacar que atualmente toda agência de segurança existente no mundo – em especial, nos países (ditos) desenvolvidos – dispõe de um perfil precisamente traçado do assassino em série. A esse perfil psicológico chamamos de "assassino em série médio"; ele está definido hoje com as seguintes características: homem branco, de classe social baixa, de 20 a 30 anos; considera-se, ainda, que sofreu abuso mental ou físico na infância.

Quanto ao perfil dos homicidas em série, pesquisas afirmam, baseadas nos estudos do departamento de justiça americano, que 83% dos homicidas em série nos Estados Unidos são homens. Cerca de

80% são brancos. Um quarto começa matando na adolescência, mas quase a metade mata sua primeira vítima entre os 20 e os 30 anos, e 86% deles se declaram heterossexuais (HICKEY, 1997; FBI, 2005; FBI, 2011).

As vítimas são preferencialmente mulheres (cerca de 65% dos casos) e brancas (cerca de 80% dos casos), raramente são escolhidas ao acaso, e são selecionadas por características singulares e identificáveis (HICKEY, 1997; FBI, 2005; FBI, 2011)[12].

Confirmando tais dados, Tendlarz e Garcia (2013) afirmam que as estimativas dão conta de que aproximadamente 75% do total dos assassinos em série residem, hoje, nos Estados Unidos e são homens em sua maioria.

As vítimas são eleitas cuidadosamente e, em grande parte, pertencem a grupos bem definidos – por vezes já estigmatizados, como gays, prostitutas, transexuais, entre outros.

Coincidência ou não, realmente a maioria desses homicidas também carrega em seu perfil um histórico familiar marcado por **maus-tratos físicos e psíquicos** perpetrados pelos pais (HICKEY, 1997; FBI, 2005; FBI, 2011).

1.2.2. O ABUSO NA INFÂNCIA

O criminalista Lonnie Athens (1992) pesquisou sobre criminosos violentos e chegou a identificar certo padrão comportamental, com grande ênfase em uma das características que citamos: o abuso infantil. Athens dividiu o padrão comportamental em quatro fases, como veremos a seguir.

A **brutalização**, em que a criança se subjuga à figura da autoridade agressiva, assimilando a violência como caminho para obediência e resolução rápida de conflitos. Em segundo lugar, temos a **beligerância**, em que a criança decide evitar a subjugação com violência. Em terceiro, temos o **comportamento violento,** que é fruto da assimilação inicial e que, se bem-sucedida, gerará o respeito e o medo por parte das pessoas. Por fim, temos a **virulência** – o sujeito percebe que o comportamento violento lhe rende frutos e passa a conviver com pessoas que têm a mesma opinião (ATHENS, 1992).

Albert DeSalvo: o pai do "Estrangulador de Boston" levava prostitutas para casa e ninguém podia reclamar de nada. Agredia constantemente sua esposa, inclusive utilizando um pesado cano como arma. Costumava utilizar seus filhos como escravos, alugando-os para agricultores e vizinhos.

John Gacy: o pai era alcoólatra, violento e impetuoso. Agredia as mulheres da família e humilhava o tímido Gacy. Algumas vezes atirou contra seu próprio filho. Em decorrência de um golpe que recebeu de seu pai, John teve uma lesão cerebral.

Henry Lee Lucas: teve uma infância conturbada, com indefinição sexual estimulada por sua mãe, que o vestiu como menina durante quase todos os anos de sua infância. Ela, alcoólatra, o tratava como menina durante todo o tempo e o obrigava a ir à escola com roupas femininas e perucas. Henry costumava assistir às relações sexuais de sua mãe.

Embora nenhum dos pesquisadores e especialistas seja capaz de identificar e limitar o perfil de um homicida em série, todos são unânimes sobre a origem desventurada e desestruturada da maioria de tais sujeitos, com acentuada presença de **abuso infantil** em algum momento da infância.

A presença da violência e desses abusos assume grande importância na formação da personalidade desses indivíduos. Nesse sentido, Joel Norris (1989) descreve os ciclos de violência como de caráter geral, em que os pais, além de maltratar fisicamente seus filhos, praticam abuso também de maneira psicológica, instalando neles um instinto de permanente vigília e aflição, que contribuirá para o desenvolvimento de tendências violentas (como mecanismo para fazer cessar essa aflição).

Tal violência será utilizada pelos filhos ao longo da vida, para resolver seus problemas ou anseios sociais. Há uma banalização da violência (uma banalização do mal), e eles ficam, assim, condicionados ao comportamento impetuoso.

O citado autor entende que o abuso infantil não gera apenas as reações violentas, mas, principalmente, afeta o desenvolvimento, o crescimento e o amadurecimento das crianças. O comportamento dos pais gera uma carência afetiva que acaba por possibilitar ou incentivar o desenvolvimento de fantasias violentas, que substituem a interação social infantil (NORRIS, 1989).

Vale afirmar que nem todo sujeito submetido a abusos na infância se transforma em homicida em série, pois cada indivíduo vai elaborar de maneira distinta o ocorrido na infância. Mas é inegável que existe uma ligação entre os conceitos de *abuso infantil* e *homicida em série*.

No tocante à relação entre o homicida (em sua infância) e seus pais, vemos situações antagônicas sendo descritas: por vezes, um protagonismo exacerbado da mãe no lar, combinado com uma sexualidade reprimida, e em outras situações vemos depoimentos que frisam a ausência da mãe, combinada com um comportamento sexual ativo.

O que fica claro ao dar voz aos homicidas em entrevistas é um desequilíbrio nessa relação entre pai e mãe. Existe sempre uma potencialização no comportamento da mãe – superprotetora ou totalmente ausente (NORRIS, 1989; ATHENS, 1992).

Os pais, quando são citados, aparecem mais pela violência e pela ausência. A violência vinculada ao uso de drogas e os discursos homofóbicos, misóginos e preconceituosos estão sempre presentes. As agressões e abusos dirigidos à criança parecem causar tanto efeito quanto a violência sempre destinada à mãe. A naturalização da violência e a dificuldade de lidar com frustrações, geralmente demonstradas pelo pai, vão ao longo do tempo formar toda a subjetividade do indivíduo em construção.

Em outros momentos, a ausência do pai é relatada como uma carência, como a falta de um contraponto na vida do sujeito, um limite. Por vezes, essa falta vem acompanhada de um sentimento de culpa na criança, que acredita ter falhado em seu papel e causado o distanciamento do pai.

Mais uma vez, vemos um problema relacionado ao equilíbrio nas relações familiares. A falha se dá pelo excesso (de violência, abusos e agressões) ou pela falta (da presença paterna, do amor, de carinho ou mesmo de disciplina). Nesse sentido, fica claro que o **abuso infantil** é um dos vórtices que causam o recrudescimento do comportamento violento (NORRIS, 1989; ATHENS, 1992).

Em relação ao impacto do abuso infantil no comportamento violento do sujeito, convidamos o renomado psicólogo português Mauro Paulino[13] para aprofundar o tema nesse aspecto[14].

Abuso sexual de crianças: impactos e consequências

Ao falarmos sobre abuso sexual de crianças estamos a abordar um flagelo social e humano grave, que pode assumir contornos intra ou extrafamiliares e que carece de uma abordagem técnico-científica consistente a vários níveis (e.g., vítima, agressor, sociedade, presídios).

Entenda-se por abuso sexual qualquer experiência sexual, forçada ou não, que vai de formas mais passivas, como a exibição de pornografia, até a relação sexual (genital, anal ou oral), podendo passar também pelo recurso à criança para produção de pornografia infantil. Nestas circunstâncias a criança é alvo de atividades sexuais inatingíveis para si, para as quais não está preparada ao nível do seu desenvolvimento, nem pode dar consentimento, e que ultrapassam a lei ou os tabus sexuais da sociedade, marcando o desenvolvimento da criança (traumas e dificuldades), quer num presente imediato ou num futuro mais distante.

Com alguma regularidade chegam à consulta diversos adultos com queixas ao nível da sexualidade, que só ao longo do processo terapêutico consciencializam que sofreram abusos sexuais em crianças.

A investigação aponta como características familiares mais frequentemente associadas ao abuso o baixo rendimento da família, a presença de um substituto paterno, a falta de afeto físico e emocional do pai em relação à criança, relações incestuosas entre outros familiares, a inadequação da relação conjugal, a punitividade em relação à comunicação sobre temas sexuais, o isolamento social, a pobreza da ligação mãe-criança e dificuldades emocionais da mãe.

Por sua vez, existem fatores que dificultam a revelação da situação de abuso, tais como ameaças do agressor e receio de represálias, laços afetivos que unem a vítima ao agressor (depender dele e/ou querer protegê-lo), medo de não acreditarem nela e causar problemas a si própria, isolamento social (e.g., indisponibilidade da mãe, fraca supervisão), relutância em abordar temas sexuais e acreditar que a culpa pela situação é sua (criança), devido ao modus operandi para o cometimento do abuso (e.g., a ideia de um segredo; a ideia de que é algo desejado pelos dois; oferecer presentes à criança para que a mesma se sinta culpada por os aceitar).

Se por um lado existem fatores que complicam a revelação do abuso, existem fatores que contribuem para intensificação do trauma experienciado pela criança numa situação de abuso sexual, designadamente início precoce do abuso, maior duração e frequência, uso de força ou ameaça, abuso físico e sexual conjuntos, múltiplos agressores, penetração vaginal ou anal, maior diferença de idades entre agressor/vítima, proximidade na relação agressor e vítima, tentativas de revelação malsucedidas e ausência de figuras de vinculação positivas e protetoras.

Acresce que são os eventos traumáticos súbitos e inesperados, incontroláveis, fora do comum, crónicos e com culpa de terceiros, que produzem mais dificuldades psicológicas para o indivíduo que os vive.

O impacto do abuso sexual pode acarretar diversas consequências físicas, também entendidas como indicadores físicos relevantes a considerar na avaliação de uma situação de possível abuso sexual (e.g., lesões inflamatórias e traumáticas genitais, anais e do períneo; corrimento genital crónico, dores e/ou pruridos anais ou genitais constantes; queixas somáticas novas; constatação de roupa interior rasgada, manchada ou ensanguentada), e consequências comportamentais, igualmente entendidas como indicadores comportamentais relevantes a considerar na avaliação de uma situação de possível abuso sexual (e.g., agressividade e hostilidade; alterações do apetite e do sono; ameaças ou fugas de casa e/ou da escola; medo de ir para a cama e de dormir sozinho; declínio escolar; desenhos e/ou descrições explícitos não apropriados à idade sobre sexualidade; existência recorrente de segredos; conduta antissocial; apresentação de novos medos, pesadelos e memórias intrusivas; choro e tristeza; baixa autoestima; bloqueio da expressão de sentimentos; vinculação pouco seletiva, com busca indiscriminada de afeto e aprovação; ideação ou tentativa suicida e automutilação; sexualização da conduta; medo/vergonha do toque; promiscuidade; linguagem sexual precoce).

Mesmo sabendo que, na maioria dos casos de abuso sexual de crianças, o exame médico não irá revelar lesões traumáticas ou vestígios biológicos, este constitui um meio de prova incontornável, pois a perícia ou exame pericial constitui um meio auxiliar de investigação, que visa o esclarecimento dos pressupostos da apreciação da prova.

Um dos melhores caminhos a percorrer para evitar maiores impactos e consequências decorrentes do abuso sexual passa pela capacitação de profissionais, isto é, profissionais informados tecnicamente. Desde logo, as técnicas de abordagem a vítimas de abuso sexual visam em primeira instância preservar as evidências, evitar a vitimização secundária, evitar a contaminação do relato da vítima e/ou intervenientes do evento abusivo e tranquilizar e transmitir confiança à vítima, sem emitir no seu discurso qualquer tipo de juízo de valor.

Razão pela qual a valorização e interpretação das informações prestadas pelas vítimas de crimes sexuais representam um momento fundamental da perícia forense, não apenas pela sua importância na constatação e valorização de eventuais evidências da agressão como também por constituir o início de uma intervenção terapêutica, de orientação e de proteção da vítima.

Outro dos tópicos merecedores de reflexão e discussão é o eventual comportamento violento da vítima, quando adulta. **Echeburúa e Guerricaechevarría (2000) referem que cerca de 25% dos abusadores sexuais foram vítimas de abuso sexual durante a infância,** *oscilando os resultados em função da metodologia percorrida para a coleta de dados. Por isso, a importância de percebermos os conceitos de correlação e causalidade, pois não existe uma relação causal direta e inequívoca de que todas as crianças abusadas serão agressores no futuro, apesar das correlações estatísticas apontadas em vários estudos que justificam a necessidade de uma intervenção psicossocial com as vítimas.*

Estudos norte-americanos demonstram que quando da submissão do agressor sexual ao polígrafo para continuarem o programa terapêutico, os abusadores revelaram em média 175 vítimas cada um, sendo este número bastante superior ao que admitiram anteriormente. Salter (2003), tendo por base a sua vasta experiência com criminosos sexuais, revelou não recordar nenhum criminoso que nas entrevistas em privado não tivesse admitido um maior número de vítimas do que aquelas pelas quais foi condenado.

Os estudos que indicam que grande parte dos abusadores de crianças foi vítima de abuso na sua infância têm na sua maioria por base autorrelatos dos agressores. Estes autorrelatos possuem uma validade ambígua, pois os interesses do próprio abusador estão em análise, não duvidando a autora que se for necessário àquele mentir, ele o fará sem grandes dificuldades. Isto porque o abusador que revela ter sido alvo de abuso na infância é contemplado de forma mais benevolente (Salter, 2003).

Termino, mencionando que, à semelhança de qualquer realidade criminal e/ou patológica, a prevenção, seja para evitar o aparecimento de casos, para interromper ou tratar novos casos ou para minimizar as suas consequências e evitar a recidiva dos casos, é fundamental nesta matéria.

Alguns dos passos podem passar por criar programas de tratamento nas prisões para criminosos sexuais – a taxa de reincidência diminui –, resultando em menos abusos – menos crianças traumatizadas; e investir numa educação sexual, pois a criança, ao aprender sobre o que é tolerável ou não e em que situações, estará mais capacitada para avaliar os comportamentos de que está a ser alvo e pedir ajuda. Aqui vale a máxima de que educar é prevenir.

Recordemos a Convenção sobre os Direitos da Criança adotada pela Assembleia Geral das Nações Unidas, em 20 de novembro de 1989, segundo a qual "os Estados Partes tomam todas as medidas legislativas, administrativas, sociais e educativas adequadas à proteção da criança contra todas as formas de violência física ou mental, dano ou sevícia, abandono ou tratamento negligente; maus-tratos ou exploração, incluindo a violência sexual, enquanto se encontrar sob a guarda de seus pais ou de um deles, dos representantes legais ou de qualquer outra pessoa a cuja guarda haja sido confiada"[15]. Além disso, nos aspectos relacionados à infância violentada, devemos lembrar que a família é peça importante na construção de uma patologia. Os conflitos humanos acabam por impulsionar as patogêneses. Uma família (aqui entendida em seus mais amplos conceitos) desestruturada pode ocasionar uma série de impactos nas crianças (DI LORETO, 2005).

Nesse sentido, Di Loreto (2005, p. 221) lembra ainda:

> A dinâmica que torna patogênico o hospital, para os pacientes, é exatamente a mesma que torna patogênica a família para os filhos. (Deixei de me estarrecer quando constatei que tanto as famílias, como hospitais e escolas, abrigos e unidades como as da Febem – sendo todas pequenas sociedades – regem-se por leis assemelhadas. Não foi difícil perceber que, num hospital, os pacientes ocupam o mesmo lugar dinâmico que os filhos ocupam nas famílias: dependências, fragilidades, etc. [...]).

Tendo em vista a importância da família, há uma necessidade urgente de implementar ações que fortaleçam a proteção das crianças dentro do seio familiar, visando a diminuição da violência atual, mas buscando, principalmente, um equilíbrio.

1.2.3. O DOMÍNIO SOBRE A VÍTIMA

Continuando a descrever as características intrínsecas ao serial killer, outro aspecto importante já citado anteriormente é a presença de uma ou mais **parafilias**, tais como sadismo, pedofilia, necrofilia, sadomasoquismo, domínio sobre a vítima, entre outras.

A forma de externar a violência comumente se dá pelo contato direto e íntimo com a vítima. Dificilmente o homicida em série usa arma de fogo, ou qualquer outro artefato que o impossibilite de permanecer perto de sua vítima. Esse contato físico direto é essencial, em face do caráter sexual que permeia tais crimes. Ademais, no caso das armas brancas ou as chamadas armas impróprias (como canos, madeiras e outros), elas assumem também um componente fálico importante na construção das fantasias, que se somam a rituais na formação de um cenário que empodere o homicida e cause uma fragilização maior da vítima (BRUNO; MARRAZZI, 2000).

A dominação da vítima, sua completa sujeição combinada com o caráter fálico do objeto utilizado pelo agressor e o contato físico direto com a vítima criam um cenário ideal para a concretização dos desejos mais violentos e cruéis.

Nesse jogo, os sentimentos como amor e ódio são variáveis. De acordo com a fala dos homicidas em série em seus depoimentos, ora podemos ver a morte destinada a um inimigo, como reflexo do ódio que o sujeito tem pelas mulheres, por exemplo, ora podemos ver a morte relacionada ao amor.

Um amor doentio, um amor predatório, um sentimento que deseja tanto a vítima que o canibalismo passa a ser um ato de perpetuação da vítima dentro de si. Em que a necrofilia é uma extensão desse desejo, que não cessa com a morte (NORRIS, 1988).

1.2.4. A CAPACIDADE INTELECTUAL E A SOCIABILIDADE

Do ponto de vista intelectual, os homicidas em série apresentam, em regra, um bom nível de cultura e estudo. Muitos têm gostos refinados e caros. São articulados, têm boa oratória, são simpáticos e têm postura digna e altiva até a hora do crime. Nesse momento, passam a ser agressivos e provocadores (HICKEY, 1997).

A pesquisadora Morana lembra que tais assassinos (mais especificamente os organizados) devem planejar seus crimes geralmente de forma calculada, o que exige certa capacidade intelectual, para observar todas as variáveis e a logística que envolve um homicídio, além da ocultação das provas e de, eventualmente, ter de lidar com interrogatórios e desconfiança (MORANA; STONE; ABDALLA-FILHO, 2013).

Os homicidas em série, em sua maioria, são instáveis e diagnosticados também como **portadores de personalidade antissocial**, geralmente, sociopatas ou psicopatas. Sobre estes últimos, alguns manuais e protocolos como o Manual Diagnóstico e Estatístico de Transtornos Mentais (DSM), a Classificação Internacional de Doenças (CID) e o Psychopathy Checklist-Revised (PCL-R) apontam as seguintes características (RESSLER, SHACHTMAN, 2005): eloquência; encanto e simpatia superficiais; sensação de grandiosidade; mentiras patológicas; facilidade de manipular; ausência de remorso; necessidade de estimulação continuada; promiscuidade sexual; pouco controle da conduta e comportamento impulsivo[16].

Já o escritor e psiquiatra forense norte-americano John MacDonald, dissertando sobre o tema, afirmou que o psicopata poderia ser identificado por três principais características apresentadas em sua infância: enurese noturna, obsessão por fogo e crueldade com animais. Tal teoria ficou conhecida como **Tríade MacDonald,** e, embora ainda seja bastante difundida, ela sofre duras críticas nos dias atuais, por ser superficial e carecer de consistência científica, algo com que, aliás, concordamos (KORI; SKRAPEC, 2008).

Apesar disso, estudos clássicos e amplamente divulgados reforçam a **enurese (micção noturna)** em idade tardia, a **tortura** e o **sadismo** praticados em animais domésticos ainda na infância, a **piromania,** a **masturbação compulsiva,** problemas referentes ao sono, **isolamento** familiar e social, **rebeldia,** dores de cabeça constantes e as mais variadas fobias como características dos homicidas em série (RESSLER; SHACHTMAN, 2005).

Organizações como o FBI adaptaram as definições de perfil aos programas de computador, criando sistemas como o Holmes, visando à checagem de informações e ao cruzamento de dados (Holmes, 1996).

No entanto, não se deve esquecer que a conduta de homicidas em série está sujeita a variáveis que programas de informática não podem antecipar, porque estamos tratando de uma conduta humana e, por vezes, imprevisível.

Aliás, vale frisar que as estatísticas apresentadas até agora, a respeito dos homicidas em série, carecem de um maior rigor, podendo sofrer duras críticas a respeito de sua estrutura e de seu grau de clareza e cientificidade.

Entre os críticos, apontamos o cientista ph.D. Anthony Walsh, da Universidade Boise State, no estado de Idaho, que asseverou que nas estatísticas oficiais os negros estão sempre sub-representados em relação ao fenômeno dos homicidas em série (WALSH, 2005).

Em seu artigo "African Americans and serial killing in the media: the myth and the reality", Walsh traça o perfil do homicida em série, levando em consideração os dados da sociedade americana em percentuais de etnias, e conclui que existe o dobro de negros homicidas em série em relação ao percentual de negros na população total (WALSH, 2005).

Embora essa teoria seja bem questionável do ponto de vista estatístico, principalmente ideológico, e não invalide a afirmação de que a esmagadora maioria de homicídios em série é cometida por cidadãos brancos, ela é importante para lembrar que todos os conceitos relacionados aos homicidas em série podem e devem ser questionados e analisados. Quebrar alguns estigmas dentro do estudo dos homicidas em série e principalmente evitar que a polícia, os estudiosos e os criminólogos se apeguem excessivamente a meras estatísticas é essencial à pesquisa, que deve considerar todas as possíveis variáveis.

EXEMPLO DE ERRO DEVIDO A PRECONCEITOS E ESTIGMAS

Em 11 de outubro de 1969, entrou no táxi de Paul Stine, em São Francisco, um homem que ficou conhecido como o serial killer Zodíaco. Pouco depois, durante o percurso, esse homem atirou na cabeça de Stine. Três testemunhas viram de longe um indivíduo saindo do carro após o crime e ligaram para a polícia. O assassino estava próximo e possivelmente andava a pé na região. Suspeita-se que dois policiais cruzaram com Zodíaco naquela noite, mas não o revistaram, tampouco o pararam. Os policiais, naquela noite, procuravam um homem negro – embora as descrições do serial killer de São Francisco apontassem para um homem branco, de cabelo curto, e com 35 a 45 anos (exatamente como o suspeito que eles não abordaram naquela noite).

Não podemos deixar que estigmas e preconceitos dominem a análise investigativa, e também devemos salientar que os apontamentos aqui feitos não são uma ordem inabalável e inapelável. Muitas pessoas sofrem com a enurese noturna, outras, infelizmente, já tiveram vontade de maltratar algum animal (um cão, gato etc.) ou até já o fizeram, outras apresentam transtornos mentais e/ou antissociais, mas nem por isso vão agredir ou matar um ser humano.

Ademais, quantos milhares de pessoas sofreram e ainda sofrem maus-tratos físicos e psíquicos na infância pelos pais, parentes e até mesmo estranhos, e nem por isso se tornam homicidas ou delinquentes.

Tal fato nos leva a afirmar que o perfil generalizado de homicidas deve ser analisado com calma e equilíbrio, pois pode, por vezes, limitar as investigações e fazer com que investigadores incorram em erros. Isso porque não existe nenhuma característica específica que só possa ser apontada em homicidas em série ou alguma qualidade peculiar que não seja perceptível na população dita "normal".

As características descritas aqui são um bom começo para adentrar o estudo dos homicidas em série, mas não são nem de longe o seu fim. Não podem ser negligenciadas nas investigações, mas também não podem ser uma fonte única e absoluta para solucionar a autoria de crimes.

É preciso, portanto, deixar claro que tais assassinos não são monstros, predadores, pessoas anormais ou protagonistas de filmes de terror (embora seus atos sejam assombrosos e desprezíveis). Abandonemos, aqui, a visão maniqueísta e nocivamente simplista de bem e mal.

1.3. COMO SÃO OS HOMICIDAS EM SÉRIE

1.3.1. QUANTO AO PLANEJAMENTO DO CRIME

Organizados

Esses homicidas representam praticamente 75% do total de assassinos em série capturados. Não é para menos que, em séries e filmes, verificamos bastante a presença desse tipo. São sujeitos que planejam com cuidado e minúcia seus crimes, geralmente utilizam armas próprias e deixam a cena do crime com tranquilidade e frieza.

Tendlarz e Garcia (2013, p. 144 e 145) afirmam:

> O método do assassino organizado – por exemplo, nos casos de **Gacy e Bundy**[17] – é o seguinte: dirige-se à cena do crime em um carro, o mesmo que usará para depois transportar a vítima, viva ou morta. Planeja detalhadamente o crime, incorporando rapidamente sua dinâmica. Leva consigo os instrumentos para matar: corda, clorofórmio, algemas etc. A violação e a tortura ocorrem antes do assassinato, para a sua satisfação. O crime se produz como o resultado de um longo processo, com o propósito prévio de realizar sua fantasia. Dado que o criminoso é consciente de que o assassinato deixa evidência de suas ações, trata de esconder ou destruir as possíveis pistas. Para evitar ou dificultar sua captura, esconde, enterra ou destrói o corpo da vítima. Tempos depois, esse assassino pode se interessar no crime por ele mesmo cometido, participando das investigações da polícia ou chamando as hotlines[18] disponibilizadas para os familiares das vítimas.

Testes gerais de QI apontam números elevados em alguns desses homicidas. O fato de serem organizados advém geralmente de sua inteligência[19] acima da média.

Entre as características dos homicidas em série organizados podemos destacar uma família acomodada, com escassa disciplina, apresentam comportamento conflitivo desde a infância, são inteligentes e atraentes e podem ter empregos com boa remuneração. No entanto, geralmente sofrem com a instabilidade no trabalho e nos estudos, o que dificulta terminar o que começam (NEWTON, 2002).

Tais sujeitos têm grande eloquência e facilidade em convencer os outros. São socialmente competentes, não obstante sua personalidade psicopática. Têm um alto conceito de si mesmos, com grande autoestima, enquanto costumam menosprezar a inteligência alheia, e têm sempre um conceito baixo das pessoas que os cercam. São egocêntricos e costumam colecionar todos os recortes, notícias e fotos sobre seus crimes, sendo que, por vezes, acompanham as investigações de perto.

Esses assassinos têm uma aparência comum, geralmente já iniciaram uma carreira delituosa, com passagens na polícia ou em instituições para menores.

Com frequência têm algum aborrecimento com as mulheres (chegando, por vezes, à misoginia[20]), ou mesmo contra toda a sociedade, e julgam-se sempre como vítimas diante dos percalços da vida. Seu comportamento no crime não se altera, as torturas que aplicam nas vítimas são antes fantasiadas.

Podemos apontar em tais homicidas um padrão muito reconhecível de características intrínsecas e extrínsecas. Entre as **características exógenas,** reconhecíveis, temos: a figura paterna mais estabilizada economicamente, com um bom emprego (o que geralmente confere ao homicida uma boa situação socioeconômica); a autoridade paterna costuma alternar uma severidade desmedida, com um comportamento relapso ou indulgente com o filho; o local do crime tem uma organização padrão, com ausência de provas ou rastros de um possível suspeito; a cena do crime demonstra que a vítima não teve nenhuma chance contra o agressor, pois tudo foi sistematicamente preparado; as vítimas seguem um arquétipo, um modelo não necessariamente físico, mas geralmente guardam entre si alguma semelhança (biótipo, profissão, nome, vida pregressa etc.); os crimes são realizados em lugares geralmente distantes da residência do agressor, pois o homicida tende a explorar novos ambientes, e o corpo das vítimas geralmente é retirado do verdadeiro local do crime (RESSLER; BURGESS, 1985; NEWTON, 2002; MORRISON; GOLDBERG, 2004; TENDLARZ; GARCIA, 2013; KONVALINA-SIMAS, 2014).

Entre as características que chamamos de **endógenas,** temos: sua vida pessoal é marcada por relacionamentos duradouros; o homicida é um indivíduo metódico, embora não necessariamente disciplinado ou rígido com sua rotina; sua infância é marcada por ser uma criança indolente e indiferente aos regramentos; as notas escolares apresentam boas médias, mas a frequência não é constante, e a permanência nas instituições é marcada por interrupções; no trabalho, tal inconstância também se revela frequente, e uma dificuldade de se firmar em algum objetivo é clara. Por fim, deve-se destacar que tais sujeitos são eloquentes, sagazes e meticulosos, geralmente bons comunicadores, sedutores quando é necessário, e sabem o que suas vítimas querem ouvir. Não encontram dificuldades em ser aprovados socialmente e representam um tipo atraente e aventureiro em relação aos outros (RESSLER; BURGESS, 1985; NEWTON, 2002; MORRISON; GOLDBERG, 2004; TENDLARZ; GARCIA, 2013; KONVALINA-SIMAS, 2014).

Nesse sentido, Konvalina-Simas (2014, p. 67) afirma:

> O autoconceito desses sujeitos é muito exagerado, com **traços egomaníacos e narcisistas**, o que sugere a presença da síndrome psicopática[21]. Esse agressor tende a achar que sabe tudo e que conhece a melhor forma de agir para si e para os outros. Uma vez que pensa estar sempre certo, esse agressor é extremamente suscetível a qualquer tipo de crítica e pode reagir de forma defensiva e agressiva ao se sentir criticado (grifo nosso).

Ainda sobre os homicidas organizados, devemos lembrar que têm dificuldade de se relacionar com o sexo oposto, embora possam ser bons nas *performances* sexuais (em grande parte das vezes, como já afirmado, são casados ou têm um(a) parceiro(a) fixo(a) que não desconfia de sua personalidade). Por uma necessidade de autoridade, muitos procuram o exército, a polícia ou outro trabalho do gênero.

Em relação às agressões, elas tendem a ser executadas antes da morte da vítima, quando esta se encontra totalmente subjugada. Tendem a utilizar álcool e outras drogas para potencializar os momentos homicidas e têm uma curiosidade sádica sobre seus próprios crimes na imprensa (RESSLER; BURGESS, 1985; NEWTON, 2002; MORRISON; GOLDBERG, 2004; TENDLARZ; GARCIA, 2013; KONVALINA-SIMAS, 2014).

Desorganizados

Os demais homicidas em série que não se enquadram nas características anteriormente citadas costumam ser considerados desorganizados. Embora minoria, esses homicidas são extremamente perigosos e imprevisíveis.

A cena do crime, nesses casos, indica que a conduta não foi planejada, mas, sim, fruto de um impulso, em que houve violência excessiva, com múltiplas e grosseiras mutilações. A **cena do crime é caótica.** Tais sujeitos parecem fazer tudo de maneira equivocada, desde a escolha da vítima e do local até a ocultação do crime (NEWTON, 2002).

Os psicanalistas Tendlarz e Garcia (2013, p. 144 e 145), ao analisar tais homicidas, afirmam:

> O assassino desorganizado – casos como os de Berkowitz e Chase[22] – usualmente chega e sai da cena do crime caminhando, embora, excepcionalmente, também possa chegar em um carro em mau estado. O homicídio ocorre no calor do momento. Não realiza um planejamento exaustivo do crime. Tampouco leva o clássico "kit" de ferramentas para matar: às vezes usa as mãos, uma arma afiada e cortante ou uma pistola. Não tem contato com a vítima até o momento do crime; seu ataque é furioso e decisivo. A vítima recebe rápidas feridas mortais. **Esse tipo de assassino não se interessa pelas evidências que deixa no local do crime; simplesmente sai do local, sem maiores cuidados.** Tampouco se preocupa em esconder o corpo da vítima, a qual deixa no lugar em que finalmente encontrará a morte. Esse assassino pode chegar a cometer canibalismo com o cadáver e, inclusive, tomar suvenires fetichistas, tal como se mostra no filme *Seven – os sete crimes capitais.* Em comum com o criminoso do tipo organizado, tem somente a satisfação produzida pela morte do outro. Depois do assassinato, perde o interesse pelo crime e tenta se esquecer do incidente (grifo nosso).

Entre as características dos homicidas em série desorganizados podemos destacar que a vítima é escolhida aleatoriamente e não costuma ter armas próprias, mas utiliza o primeiro objeto que estiver à mão. São criminosos ainda mais difíceis de identificar ou capturar, pela **imprevisibilidade de conduta** e pela **falta de padrão em suas ações**, o que leva a polícia a suspeitar de diferentes autores. É improvável que a polícia consiga prever o seu próximo passo (RESSLER; BURGESS, 1985; NEWTON, 2002; MORRISON; GOLDBERG, 2004; TENDLARZ; GARCIA, 2013; KONVALINA-SIMAS, 2014).

Tais homicidas são extremamente solitários, e seus crimes demonstram uma grande frustração. Têm famílias conflituosas, sem nenhum grau de disciplina. Têm um baixo nível intelectual, quando não apresentam também alguma desordem mental (que pode ser de uma personalidade imatura ou até mesmo um transtorno mental com déficit cognitivo acentuado).

Em seu histórico, observamos o abandono da escola e péssimas notas. Conquistam apenas empregos de alta rotatividade e de baixa remuneração, com péssimos relacionamentos no trabalho e com os companheiros. Aliás, têm preferência por trabalhos em que não terão contato direto com o público ou com clientes (RESSLER; BURGESS, 1985; NEWTON, 2002; MORRISON; GOLDBERG, 2004; TENDLARZ; GARCIA, 2013; KONVALINA-SIMAS, 2014).

Geralmente não são indivíduos atraentes nem bonitos e costumam recorrer à prostituição para satisfazer suas necessidades sexuais, pois se sentem totalmente inseguros sexualmente. Em comum com os homicidas organizados, o fato de que também odeiam as mulheres e têm um descontentamento geral com a sociedade (RESSLER; BURGESS, 1985; NEWTON, 2002; MORRISON; GOLDBERG, 2004; TENDLARZ; GARCIA, 2013; KONVALINA-SIMAS, 2014).

Têm um acentuado complexo de inferioridade e se julgam menores e desimportantes em relação aos outros, com uma péssima imagem de si mesmos. Muitos convivem com os pais, mesmo depois da idade adulta, e não conseguem desenvolver uma vida autônoma. Sua vida social é inexistente e frustrada, sem a manutenção de vínculos fortes. Também observamos nesses indivíduos muitas passagens por instituições psiquiátricas e reformatórios (RESSLER; BURGESS, 1985; NEWTON, 2002; MORRISON; GOLDBERG, 2004; TENDLARZ; GARCIA, 2013; KONVALINA-SIMAS, 2014).

A cena do crime é totalmente caótica, devido, entre outras coisas, à total falta de premeditação. O rosto da vítima é severamente ferido, na tentativa de desumanizá-la quanto antes. Isso também se deve ao fato de as vítimas de homicidas desorganizados serem conhecidas ou próximas ao agressor. Não há, comumente, indícios de tortura, e o homicida não apresenta nenhum comportamento ritualístico antes do ato (RESSLER; BURGESS, 1985; NEWTON, 2002; MORRISON; GOLDBERG, 2004; TENDLARZ; GARCIA, 2013; KONVALINA-SIMAS, 2014).

Esse homicida não costuma se utilizar de drogas lícitas ou ilícitas para se encorajar ao crime, porque a passagem ao ato homicida se dá, com frequência, por impulso, sem premeditação. Por isso, os crimes ocorrem próximo ao local de trabalho ou à residência (RESSLER; BURGESS, 1985; NEWTON, 2002; MORRISON; GOLDBERG, 2004; TENDLARZ; GARCIA, 2013; KONVALINA-SIMAS, 2014).

Em relação às **características exógenas** dos homicidas desorganizados, podemos afirmar que os pais não mantêm empregos estáveis, e geralmente apresentam situação econômica precária, além de uma constante relação com o álcool e outras drogas. Como sua sociabilidade é baixa, tendem a ter má higiene pessoal; a indisciplina e a desordem são constantes na vida do agressor; os empregos, além de rotatividade alta, são precários; o local do crime é próximo e conhecido pelo agressor; costuma deixar o local do crime intacto, inclusive em relação ao cadáver da vítima, que lá permanece (RESSLER; BURGESS, 1985; HOLMES; DE BURGER, 1988; KONVALINA-SIMAS, 2014).

Já como **características endógenas,** podemos resumi-las da seguinte maneira: costumam apresentar algum transtorno mental ou deficiência psíquica; além de serem imaturos e com baixo QI, são introvertidos e tímidos; apresentam uma inequívoca incapacidade de conviver em sociedade; apresentam, em regra, um quadro de ansiedade acentuado (RESSLER; BURGESS, 1985; HOLMES; DE BURGER, 1988; KONVALINA-SIMAS, 2014).

Uma curiosidade: tais homicidas, embora pouco sociáveis, costumam participar dos velórios ou cerimônias fúnebres de suas vítimas e podem regressar ao local do crime (KONVALINA-SIMAS, 2014). Quanto ao apego ao local em que moram, Konvalina-Simas (2014, p. 69) assegura que "o agressor desorganizado pode mudar de emprego ou de residência, mas raramente sairá da vizinhança, porque **apenas o que é familiar o faz sentir-se seguro e tranquilo**" (grifo nosso).

Em resumo, podemos apontar que o **homicida organizado** apresenta como fatores endógenos característicos: a) Inteligência média/acima da média; b) Socialmente competente; c) Tem qualificações profissionais; d) Desempenho sexual favorável; e) Primogênito ou filho mais velho; f) Características psicopáticas; g) Controle das emoções; h) O ato é planejado. Fatores exógenos: a) Pais estáveis laboral e economicamente; b) Pais ora rigorosos, ora indulgentes; c) O local do crime é estranho ao agressor; d) A vítima é conhecida ao menos na fantasia; e) Uso de cordas e instrumentos; f) O corpo da vítima é ocultado; g) Local do crime sem vestígios.

Já o **homicida desorganizado** apresenta como fatores endógenos: a) Inteligência abaixo da média; b) Socialmente incompetente; c) Não apresenta qualificações profissionais; d) Desempenho sexual desfavorável; e) Não é o primogênito; f) Características psicóticas; g) Ansiedade acentuada; h) O ato é espontâneo. Fatores exógenos: a) Pais desestabilizados laboral e economicamente; b) Pais rigorosos; c) O local do crime é conhecido do agressor; d) A vítima é desconhecida; e) Não há presença de instrumentos de controle; f) O corpo da vítima é deixado no local; g) Local do crime com vestígios.

Por fim, cabe ressaltar a diferença significativa em relação à psicopatia – nos homicidas desorganizados ela não se apresenta. A psicose aparece como estrutura mais comum aos agressores desorganizados.

1.3.2. QUANTO AO LUGAR DO CRIME

O local do crime também pode dizer muito sobre os homicidas, suas características e temperamento. De Burger (HOLMES; DE BURGER, 1996) afirmava que a zona geográfica eleita pelo psicopata poderia identificá-lo em um ou outro grupo de homicidas (BIELBA, 2007).

Entre as classificações conforme o lugar do crime, temos:

Lugar específico

Os homicidas que atuam apenas em lugar específico costumam ter uma vida comum perante a sociedade que os cerca. Nesse ponto, cabe uma explicação importante. Embora os homicidas organizados em geral escolham um local distante de sua residência para cometer seus crimes, aqui encontramos uma possibilidade de exceção. Nesse caso, tivemos célebres homicidas organizados que, em vez de escolher um local remoto, escolheram a própria residência como forma de concretizar de forma total seu controle sobre a vítima. Ou seja, embora o local seja sua residência, o desaparecimento dos corpos, o controle da vítima e todas as outras características se encontram presentes.

Tais assassinos podem se utilizar de qualquer local em que se sintam seguros[23], ou mesmo a própria residência, para praticar ou finalizar o seu ato homicida. Desfazem-se do corpo também na própria casa, enterrando-o no quintal ou mutilando o corpo e armazenando-o em um tonel com ácido ou mesmo na geladeira (HOLMES; DE BURGER, 1996; NEWTON, 2002; RESSLER; SHACHTMAN, 2005; BIELBA, 2007).

Cabe ressaltar a importância de nunca interpretar as definições e conceitos de modo limitante. Nesse sentido, vale repercutir a crítica de Tendlarz e Garcia (2013, p. 147):

> Em nosso entender, as condutas e suas tipologias nada dizem a respeito da singularidade do sujeito e seu particular tratamento do gozo. Lacan não excluía o que pudesse ser extraído do comportamento de uma pessoa, sendo útil aos fins da psicanálise. As condutas e os comportamentos não falam, no entanto, se podemos deduzir, por eles, um sujeito.

Conservar os restos da vítima será uma das formas posteriores de obtenção de prazer do homicida, que gosta de reviver o horror que impôs à vítima.

De acordo com a análise de vários casos, entre eles os de John Gacy e Jeffrey Dahmer, os homicidas em série que escolhem determinado local como sendo o de seus crimes ou sacrifícios vivem bem com a vizinhança. Eles apenas são descobertos quando o número de mortes sai do controle ou quando a própria casa já não comporta o número de corpos, ou, ainda, quando os recursos como ácido e congelamento não são mais capazes de conter o mau cheiro dos corpos em decomposição (BIELBA, 2007).

Por manter sempre uma aparência de pessoa exemplar, recatada e comedida diante dos vizinhos e afastar qualquer tipo de suspeita, raramente elegem vítimas nas proximidades de seu lar. Ou seja, seduzem as vítimas longe de sua residência e somente as levam para casa quando estão seguros do sigilo do seu ato. Ou quando a vítima já está desacordada ou, em alguns casos, morta.

São capazes de conversar com policiais com calma e eloquência, quando questionados sobre alguma anormalidade em sua comunidade. Pelo perfil descrito, são também homicidas organizados (RESSLER; BURGESS, 1985; HOLMES; DE BURGER, 1996; NEWTON, 2002; BIELBA, 2007).

Tais assassinos são os mais comuns e também os mais difíceis de ser capturados, pois agem em um perímetro que conhecem bem e em uma zona de conforto e segurança que pode ser inabitada (caso dos irmãos Milat)[24]. E quando esse perímetro coincide com a sua residência, a ação se torna potencialmente mais letal. Além disso, por serem conhecidos das pessoas que os circundam e hábeis comunicadores, não levantam suspeitas e dificilmente são denunciados. Um exemplo: John Gacy.

Os viajantes

Os viajantes[25] geralmente são representados em vários filmes do gênero. São aqueles sujeitos que costumam percorrer quilômetros, deixando um rastro de morte. Alguns escolhem viajar, enquanto outros se aproveitam da profissão para cometer seus crimes (BIELBA, 2007).

Estar longe de casa permite que tais assassinos se comportem mais livremente e externem todo o seu impulso homicida. Devido à difícil localização geográfica, eles são mais difíceis de capturar, e a polícia pode demorar a fazer a conexão entre crimes ocorridos em lugares tão distantes. Na maioria das vezes, devido ao precário sistema de inteligência da polícia investigativa, grande parte desses homicidas não tem seus crimes conectados (RESSLER; BURGESS, 1985; HOLMES; DE BURGER, 1996; NEWTON, 2002; BIELBA, 2007).

Comumente, esses assassinos são presos em vários estados por pequenos furtos e delitos, mas se livram antes que qualquer investigador suspeite dos homicídios cometidos (RESSLER, 2003; RESSLER; SHACHTMAN, 2005; SCHECHTER, 2013).

Em regra, são homicidas desorganizados e, assim, deixam mais rastros. Uma vez que a polícia conclui que os homicídios são conexos, é mais fácil identificar o homicida em série entre os suspeitos, pois basta investigar o deslocamento deles nos últimos meses (BIELBA, 2007). Um exemplo: Aileen Wuornos.

Locais

Por fim, temos os homicidas locais, que preferem utilizar uma grande área para sua atuação, sem, no entanto, precisar viajar por muito tempo ou se ausentar por longos períodos de sua residência. Costumam eleger um local, que pode ser um bairro, uma cidade ou até mesmo um estado (RESSLER, 2003; RESSLER; SHACHTMAN, 2005; SCHECHTER, 2013).

Geralmente os locais escolhidos são próximos de sua residência ou mesmo de seu trabalho, para que se desloquem em pouco tempo e não levantem suspeitas.

Tais homicidas podem ser organizados ou desorganizados. Conhecem bastante a área em que atuam e a vizinhança que os cerca, com a qual convivem sem levantar grandes suspeitas (BIELBA, 2007).

Não são tão habituais quanto os outros homicidas. Para capturá-los, é necessário primeiro vislumbrar a conexão dos crimes e identificar a área em que são cometidos. Fatalmente, o criminoso que a polícia procura está naquela vizinhança. Um exemplo: Maníaco do Parque.

1.3.3. QUANTO À RAZÃO DO CRIME

São muitos os motivos que levam uma pessoa a cometer crimes violentos, que vão de visões messiânicas ao sadismo e à busca de prazer sexual com a morte. Por mais que algumas razões sejam estranhas ao leitor, na cabeça do homicida esses motivos têm a sua lógica. Os criminólogos consideram o estudo dos motivos uma das mais importantes etapas da instrução criminal (BIELBA, 2007).

Os motivos que levam um homicida à sua passagem ao ato estão entre as mais antigas investigações e curiosidades dos estudos criminológicos de assassinos em série, principalmente a motivação sexual das mortes. Uma prova disso é o livro emblemático do psiquiatra alemão Richard von Krafft-Ebing: *Psychopathia sexualis*[26] (KRAFFT-EBING *apud* PEREIRA, 2009).

Nesse livro, de 1886, o autor já traçava as diferentes formas de perturbação sexual, consideradas pioneiramente como transtornos médico-psiquiátricos. Contemporâneo de Lombroso, Krafft-Ebing fez uma pesquisa sistematizada sobre desvios sexuais e homicídios.

Assim, ainda hoje as causas que levam à morte da vítima são o principal alvo das entrevistas e interrogatórios feitos pela polícia e pelos investigadores – isso porque, no caso de crimes em série, os motivos podem nos ajudar a entender o que leva o homicida a começar sua trilha de matanças e, principalmente, podem nos auxiliar a entender por que tais indivíduos optam por ceifar a vida de outras pessoas (RESSLER, 2003; RESSLER; SHACHTMAN, 2005; BIELBA, 2007; SCHECHTER, 2013; TENDLARZ; GARCIA, 2013).

Nesse sentido, podemos considerar os homicidas em série, quanto à razão de seus crimes, como:

Sexuais

São homicidas que sentem prazer sexual com a morte. Quase sempre violam a dignidade sexual de suas vítimas, vivas ou mortas (necrofilia). Costumam se satisfazer também com partes ou pedaços do cadáver que acabam de matar. Tal característica os leva a conservar o cadáver por algum tempo (RESSLER, 2003; RESSLER; SHACHTMAN, 2005; BIELBA, 2007; SCHECHTER, 2013).

A excitação sexual aumenta e atinge seu ápice com a angústia, a expiação e o medo da vítima. Torturam visando à agonia e à dor e preferem causar uma morte mais lenta e dolorosa à vítima.

Tais indivíduos geralmente demonstram dificuldade de se relacionar sexualmente, de uma maneira convencional, com outras pessoas. Às vezes, podem sofrer de impotência sexual. Quando falham sexualmente com a vítima, tornam-se ainda mais violentos (BIELBA, 2007). Um exemplo: Edmund Kemper.

Visionários

Os assassinos visionários figuram sempre nas séries e filmes sobre o tema. O motivo que os leva a matar pode variar de vozes em sua cabeça a visões que os obrigam a matar. Na psiquiatria, o diagnóstico mais frequente de tais casos se dá como quadros agudos de esquizofrenia. Já na psicanálise, tais sujeitos figuram na estrutura da psicose. Esses homicidas costumam, por certo período, separar sua vida habitual de seus crimes, uma vez que falta a eles a responsabilização pelos próprios atos (NEWTON, 2002; RESSLER; SHACHTMAN, 2005; SCHECHTER, 2013).

Por vezes, o quadro se assemelha a um transe passageiro, que os leva a cometer atos brutais, voltando depois ao estágio habitual de sua personalidade.

As vozes não cessam, e a cada morte costumam se intensificar ou se tornar ainda mais autoritárias e independentes. O sujeito geralmente tenta estabelecer uma resistência para não obedecer a tais visões ou vozes, mas em regra acabam por sucumbir e voltam a matar. Um exemplo: David Berkowitz.

Hedonistas

Os sujeitos que figuram como assassinos hedonistas comumente são os mais sádicos e cruéis; isso porque um hedonista mata sua vítima por prazer. Vale estabelecer uma grande diferença com os homicidas sexuais. O hedonista não busca especificamente o prazer sexual, mas o fascinam as coisas novas, os desafios. Sempre quer mais. E gosta de desfrutar durante um bom tempo de sua vítima (BIELBA, 2007).

Os homicídios que comete acabam por ter um *modus operandi* bastante característico, como cerimônias e rituais. Como seu objetivo não repousa na satisfação sexual, no toque ou contato direto com a vítima, a própria caçada ou mesmo a escolha da vítima já pode lhe proporcionar grande prazer. A própria relação que constrói com a polícia e, consequentemente, sua fuga também são elementos que podem levar esse agressor ao deleite.

Costuma seguir as notícias sobre seus crimes e as coleciona. Há um componente de orgulho depois de uma agressão realizada com sucesso. Sente prazer em ver sua atividade sádica ser noticiada em jornais e revistas. Um exemplo: Ivan Marko Milat.

Missionários

São bem comuns os homicidas que começam a matar desenfreadamente por acreditar em uma nobre missão. Eles acreditam que devem fazer algo pela sua comunidade ou mesmo para salvar o mundo, pois julgam que determinadas pessoas devem morrer para o bem da sociedade (BIELBA, 2007).

Com o objetivo de limpar a cidade, matam vítimas de diferentes grupos étnicos e de minorias, como gays, judeus, travestis e negros. Para esses homicidas, os fins justificam os meios, e se sentem injustiçados se forem capturados e presos. Muitos se colocam no papel de messias ou salvador.

Como acreditam ser predestinados, geralmente não conseguem se responsabilizar e não admitem sua culpa em nenhum momento. Não admitem sequer que sejam detidos, por cumprir seu papel de maneira tão inflexível. Sua autoestima é proporcional ao tamanho do papel que julgam ocupar no mundo, e se consideram, por vezes, deuses.

Podemos aproximar desse grupo os homicídios com um obscuro viés religioso, em que o "fiel" comete atitudes brutais, sádicas e cruéis em nome de um bem maior; são os chamados sacrifícios ou oferendas, ora para se defender de entidades religiosas, como o demônio, ora para se unir a essas forças. Esses rituais com o oferecimento de sacrifício podem ser de sangue ou mesmo de vida de pessoas e animais.

A maioria dos grupos de extermínio no Brasil não se enquadra nessas classificações, principalmente pelo viés político e ideológico que muitos apresentam, o que distancia seus agentes da figura de messias ou enviados de Deus. Geralmente, tais homicidas não apresentam essa imagem de si mesmos. Um exemplo: Febrônio Índio do Brasil.

1.3.4. A AUSÊNCIA DE MOTIVOS

Vale, por fim, ressaltar que nem toda morte ligada a um homicida em série se dá com a presença de motivos claros ou identificáveis. Pelo contrário, uma parte dos homicídios se concretiza com uma aparente **ausência de motivos**. Os investigadores, policiais e demais envolvidos chegam a afirmar que o crime se deu sem motivação, ou sem objetivo aparente, uma vez que o crime de homicídio, presente no artigo 121[27] do Código Penal (em relação à subjetividade do sujeito), só permite a futilidade e a torpeza.

Ou seja, do ponto de vista técnico penal, devemos aceitar que a maioria dos homicídios em série terá várias qualificações[28] objetivas, como meios cruéis (fogo, explosivo e asfixia), meios insidiosos (veneno), dificuldade de defesa da vítima (emboscada) etc., de fácil e inequívoca identificação. No entanto, as qualificações subjetivas[29] apresentarão maior complexidade em sua aferição. Em grande parte das vezes, tanto a futilidade[30] como a torpeza (por exemplo)[31] não se aplicarão diretamente no móvel (ou motivação) que leva o homicida em série a cometer o crime. Isso se dá porque o desejo, o prazer, as parafilias e a ausência de remorso não podem ser facilmente correlacionados aos conceitos técnicos do direito penal.

Portanto, os investigadores não podem acreditar que a ausência de motivos relacionados a interpretação dogmática do artigo 121, leve a ausência de motivos em uma análise psicológica e criminológica do caso. Pelo contrário, do ponto de vista criminológico e psicanalítico, nenhum crime vai ocorrer destituído de razão ou motivação, mesmo que inconsciente.

É importante deixar claro que **não existirá um crime que não tenha, em sua essência, uma razão ou justificação.** Cabe à investigação se livrar de todo preconceito e não se ater apenas ao anacrônico e conservador método investigativo. Independentemente do resultado penal e de suas antiquadas definições, devemos lançar mão da transdisciplinaridade. Assim, tanto psiquiatria, psicanálise e antropologia quanto psicologia devem ser utilizadas na tentativa de se extrair, da passagem ao ato homicida, o real motivo do crime, e não apenas a sua causa aparente.

Embora em alguns casos os motivos do assassino não sejam manifestos, sabemos que uma gama de situações multifatoriais contribui para o desfecho criminoso do agente.

Tendlarz e Garcia (2013, p. 133) afirmam que "na busca das causas dos crimes se têm constituído diferentes escolas criminológicas, biológicas, pseudobiológicas e psicológicas".

A psicanálise, por exemplo, nos abre uma série de possibilidades de entendimento do crime e, principalmente, dos agentes que o cometem, atribuindo sentido à passagem ao ato do sujeito. Jacques Lacan, em um de seus trabalhos, distingue as paranoias de autopunição (**um dos motivos mais recorrentes dos crimes dos homicidas em série: matar, através do outro, o seu inimigo interior**) e os delírios reivindicatórios ou crimes do real e os crimes do simbólico.

Com relação aos já abordados homicídios imotivados, Paul Guiraud assevera que é importante distinguir os estados delirantes dos psicóticos dos atos de violência imotivados contra desconhecidos. O autor francês afirma, ainda, que o ato pode representar uma tentativa de liberação do agente ou uma resposta a uma ordem alucinatória (GUIRAUD *apud* QUINET, 2001).

Nesse sentido, vale ressaltar as palavras de Guiraud, citadas por Antonio Quinet (2001, p. 173):

> Entre os assassinatos cometidos pelos alienados, uma parte aparece como atos lógicos e motivados do ponto de vista das ideias delirantes. Algumas vezes são premeditados e realizados com o conhecimento de causa, da mesma forma que os assassinatos dos criminosos comuns. Compreendemos facilmente o ato de um delirante ciumento que mata sua mulher, um perseguido que se sente desonrado ou martirizado por um inimigo imaginário e, com grande lucidez, se dispõe à vingança.

Assim, dificilmente podemos afirmar que em sua essência qualquer ato será destituído de motivação. Aliás, a razão subjetiva e obscura do ato pode mesmo surpreender o mais experiente dos investigadores. Freud, por exemplo, afirmava que alguns crimes são antes de tudo um suicídio camuflado. O psicanalista alemão afirmava que existe uma culpa ou um desejo inconsciente por trás dos motivos do ato criminoso. Uma culpa que antecede o ato.

Por trás de todo ato violento ou criminoso há uma motivação, mesmo que embasada no delírio, na fantasia ou ilusão de um agente que fraqueja e se fragiliza ao se deparar com o real (TENDLARZ; GARCIA, 2013).

Analisar os crimes dessa maneira pode exigir que tanto a polícia como o próprio direito penal e o direito processual penal sejam totalmente repensados, reestruturados ou até mesmo suplantados, pois as investigações e procedimentos judiciais que conhecemos hoje não são capazes de fazer uma leitura apurada dos crimes debatidos aqui.

Vale frisar que, segundo Lacan, a psicanálise desconstrói e dá outro sentido ao crime, uma vez que sempre atribui motivos inconscientes ao ato, no entanto não desresponsabiliza nem desumaniza o criminoso. Ou seja, todos os atos têm um motivo, o que não quer dizer que todo ato tenha uma desculpa ou não deva ser punido (LACAN *apud* TENDLARZ; GARCIA, 2013, p. 66).

Por fim, frisamos que não podemos afastar todo diagnóstico dado pela análise criminológica e psicanalítica da passagem ao ato. A reconstituição do crime se torna importante, mas não falamos apenas daquela reconstituição da cena real, do posicionamento dos agentes no local do crime (costumeiramente feita pelos peritos), e sim que seria importante uma **reconstituição psíquica** do evento delituoso. Tentar reconstituir o que o réu vislumbrava em sua mente no momento da passagem ao ato (em casos de psicose, essa reconstituição é vital).

1.3.5. OS TIPOS DE HOMICIDA EM SÉRIE

O estudo da mente e do comportamento dos serial killers, assim como de outros sujeitos com condutas sociais desviadas das normas estabelecidas e permitidas, é sempre uma tarefa árdua e, por vezes, inglória. Por isso, um estudo científico do comportamento humano não pode se furtar de qualificar ações, na tentativa de entender e de padronizar as variáveis da conduta humana.

Assim, os homicidas em série também podem ser classificados e definidos de acordo com o tipo de crime que cometem, com as vítimas que escolhem ou com a destinação que dão ao corpo delas após o crime. Tal análise ajuda a compreender o fenômeno do ponto de vista de quem o comete (NEWTON, 2002; RESSLER; SHACHTMAN, 2005; SCHECHTER, 2013).

Em crimes sequenciais, os investigadores e policiais podem identificar certos padrões, características e modelos que acabam por ajudar na identificação do sujeito ativo dos crimes. Sabendo a motivação e o tipo de crime executado, as investigações podem prever o próximo passo do homicida e, assim, direcionar a estrutura investigativa.

A classificação aqui apresentada se baseia, entre outros estudos, no livro *Evil serial killers – in the minds of monsters* (2006), da inglesa Charlotte Greig, assim como nos livros de Robert Ressler e na análise estatística dos casos de assassinos em série no mundo. Tais categorizações são superficiais e devem ser utilizadas apenas como um instrumento auxiliar na busca por respostas referentes aos homicidas em série (NEWTON, 2002; RESSLER; SHACHTMAN, 2005; GREIG, 2006; SCHECHTER, 2013).

Reiteramos que o objetivo deste livro não é esgotar o tema, assim como lembramos que os tipos, motivos e atributos elencados aqui não se excluem, ou seja, o sujeito pode apresentar um perfil variado, com a presença de uma ou várias das características apontadas.

Entre os tipos de homicidas em série, temos:

Anjos da morte

Os anjos da morte ou assassinos médicos são homicidas de difícil identificação. Para capturá-los, necessitamos de uma série clara de crimes semelhantes em um mesmo local (em sua maioria, instituições médico--hospitalares). Do contrário, as mortes parecerão naturais e apropriadas, devido ao quadro terminal do paciente.

Nas palavras de Michael Newton (2002, p. 14), tais homicidas "só serão pegos caso se tornem arrogantes e descuidados ou comecem a matar vorazmente dentro de um mínimo espaço de tempo".

Geralmente esse grupo é formado por enfermeiros, médicos ou familiares da vítima (cuidadores informais, que podem ser pai, mãe, avós, donas de casa) que gozam de uma imensa credibilidade na sociedade. São cidadãos acima de qualquer suspeita, reconhecidos por trabalhos sociais e pela ajuda ao próximo (NEWTON, 2002; RESSLER; SHACHTMAN, 2005; GREIG, 2006; SCHECHTER, 2013).

Tais sujeitos procuram externar uma bondade sem precedentes, que contrasta com seus crimes, geralmente cruéis. Aqui temos uma imagem piedosa incoerente com os crimes perpetrados. Devido ao contato diário com vítimas em potencial, esses assassinos chegam a cometer centenas de crimes, até que a família de alguma das vítimas comece a desconfiar das circunstâncias da morte.

Os profissionais da saúde têm maior facilidade de afastar ou atrapalhar a investigação policial, destruindo evidências ou forjando certidões de óbito, justificando cada morte cometida.

Outro aspecto que pode dificultar a descoberta dos homicídios é o corporativismo profissional e a preocupação em manter o bom nome da instituição médica. Para isso, muitos administradores de hospitais, clínicas e asilos podem fazer vista grossa, visando preservar a imagem da instituição (NEWTON, 2002; RESSLER; SHACHTMAN, 2005; GREIG, 2006; SCHECHTER, 2013).

Pela profissão ou pelo cargo que ocupam quando são pegos, tais profissionais usam o argumento do homicídio privilegiado[32] (homicídio piedoso, relevante valor social ou moral) ou até mesmo motivos impactantes, como a eutanásia ou a ortotanásia[33]. Entre os motivos desses homicídios, também podemos encontrar sentimentos honrosos, como a misericórdia para com o próximo (nesse sentido, não há aproximação de tais sujeitos com o conceito de homicida em série); em contrapartida, em outras situações observamos o simples sadismo, o prazer sexual e a satisfação pessoal como motivações (nesses casos, o indivíduo deverá ser considerado um homicida em série). Exemplos: Waltraud Wagner, Belle Gunness.

Canibais

Os canibais estão entre os homicidas que mais despertam a curiosidade do público, assassinos com uma mórbida predileção por carne humana. Ou mesmo aqueles sujeitos que, por curiosidade ou mero impulso, chegam a consumir partes de outro ser humano. Apesar de tais ações ferirem a moralidade e provocarem repulsa em virtude de sua hediondez, o canibalismo é, historicamente, um antigo costume do ser humano.

Canibal é uma palavra espanhola, foi utilizada em seus primórdios por Colombo como um nome para determinado povo, e se expandiu para definir tribos que necessariamente comiam outros seres humanos (MACCRAW, 2011).

Da Mota (2014, p. 170) assegura que: "Dentro da nossa constituição social, é impensável a prática do canibalismo, logo, se delega a essa atividade um caráter satânico ou diabólico, representativo da falta de respeito e amor ao próximo".

Devemos ressaltar que existem muitas subclassificações em relação às pessoas e tribos que utilizaram e ainda utilizam essa prática. O chamado **exocanibalismo** trata de tribos ou pessoas que comem indivíduos que estão fora de seu grupo, já o **endocanibalismo** envolve sujeitos que se alimentam de pessoas do próprio grupo com que convivem (MACCRAW, 2011).

De acordo com a história, muitas culturas fizeram do **canibalismo um ritual** com uma grande significação. Nesse caso, o fato de consumir outra pessoa deve ser baseado nas crenças do grupo e na cultura do local, e as motivações espirituais ou psicológicas acabam por dar sentido ao acontecimento, retirando toda a carga de culpa que o canibal poderia sentir (TURNER; TURNER, 1994, TURNER; TURNER, 1999; MACCRAW, 2011).

Algumas tribos primitivas ou indígenas viam, no consumo da carne do inimigo, uma maneira de adquirir as forças do oponente. Os índios das Américas davam ao canibalismo vários significados, e o ato era cercado de simbolismo. No Brasil, os tupinambás eram adeptos dessa prática, e na América Central os astecas também praticavam canibalismo com os inimigos de guerra (DA MOTA, 2014).

Ademais, temos o **canibalismo funerário,** que se dá pela ingestão do corpo ou de pedaços do corpo do morto, pela sua tribo ou comunidade. Tal prática foi recorrente no Brasil entre os integrantes da **tribo Wari,** da Amazônia, ou mesmo entre os **ianomâmis**, que não se alimentavam do corpo, mas sim das cinzas (DA MOTA, 2014).

Na Península Ibérica, desde os seus primeiros habitantes, temos indícios de canibalismo em várias tribos de diferentes etnias e espalhadas por toda a Europa também.

Até hoje, o canibalismo, nesses moldes tribais, ainda sobrevive, como em Papua-Nova Guiné, com a **tribo Korowai**. Tal comunidade, atualmente, utiliza o canibalismo por razões culturais e religiosas. Os Korowai costumam comer seus enfermos, quando acreditam ser a doença uma possessão demoníaca (STASCH, 2001). Tais rituais vêm diminuindo ao longo das últimas décadas, com especial interferência do direito penal.

Temos ainda **canibalismo com o intuito de vingança** ou humilhação do oponente. Tal modalidade foi comum em guerras e lutas entre tribos primitivas, em que o fato de ingerir a carne do oponente era uma forma de desonrá-lo, além da derrota na batalha (MACCRAW, 2011).

O **canibalismo por sentimento** aparece na China, onde temos relatos de um canibalismo nomeado como afetuoso, em que os parentes do morto comem suas partes em sinal de respeito e consternação com sua morte (TURNER; TURNER, 1994; TURNER; TURNER, 1999; MACCRAW, 2011).

O **canibalismo por sobrevivência** surge em vários momentos e em várias culturas distintas. Os russos, em 1930, tiveram de aderir ao canibalismo durante o governo de Stálin para sobreviver, devido à fome e à reformulação do sistema agrícola do país. Isso aconteceu também em outros países.

A China vivenciou situações semelhantes. Nas décadas de 1950 e 1960, quando a fome assolava o país, vários chineses recorreram ao canibalismo para sobreviver. Também chamado de canibalismo famélico, ocorreu em períodos pós-guerra.

De maneira parecida, em uma tragédia nos Andes, em outubro de 1972, os sobreviventes de um acidente aéreo conseguiram se manter vivos durante quase dez semanas, graças ao consumo de carne dos próprios companheiros de viagem mortos[34].

Embora o costume de comer a carne da própria espécie não seja estranho em nossa história, tal prática foi banida e proibida. As legislações do mundo, além de tipificarem a lesão corporal[35], ou mesmo as já citadas qualificadoras do homicídio (meio cruel, por exemplo), tipificaram também a profanação[36] e o vilipêndio de cadáveres como crime[37]. Sendo assim, toda espécie de canibalismo aqui exposto configuraria crime.

Mesmo sendo considerado repulsivo em nossa cultura, o canibalismo é uma variável comum entre os homicídios cometidos em série. Alguns assassinos em série costumam morder o cadáver de suas vítimas, enquanto outros preferem esquartejar o corpo e guardar determinados órgãos, para depois consumir a carne ou mesmo se masturbar com tais partes e obter um prazer mórbido.

Geralmente, nenhum homicida em série vislumbra o canibalismo como móvel do crime. O canibalismo não funciona entre esses assassinos como a causa do crime, mas sempre como uma consequência e uma oportunidade de assim utilizar o corpo da vítima. Uma extensão de seu desejo, mas raramente sua fantasia principal (NEWTON, 2002; RESSLER; SHACHTMAN, 2005; GREIG, 2006; SCHECHTER, 2013).

Os homicidas em série, quando cometem o canibalismo, são classificados como exocanibais ou endocanibais. Exocanibais, quando o agressor mata simbolicamente alguém que vê como um contraponto (como diferente), e, por vezes, como insignificante e descartável. Não há o reconhecimento do outro como sendo do seu grupo. E endocanibais, quando o agressor, em seu delírio, pode matar uma pessoa próxima ou até a si mesmo.

A antropofagia, nesse caso, está ligada ao domínio sobre a vítima e, consequentemente, à sensação de prazer gerada por tal controle. Não se vislumbra um estado de necessidade famélico, mas sim a busca do gozo, por meio da total submissão e entrega da vítima.

Vale lembrar que Jeffrey Dahmer, um dos homicidas canibais mais lembrados, refutou em muitas entrevistas o fato de ter praticado com frequência o canibalismo ou mesmo de ter gostado do sabor da carne humana. É inegável, no entanto, que o canibalismo esteve presente na simbologia de seus atos.

O fato de comer carne humana é considerado hediondo e repulsivo, entretanto os canibais despertam a mórbida curiosidade de grande parte da população. Assim, temos grande número de produções literárias, jogos eletrônicos e filmes sobre esses indivíduos.

Muitas películas trabalham o assunto, que instiga o público – filmes que vão de *Silêncio dos inocentes* (lançado em 1991) e *Hannibal* (2001), que trabalham a temática antropofágica, até *Sweeney Todd* (de 2007, inspirado em um musical da Broadway), um musical que aborda a antropofagia de maneira bem distinta, em que há a fabricação de tortas e bolos com a carne das vítimas fornecidas pelo protagonista. Situações que, embora estejam representadas em filmes, são muito semelhantes a situações ocorridas na vida real, pelo mundo, inclusive no Brasil (do final do século XIX aos dias de hoje). Um exemplo: Jeffrey Dahmer.

Equipes e duplas

Os homicídios cometidos em série geralmente são vinculados a sujeitos solitários, tímidos e introvertidos, pessoas com dificuldades de se relacionar ou antissociais. Com tal perfil, não é comum o leitor ou mesmo os investigadores associarem crimes cometidos por equipes ou duplas a homicídios em série.

De acordo com estatísticas apresentadas pelo escritor Michael Newton, cerca de 13% dos crimes em série são cometidos por homicidas em grupos. Destes, a maioria são duplas de homens, seguidos por casais, com predomínio da ação do homem. Podemos descartar também os homicídios cometidos por grandes grupos, como a "família Manson", liderada por Charles Manson (NEWTON, 2002; RESSLER; SHACHTMAN, 2005; GREIG, 2006; SCHECHTER, 2013).

Entre as duplas homicidas, as que mais chamam atenção são as de casais de namorados, que veem na morte uma fonte de diversão e prazer no relacionamento. Um envolvimento perverso, que leva o casal a dividir desejos incomuns, em que estupro, lesões, torturas, canibalismo, zelofilia[38] e necrofilia[39] fazem parte da vida sexual dos amantes.

Nesse tipo de formação, é comum a mulher atrair e aliciar as vítimas, para que então o homem viole, estupre e mate. Durante o crime, frequentemente, a mulher acompanha toda a violação, e isso pode ser um estimulante sexual para o casal posteriormente.

O FBI, em seu manual de classificação de crimes, reconhece alguns tipos de grupos com fins homicidas, como os "assassinos de culto", com motivações religiosas, que geralmente caçam estranhos e, esporadicamente, dissidentes do próprio convívio. No entanto, a classificação do FBI é insuficiente e desnecessária, uma vez que os motivos que levam duplas ou grupos a realizar homicídios em série não são diferentes das razões do assassino solitário (NEWTON, 2002; RESSLER; SHACHTMAN, 2005; GREIG, 2006; SCHECHTER, 2013). Exemplos: José Ramos e Catarina Palse.

Oportunistas

Alguns criminólogos consideram os oportunistas como um dos tipos de homicidas em série. No entanto, devido à motivação que leva ao crime, não concordamos em classificar tais sujeitos como assassinos seriais. Para classificarmos um sujeito como tal, é necessária uma série de características e atributos que faltam aos criminosos oportunistas.

Nos homicidas em série nós vemos um forte apelo sexual, a presença de uma ou mais parafilias, além de ausência de motivos financeiros ou lógico-financeiros. O objetivo principal do homicida em série é a morte da vítima, e é isso que deve impulsioná-lo a cometer seus crimes.

Aqueles que matam por dinheiro ou praticam uma série de roubos seguidos de morte não praticam homicídios[40] em série, e sim latrocínios[41] em série.

A investigação e a captura de tais criminosos se dão de maneira bem distinta. O investigador deve se voltar ao motivo financeiro das mortes, procurar um histórico de crimes contra o patrimônio, e não contra a vida. Para traçar o perfil psicológico desses latrocidas, utilizam-se variáveis bem distintas daquelas que se usam nas análises feitas dos homicidas em série. O perfil que traçamos para assassinos em série e as características apontadas nesses sujeitos não se aplicam aos latrocidas. Um exemplo: Charles Sobhraj.

Estradeiros

Uma situação comum no universo dos homicidas em série são ataques realizados em estradas e rodovias. Sujeitos nômades, que preferem viajar pelo país, e aproveitam para deixar um rastro de sangue e mortes pelo caminho (NEWTON, 2002; RESSLER; SHACHTMAN, 2005; GREIG, 2006).

Ao cometer seus crimes durante longas viagens, os homicidas dificultam ou, às vezes, impossibilitam por completo o trabalho de investigação da polícia. A despeito de todo o aparato tecnológico que temos hoje, crimes cometidos em cidades, comarcas e regiões distintas raramente são comunicados, e tais dados nunca são cruzados para a identificação de crimes em série.

Na estrada há menos fiscalização, e a polícia não mantém sua vigília constante, como nas cidades. Ao viajar pelo país, dificilmente o cidadão será obrigado a fornecer sua identificação, por isso as estradas oferecem ao homicida o completo anonimato.

Além de os crimes serem localizados em pontos distantes, por vezes não se pode afirmar que o local onde o cadáver da vítima foi encontrado é o local onde ela realmente morreu. A estrada também proporciona a locomoção dos corpos por quilômetros do local do crime.

As vítimas preferenciais são vulneráveis sociais, como prostitutas, homossexuais, crianças abandonadas, pobres, além de caroneiros desavisados, caminhoneiros, mochileiros etc. São pessoas socialmente invisíveis, o que torna a descoberta do crime ainda mais improvável, pois não há família para verificar a falta, para denunciar ou avisar as autoridades.

Além disso, os crimes de homicidas que agem preferencialmente em estradas são subnotificados nos sistemas de estatísticas de crime; a maioria nem consta dessas estatísticas, aumentando a chamada cifra oculta[42] relativa aos homicidas em série.

A característica nômade desses homicidas faz com que mesmo depois de capturados nunca respondam por todos os crimes que cometeram, a não ser que os confessem abertamente. Do contrário, torna-se impossível atribuir todos os desaparecimentos de pessoas em determinada rota ou rodovia à atuação de um ou outro sujeito. **Um exemplo: Henry Lee Lucas.**

Vampiros

Na sociedade moderna, ainda temos certas tribos ou grupos que apreciam o vampirismo e até mesmo praticam rituais nos quais beber sangue é comum e obrigatório. Tais sujeitos sempre suscitaram o fascínio e a curiosidade de muitos ao longo dos séculos.

Na literatura, temos o *Drácula* de Bram Stoker, na mitologia existem as lâmias[43], no cinema, o ator húngaro Bela Lugosi eternizou o personagem de Stoker sob a direção de Tod Browning[44]. Séries, novelas, livros e filmes exploram até os dias de hoje o fato de beber o sangue humano, que sempre figurou como uma possibilidade repugnante e ao mesmo tempo fascinante.

Na história humana, também temos vários personagens que faziam uso do sangue alheio ou o ingeriam. Entre eles, Vlad, o Empalador[45], a condessa húngara Erzsébet Báthory e o general companheiro de armas de Joana d'Arc, Gilles de Rais[46].

Ou seja, o fato de beber sangue é mais frequente do que imaginamos, e os motivos podem ser variados, indo do fetiche, do prazer sexual, ao sonho da eterna juventude; da crença em adquirir o poder da vítima aos rituais religiosos de adoração a divindades e demônios.

O vampirismo também pode ser chamado de hematofilia ou hematomania, que é a fixação por sangue, o prazer vinculado ao contato ou à ingestão de sangue humano.

À semelhança dos canibais, os assassinos em série vampiros ambicionam literalmente "possuir" a vítima, consumi-la em termos mais íntimos. Geralmente, tal característica não surge com as primeiras vítimas e não é a preocupação principal do assassino (NEWTON, 2002; RESSLER; SHACHTMAN, 2005; GREIG, 2006).

O fato de querer possuir a vítima deve ser destacado, pois é relevante para entender que os crimes não estão sempre vinculados ao ódio ou à aversão. Em alguns casos, podemos vislumbrar um amor à vítima, doentio, macabro e patológico. Um desejo desenfreado. Um amor egoico, que tem como objetivo se assenhorar da vítima de maneira completa, se juntar a ela, consumi-la. O homicídio e o consequente vampirismo podem assumir essa perspectiva de conquista inadiável e irrevogável do outro.

Alguns desses criminosos são portadores de algum transtorno mental, têm visões ou acreditam na necessidade patológica de consumir o sangue alheio para evitar a sua própria morte. Outros assumem um papel messiânico e profético diante do sacrifício da vítima.

Diferentemente do que vemos nos filmes, o perfil do vampiro homicida, em regra, é de homens solitários, antissociais e inadequados, embora haja exemplos opostos, como o caso de Bela Kiss, que estrangulava pessoas (geralmente mulheres) e bebia o sangue das vítimas, drenando seus corpos por um ferimento no pescoço. Tal história foi contada no filme *Bela Kiss: Prologue*, de 2013, dirigido por Lucien Förstner.

Lembramos também que, na década de 1960, a Colômbia foi palco de uma série de mortes, em que os cadáveres das vítimas apareciam com o sangue drenado. Em menos de seis meses, dez crianças foram mortas de maneira semelhante e tiveram seus cadáveres abandonados, com praticamente todo o sangue retirado. Até os dias de hoje esses crimes não foram solucionados. As autoridades arquivaram o caso, mas antes afastaram a possibilidade de um homicida em série e a possibilidade de atos de vampirismo.

A tese central da investigação colombiana girava em torno do mercado clandestino de venda de sangue. Ou seja, o sangue seria vendido posteriormente, a um preço que variava de 20 a 30 dólares a dose. Algumas vítimas sobreviventes relataram que eram capturadas e levadas para uma casa, mas o local nunca foi claramente identificado por nenhuma delas. Exemplos: Marcelo de Andrade e Richard Chase.

Estripadores

O mais famoso dos homicidas da era moderna foi um característico estripador. Toda a mitologia dos assassinos em série se moldou a partir de 1888, em Whitechapel, Londres. O que mais chamou atenção de todos, à época, foi o *modus operandi* de Jack, o Estripador. A morte de prostitutas era algo recorrente na era vitoriana[47], mas a forma como as vítimas foram diláceradas e mutiladas surpreendeu até mesmo o investigador mais experiente.

Muitos ressaltaram a capacidade essencialmente técnica do homicida no corte e na retirada dos órgãos, assim como os instrumentos que foram utilizados para produzir as mortes. Vale lembrar que o próprio Jack se intitulou "o Estripador" em suas correspondências à polícia.

Os homicidas estripadores se caracterizam por dilacerar suas vítimas, retirar órgãos e guardar determinadas partes do corpo. Muitos desses órgãos serão guardados como verdadeiros suvenires para o homicida. As partes ora serão utilizadas como troféus, ora como instrumentos de fetiche sexual.

Nos últimos cem anos, vários outros mutiladores apareceram, sem a mesma repercussão de Jack. Geralmente são homens, frios e antissociais. Entre os principais alvos estão os seios, o rosto e a vagina. Alguns psicólogos e psicanalistas atribuem essas escolhas à necessidade de desumanização e descaracterização da vítima (NEWTON, 2002; RESSLER; SHACHTMAN, 2005; GREIG, 2006).

Estripar a vítima faz parte de todo um ritual que será seguido pelo homicida, e seu *modus operandi* costuma se repetir, fazendo da mutilação a assinatura que identifica seu crime. Um exemplo: Ed Gein.

Estupradores

Os homicídios em série e a busca do prazer sexual estão intimamente ligados. A busca do prazer, o sadismo, as parafilias e a morte são ingredientes importantes para o entendimento da mente homicida.

Não é raro que a morte da vítima seja antecedida de crimes que firam a dignidade sexual, em particular o estupro. Tais condutas visam, geralmente, o domínio e a imobilização da vítima, para que o agente satisfaça seu prazer sexual.

A busca do prazer pode se dar com violência, grave ameaça, constrangimento, coação ou mesmo fraude contra a vítima ou terceiros. A satisfação sexual pode se dar com o sexo vaginal, anal ou oral, assim como qualquer outro ato libidinoso, até mesmo um beijo agressivo.

Muitos homicidas em série começam sua carreira criminosa como estupradores e somente depois de alguns anos passam a matar suas vítimas. Ressalta-se que raramente vão parar na primeira morte. Repetirão a experiência com as próximas vítimas, pois, além da questão sexual, matar passa a ser uma saída cômoda para encobrir seus crimes (NEWTON, 2002; RESSLER; SHACHTMAN, 2005; GREIG, 2006).

No entanto, para a maioria, a violência sexual e a morte da vítima estão intimamente ligadas na busca da satisfação sexual. O estupro e o homicídio fazem parte de um mesmo ritual, de uma mesma cena simbólica. O prazer só se completa com a concretização dos dois.

Grande parte dos homicidas estupradores goza de uma aparente normalidade e consegue lidar bem com a vida dupla perante a sociedade. Não raro são pessoas atraentes e sedutoras. Muitos são casados e levam uma vida sexual pacata com o parceiro ou parceira (NEWTON, 2002; RESSLER; SHACHTMAN, 2005; GREIG, 2006).

Assim sendo, o perfil psicológico desses assassinos não pode ser facilmente delineado. Podem ser homens, mulheres, negros, brancos, introvertidos ou eloquentes. Sua ocorrência é tão grande que não nos permite apontar características que os diferenciem de outros cidadãos.

O que pode facilitar as investigações da polícia, nesses casos, é a associação do estupro a outras parafilias e desvios comportamentais, como vampirismo, pedofilia, necrofilia etc. Um exemplo: Francisco de Assis Pereira.

Necrófilos

O cadáver pode ser uma peça-chave na análise e na interpretação do perfil do homicida em série. Por vezes, o corpo da vítima ocupa lugar de destaque na motivação sexual do homicídio. Em meio a uma série de desvios comportamentais, a necrofilia se apresenta como uma das anormalidades psicossexuais presentes nos homicídios seriais, embora não muito frequente.

Comumente, podemos descrever a necrofilia[48] como a atração sexual por cadáveres, principalmente por pessoas mortas recentemente. Alguns necrófilos apresentam total desinteresse sexual por pessoas vivas e somente conseguem ter prazer sexual quando estão diante de pessoas mortas.

Por outro lado, observamos situações ligadas a uma baixa autoestima do agressor, uma total inaptidão para conviver ou socializar com pessoas que lhe despertam interesse sexual.

Tecnicamente, podemos dizer que necrofilia é uma espécie de parafilia, uma morbidez sexual relacionada geralmente ao sexo masculino. Sua acepção deriva do grego e tem um significado próximo de "amor ao morto".

Historicamente, a necrofilia está presente em algumas tribos asiáticas e africanas, até de maneira ritualizada. Com relação ao aspecto jurídico, o ato de fazer sexo com cadáveres se enquadra no crime de vilipêndio a cadáver. Consta do Código Penal como crime contra o respeito aos mortos, e pode significar uma pena de até três anos.

Do ponto de vista psicológico, a necrofilia é uma desordem psicossexual com origens ainda na infância, e, por vezes, pode representar um total fracasso do elo afetivo entre mãe e filho (TENDLARZ; GARCIA, 2013).

Para o eminente psiquiatra alemão Richard von Krafft-Ebing, a necrofilia é um comportamento perverso, que pode resultar de condições "neuropáticas ou psicopáticas", como senilidade ou enfraquecimento mental adquirido (KRAFFT-EBING, 1965; KRAFFT-EBING, 2013).

Por vezes, o homicida em série não chega à cópula com o cadáver, satisfazendo-se com a mera masturbação diante da pessoa morta. Alguns apresentam uma tendência à homossexualidade, um relacionamento conflitivo com mães superprotetoras ou sofreram abuso sexual na infância.

É bom lembrar que os homicidas necrófilos costumam preservar os corpos de suas vítimas por um breve período de tempo, enquanto for interessante sexualmente. Estudos e estatísticas apontam para homens, brancos, de 20 a 40 anos. Exemplos: Ibraim e Pedro Henrique de Oliveira.

Estranguladores

Grande parte dos homicidas já descritos nas diversas classificações apresentadas utiliza a asfixia para provocar a morte de sua vítima. O assassino em série sente a necessidade de um contato direto e íntimo com a vítima, para seu prazer sexual. Por isso, na maioria das vezes, o meio eleito para matar o outro são cordas, fios, garrotes ou mesmo as próprias mãos.

Embora todas as classificações criminológicas citem exclusivamente os estranguladores, devemos lembrar que o estrangulamento é apenas uma espécie de asfixia. Nas palavras do penalista Guilherme Nucci (2010, p. 613), "a asfixia é a supressão da respiração, que se origina de um processo mecânico ou tóxico".

Fabbrini Mirabete (2011), outro eminente penalista, lembra que a asfixia pode ser obtida por várias maneiras:

- Esganadura (constrição do pescoço da vítima com as mãos).
- Enforcamento (constrição pelo próprio peso da vítima).
- Estrangulamento (constrição muscular com fios, arames, cordas etc.).
- Sufocação (uso de objetos como travesseiros, mordaças etc.).
- Soterramento (submersão em meio sólido).
- Afogamento (submersão em meio líquido).
- Confinamento (colocação em local em que não penetre o ar).

Portanto, os homicidas em série conhecidos e classificados como estranguladores podem, na verdade, se utilizar da esganadura, do estrangulamento ou da sufocação.

É comum que os episódios de estupro sejam precedidos ou sucedidos de asfixia. Em outros casos, verificamos a constrição do pescoço da vítima até mesmo quando já se encontra morta.

A morte pelas próprias mãos do homicida, às vezes, se apresenta como a possibilidade mais fácil e imediata de matar a vítima (como no caso dos homicidas desorganizados); em outras situações, a esganadura se dá como parte de um ritual de prazer (no caso de homicidas organizados). Um exemplo: Albert DeSalvo.

Pedófilos

A **pedofilia** é mais um dos comportamentos parafílicos encontrados com certa frequência no histórico dos homicidas em série. Também considerada uma perversão ou fetichismo, a pedofilia é a má orientação do desejo sexual, voltada à propensão para o sexo com crianças (pré-púberes)[49]. Antes disso, temos a **infantofilia**, que se traduz no desejo sexual por crianças menores de cinco anos. Após a puberdade, chamaremos de **efebofilia** (também considerada um desvio sexual). A fixação de homens adultos por crianças pequenas do sexo masculino também pode ser identificada como **pederastia.** De maneira geral, podemos afirmar que todos os comportamentos anteriormente descritos (atração sexual por sujeitos de idades específicas) são formas de **psicoses**[50]. Em praticamente todos os países o comportamento sexual do pedófilo é duramente apenado. No Brasil, tais atos se enquadram como **estupro de vulnerável**[51], além de haver penas a quem divulga a pornografia infantil[52], como também aos que exploram financeiramente ou induzem o menor a atividade sexual[53].

Nem todos os portadores de pedofilia cometerão crimes contra a dignidade sexual durante suas vidas. Devido à posição que ocupam, ou mesmo à sociedade em que estão inseridos, muitos desses pedófilos conservarão inerte o seu fetiche durante toda a vida. É lógico que tendem a satisfazer suas fantasias de outras formas, mas sem envolver menores.

Outros, em vez de ficar inertes, optarão pelo segredo, sustentando uma vida de aparências, com esposas e amantes, mas criando situações ou oportunidades para cometer abusos e molestar crianças sem levantar suspeitas.

Sendo um desvio sexual, a passagem da fantasia para a prática de atos sexuais envolvendo crianças pode se dar sob a forma de um gatilho psicológico, representado por uma grave discussão, um ato de violência ou qualquer outra situação de estresse.

Entre os homicidas em série pedófilos, lembramos que muitos mantêm seus desejos inertes até certa idade (como Albert Fish), sustentam uma vida normal, com esposa e filhos (como John Gacy), ou cultivam alguma respeitabilidade em seu grupo social (Andrei Chikatilo) (NEWTON, 2002; RESSLER; SHACHTMAN, 2005; GREIG, 2006).

Nos pedófilos citados, temos em comum a busca pelos mais diversos artifícios para atrair o maior número de jovens e crianças. Eles se utilizaram de violência sexual, tortura e homicídio para concretizar seus desejos. E, principalmente, em todos os casos, a violência e as mortes aumentaram ao longo do tempo, até atingir um patamar incontrolável.

Uma característica recorrente nos homicidas em série pedófilos é a baixa autoestima sexual e uma misoginia latente. São geralmente covardes e pouco assertivos quando confrontados por homens adultos. Sentem-se à vontade para desenvolver o seu domínio apenas contra aqueles que não podem se defender. Um exemplo: Albert Fish.

Lembramos que, como já abordado anteriormente, a parafilia é a má orientação sexual para objetos incomuns e anormais. Outras parafilias comuns em homicidas em série são:

zoofilia: é a excitação erótica com animais;
coprofilia: é a excitação sexual despertada pelas fezes ou excrementos;
pirofilia ou piromania: é o prazer sexual obtido ao colocar fogo em algo, provocar incêndios ou observar o fogo consumir os objetos;
sadismo: é a excitação sexual vinculada ao sofrimento dos outros.

O FBI considera as parafilias como um dos principais motivos dos crimes sexuais.

2

A MENTE

2.1. A MENTE DE UM HOMICIDA EM SÉRIE

Uma das maiores dúvidas com relação aos homicidas em série diz respeito ao que se passa em sua mente, se existe algo que os diferencia de pessoas supostamente "normais". Para entender um pouco o mecanismo racional dos assassinos sequenciais e sua estrutura, primeiramente vamos recorrer ao escritor e investigador Joel Norris (1988; 1989).

Norris começa a sua análise tendo como objetivo identificar e avaliar os motivos que levam o indivíduo a se amparar na violência e na crueldade contra o outro; os motivos que levam o sujeito a buscar no abuso e na agressão as respostas para todas as suas necessidades.

Sobre isso, Norris (1989) considerava que o abuso dos filhos por seus pais instalaria nas crianças um instinto violento, uma ferramenta que vão sempre utilizar para resolver seus problemas, ou seja, tais crianças ficariam condicionadas a interpretar a violência física ou psicológica como um instrumento válido na resolução dos problemas e frustrações na fase adulta.

Assim, o abuso infantil (como já tratado neste livro) está no cerne da maioria dos casos de homicidas em série que o autor investigou. Fica claro que o **déficit afetivo** permite o surgimento de **fantasias violentas** que satisfazem o sujeito e substituem a interação social, tornando-a desnecessária.

Na procura por uma estrutura que leva o indivíduo a acabar com vidas alheias, e como se desenvolvem e se apresentam seus pensamentos e sua mente, Norris (1988; 1989) estabeleceu etapas na evolução criminosa do homicida em série que se desenvolvem da seguinte forma:

1ª – Fase áurea

É o primeiro momento, em que a realidade se apresenta de maneira confusa. O homicida começa a perder contato com o mundo real e passa a viver com mais avidez e perceptibilidade as suas fantasias. A partir desse momento, o indivíduo não consegue se libertar desse mundo imaginário.

Em um primeiro momento, essa ficção é o refúgio do sujeito, um cenário paralelo ao mundo real, mas, com o passar do tempo, a ficção passa a ser a única realidade do indivíduo, o único cenário possível. A partir daí, perde o contato com todos à sua volta. E esse deslocamento, de um lugar real para outro, fundado no imaginário, vai permitir a quebra de todos os laços que o homicida mantinha.

2ª – Fase da busca

Nessa fase, o sujeito resolve matar; a ideia já foi ponderada e ele decide sair para procurar sua vítima. Como vimos, homicidas organizados demorarão mais nessa fase, buscando com cuidado cada uma de suas vítimas, sendo que o buscar em si já é parte do desejo, pois envolve uma carga de adrenalina e satisfação que leva o sujeito a experimentar as sensações de seu futuro ato.

Já os homicidas desorganizados darão preferência por satisfazer rapidamente suas pulsões homicidas. Assim, a fase de busca é, muitas vezes, suprimida e não oferece ao agressor a possibilidade de experimentar sensações egoicas.

Norris (*apud* TENDLARZ; GARCIA, 2013, p. 212) afirma:

> A vítima entra em cena como um mero símbolo ou objeto que desempenhará o infeliz papel que lhe é atribuído. As estranhas e cruéis mutilações são parte de um rito interno que somente o assassino compreende.

É comum essa fase ser iniciada apenas com a fantasia da morte da vítima, sem a devida concretização. Os futuros homicidas observam potenciais vítimas e se satisfazem com a ideia de morte e tortura. Com o tempo, e com a excitação crescente, cedem aos impulsos e começam a cometer as mortes, pois apenas fantasiá-las torna-se frustrante (NORRIS, 1989).

3ª – Fase da caça

Nessa fase, a vítima já foi devidamente selecionada, e agora é necessário seduzi-la; o homicida organizado utilizará de seus encantos, charme e eloquência e manipulará a vítima. Muitos gastam tempo demasiado em inúmeros encontros, para ganhar a confiança do outro. Para muitos homicidas, essa parte pode ser a mais prazerosa.

Tendlarz e Garcia (2013, p. 213) asseguram: "Quando está 'caçando sua presa', o assassino não experimenta raiva ou fúria, mas entra em um estado de transe".

Os homicidas desorganizados não costumam demorar muito tempo nessa fase, tampouco insistem na sedução para conquistar as vítimas.

4ª – Fase da captura

Depois de atraída, seduzida ou enganada, a vítima cai na armadilha do homicida. Nesse momento cai a máscara de bom sujeito, bonito e educado, e começam a emergir a violência, a brutalidade e a ferocidade, características do ato. Para deter sua vítima, utiliza violência desproporcional, na maioria das vezes.

Nessa fase, não há retorno ou possibilidade de voltar atrás. O assassino mostrou suas intenções e a vítima o conhece. A partir desse contato físico e principalmente visual, a desistência se torna praticamente impossível.

Em relação aos homicidas desorganizados, a fase de captura não se faz desconstruindo toda a imagem sedutora criada anteriormente, pois no caso deles não existe essa imagem anterior. Não há a sedução nem o engodo. A vítima é surpreendida com o aparecimento repentino do agressor.

5ª – Fase do homicídio

Também conhecida como fase totêmica. É a concretização de todas as fantasias e desejos. Nesse momento, perde-se totalmente o contato com qualquer resquício de realidade. O assassino vivencia o auge de suas emoções e de seu prazer. É a realização de um sonho, e o sujeito passeia pelo seu mundo imaginário.

Tendlarz e Garcia (2013, p. 212) afirmam:

> Para manter viva sua fantasia, o assassino em série necessita vivê-la. Internamente, começa a se debater, pensando que talvez consiga levar adiante sua fantasia; finalmente, esse diálogo interior termina no inexorável momento.

O homicida tentará, de todas as maneiras, preservar por um período aquele homicídio e prolongar o sentimento de domínio, autoridade e poder vivenciados. Para isso, tentará adiar sua despedida do corpo, por meio de atos simbólicos fortes, como o desmembramento, ritual da vítima ou o apego a suvenires diversos ligados a ela (NORRIS, 1988).

O prazer alcançado pelo homicídio pode ser considerado decrescente, pois o êxtase conquistado na primeira morte dificilmente se repetirá nas seguintes. Assim, o homicida tenta incrementar suas ações, introduzir novidades e se torna ainda mais cruel. É a busca frequente pelo primeiro prazer sentido (que talvez nunca mais venha a se repetir).

6ª – Fase da depressão

A depressão se dá logo após o cometimento do ato, ou seja, logo depois da excitação proporcionada pelo ato. Essa depressão não se confunde com remorso, mas sim com decepção. É decepcionante por ter acabado e também por não ter sido tão bom como fantasiado (nunca será).

Quando a vítima morre, o sujeito volta à sua solidão e ao ódio contra si mesmo. Por mais cruel e brutal que seja o crime, jamais a realidade atinge o grau de barbárie fantasiado pelo sujeito.

Devido a essa desilusão, a maioria dos homicidas demora certo tempo para cometer um novo homicídio (NORRIS, 1988).

2.1.1. E DEPOIS?

Lembramos que as fases descritas por Norris são cíclicas, ou seja, depois que o homicida se recupera da decepção, começa a regressar ao mundo de fantasias da primeira fase (nas palavras de Norris, "o ciclo recomeça em uma nova contagem"). Reconstrói o paraíso mental anterior, que passa a ser reconfortante.

Isso ocorre porque, obviamente, a morte da vítima não libera o assassino de seu estigma, mas o faz reviver sempre seus fantasmas e seus medos.

Os suvenires guardados das vítimas anteriores ajudam a manter viva a fantasia (ou fantasias) durante o período de resfriamento emocional entre uma e outra morte. Esse período é marcado por sentimentos conflitantes, em que o sujeito pode alternar entre reviver suas lembranças do último ato criminoso, saturar a angústia latente que precede o ato futuro ou se lamentar por novamente ter cedido aos impulsos sexuais. É, sem dúvida, um momento de angústia. Mas a culpa que o homicida sente é de natureza puramente narcísica, e nunca se assemelha ao remorso pela vida retirada.

Joel Norris assevera:

> O assassino não faz mais do que levar a cabo uma fantasia de caráter ritual [...] mas, uma vez sacrificada a vítima, a identidade que esta tinha dentro da fantasia do assassino se perde. A vítima já não representa o que o criminoso pensava em princípio. A imagem da namorada que o rejeitou, a irritante voz da odiada mãe, a esmagadora ausência paterna: tudo permanece de forma vívida na mente do assassino depois do homicídio. O crime não apaga nem muda o passado, porque o assassino acaba por odiar e sofrer mais. O clímax de uns momentos atrás não pode compensar esses sentimentos (NORRIS *apud* TENDLARZ; GARCIA, 2013, p. 212).

2.1.2. COMPLEMENTOS À TEORIA DE NORRIS

Norris destaca as fases do homicida em série, no entanto não é claro ao identificar o que leva o indivíduo a passar da fase áurea para a fase da busca e, consequentemente, para a concretização do primeiro homicídio (NORRIS, 1988).

Quem nos traz tal explicação é Ressler, que aborda as situações de gatilho para o primeiro homicídio, a primeira concretização da fantasia, o que leva o sujeito a sair das alegorias e começar a matar (RESSLER; SHACHTMAN, 2005; RESSLER, 2003).

Ressler afirma que as situações de estresse que levam o homicida a cometer seu primeiro crime são:

- Conflitos com pessoas do sexo oposto ou com os pais.
- Dificuldades econômicas.
- Problemas conjugais.
- O nascimento de um filho.
- Um dano físico.
- Problemas com a lei.
- A morte de alguém próximo.

Portanto, o desencadeamento da fase áurea se dá pela frustração que aflige o homicida, o qual, devido a circunstâncias extremas, se vê oprimido por uma situação que não consegue suportar. É a partir desse momento que as fantasias começam a se confundir com a realidade, até que a substituam por completo. É a resposta ou a saída à situação de angústia.

Como exemplos de gatilhos entre os homicidas em série, podemos citar: Ed Kemper: praticamente enlouqueceu depois de uma forte discussão com sua mãe; Ed Gein: começou a matar após a morte de sua mãe, com quem mantinha um relacionamento tenso e dependente; Christopher Wilder: depois de ter sua proposta de matrimônio negada, cometeu o primeiro de uma série de homicídios.

2.2. O DIFÍCIL DIAGNÓSTICO DOS HOMICIDAS EM SÉRIE

Primeiro, é importante frisar que um diagnóstico certo, justo e sensato sobre todos os homicidas em série é impossível ou, no mínimo, improvável. Não existem fórmulas, não existem modelos a serem seguidos quando falamos da mente humana.

O objetivo deste capítulo é trazer ao leitor uma série de explicações e pontos de vista de profissionais que já atuaram e atuam no universo dos assassinos em série. No entanto, acreditamos que não existe uma resposta que satisfaça nossas dúvidas. **Homicidas em série não nascem marcados, não são monstros nem aberrações alegóricas**; são pessoas comuns que podem, inclusive, passar despercebidas. Mas, na sua caminhada pessoal, na sua história de vida e trajetória subjetiva, algo vai falhar no tocante à interação social e à sua simbologia.

Deixamos claro que não existe um padrão específico ou uma característica para podermos identificar facilmente um homicida e, principalmente, para nos precaver. A tênue separação entre o suposto bem e o suposto mal não pode ser facilmente observada. Além do mais, padrões e modelos podem atrapalhar as investigações e impedir nosso entendimento do comportamento humano.

Assim sendo, levantamos hipóteses de grandes profissionais, embora não concordemos com o determinismo de alguns desses estudos. As causas que levam alguém a se tornar um homicida em série são multifatoriais, complexas e subjetivas. E cada sujeito, cada cidadão vai internalizar e processar distintamente os acontecimentos na vida.

Importante indagar: um padrão pode ser seguido na análise comportamental de homicidas em série? A resposta tende a ser negativa, pois padrões não abarcam a subjetividade em toda a sua dimensão e em suas variáveis. Além disso, a individualidade, a vivência e o pertencimento de cada sujeito são únicos. Assim, ao analisar a subjetividade, o histórico, as interações, a responsabilização, deve-se concluir que não existem sujeitos ou situações iguais.

A solução para impedir o surgimento de tais indivíduos, ou pelo menos para tentar diminuir a incidência de mortes por eles produzidas, passa, impreterivelmente, pela responsabilização social de todos nós, tanto do Estado quanto da comunidade. Passa pela revisão de nossa sociedade individualista e predatória. Passa por um reexame de nossa sociabilidade e de nossa solidariedade. E depende da potencialização de profissionais das áreas de psicologia, psiquiatria e criminologia, combinadas com o Judiciário, visando uma leitura mais abrangente da sociedade criminógena.

Não existem fórmulas para nos afastar de potenciais perigos, não existem características infalíveis para identificar homicidas. Temos de aprender a ver tais indivíduos não como uma doença (uma patologia social que basta ser extirpada), mas sim como um sintoma de nossa sociedade. Somente com esse pensamento crítico poderemos entender melhor a cabeça de um sádico homicida e o desenho social que o cerca e, assim, poderemos também prever melhor seus próximos passos.

Frisa-se que os diagnósticos, índices e escalas se fundamentam em valores e verdades questionáveis e, muitas vezes, não dimensionais. O senso comum costuma atribuir valores arbitrários ou equivocados a determinados atos ou características do sujeito ativo do crime.

Citamos, a seguir, um exemplo:

> **O homicida que foi para casa, pegou a arma e depois retornou para matar demonstra maior periculosidade, uma frieza torpe e uma premeditação do ato criminoso.**
>
> De maneira leiga, podemos acreditar que tal sujeito demonstra maior periculosidade, pois teve tempo de pensar nas consequências do seu ato e, mesmo assim, concretizou o crime. No entanto, tal regra não pode se sustentar se o sujeito que cometeu o ato está imerso na angústia. Nesse caso, o lapso temporal só aumentaria seu desespero e desequilíbrio. Isso porque a angústia lacaniana é a distância do gozo. É a intermitência entre o que ainda não existe de fato, mas está prestes a se concretizar. O desejo se anuncia na angústia, e o tempo é um fator de combustão desse desejo (LACAN, 2005). Assim, o lapso temporal em uma situação normal pode qualificar a conduta do agente, mas, no caso de um quadro de angústia, deveria representar uma diminuição de pena.

Outra falsa premissa dos investigadores e do Ministério Público é sobre a declaração de sanidade e culpa dada pela fuga do agente. Ou seja, muitos afirmam: "O homicida fugiu, portanto não era portador de transtorno mental, pois sabia muito bem o que fazia!".

Desse modo, muitos representantes do Estado usam, em seus

debates orais no júri, o argumento de que o réu não pode ser considerado inimputável, pois fugiu da cena do crime, portanto tinha total conhecimento do desvalor de sua ação e, principalmente, do âmbito de sua culpa.

O ato de fugir, ou mesmo de se afastar de perigo iminente, está aquém de um discernimento. É antes de tudo um instinto, um impulso autômato e totalmente normal. Portanto, a fuga em nada comprova o discernimento do sujeito ou sua inimputabilidade.

Nesse sentido, Tendlarz e Garcia (2013, p.149) afirmam:

> Caso um assassino fuja da cena do crime, em uma tentativa de ocultar seu ato, poderíamos pensar, então, que ele compreende perfeitamente o valor de tal ato? Na verdade, a lógica do crime não pode ser avaliada somente a partir do ato de fuga.

Essa perspectiva – a de centrar na fuga a compreensão de um ato criminoso – aponta para minimizar a presença de uma estrutura psicótica e, assim, evitar que os culpados façam uso da inimputabilidade.

Tanto os diagnósticos médicos quanto os psicanalíticos ou criminológicos dos homicidas em série são complexos e demandam uma análise individual e centrada mais no sujeito do que em regras ou padrões de comportamento.

Embora não tenhamos considerado todos os estudos sobre o tema, não devemos em nenhum momento tirar do sujeito o foco das investigações. O protagonista do ato deve também assumir o protagonismo nas investigações, e nunca o investigador pode optar por ações e métodos segundo os quais o agressor seja objetificado em nome de possíveis padrões e testes.

2.2.1. A PESSOA NASCE ASSIM OU SE TORNA UM HOMICIDA EM SÉRIE?

Talvez essa seja a primeira pergunta que, automaticamente, todos fazem ao se deparar com crimes brutais. É também a pergunta mais difícil e controversa que o leitor pode fazer aos psicólogos, psicanalistas, criminólogos e juristas.

A única certeza que temos é de que não existe consenso entre os profissionais de cada área nem um acordo entre as ciências. Cada escola, cada pesquisa e cada tese traz argumentos suficientes para tentar legitimar um ponto de vista.

Várias pesquisas – que já abordamos aqui e outras que ainda vamos abordar – ambicionam comprovar a possível ligação entre uma série de características físicas e psíquicas com o comportamento violento. Outros defendem que é uma escolha pessoal e racional do indivíduo. Uma terceira corrente defende que existe uma mescla de fatores e gatilhos genéticos que se combinam a uma gama de situações externas, como o ambiente social, influenciando ou mesmo determinando que alguém se torne um homicida[54].

Na verdade, o pensamento fundado unicamente nas características físicas ou neuropsíquicas do sujeito caminha para consolidar o mal como um comportamento endêmico e ontológico do ser – uma construção dualista e maniqueísta. Já aqueles que veem em cada sujeito uma infinidade de possibilidades e variáveis comportamentais acreditam ser o mal um construto que se dá a partir do olhar do outro.

Ao assistir ao constante embate fictício entre personagens de um mundo lúdico, como **Batman** e **Coringa**, podemos nos perguntar: quem é verdadeiramente mau? Será que o **mal é endêmico e ontológico** ou, **na verdade, o mal é uma construção que se faz a partir do olhar do observador?** Quando se conhece a história dos sujeitos, descobre-se que um dia de caos pode transformar a vida de um homem. Os personagens citados figuram nos quadrinhos como antagonistas e, por vezes, parecem representar o dualismo vigente no ideário social. O herói, o bem e a justiça contra o vilão, o mal incontrolável. No entanto, uma análise mais profunda desses dois personagens pode revelar uma série de incongruências no comportamento de ambos, que mais os aproximam do que os diferenciam. Portanto, a imagem que temos de cada ser humano está mais relacionada com a construção social e cultural que nos cerca do que necessariamente ao determinismo da personalidade do sujeito.

Depois da década de 1970, os estudos genéticos e neurológicos prevaleceram entre as tentativas de explicar o comportamento humano em um viés endêmico e ontológico. Lóbulos frontais, temporais, as estruturas neurais e o mapeamento genético ficaram em evidência nos estudos realizados por especialistas em comportamento violento.

O psicólogo e professor britânico Adrian Raine fez tomografias e ressonâncias magnéticas em vários crânios de assassinos em série. Utilizando um aparelho de tomografia por emissão de pósitrons (PET), concluiu pela presença de anomalias neurológicas no lobo frontal dos psicopatas (RAINE, 2015).

Raine verificou que a maioria dos assassinos estudados tinha um nível muito baixo do funcionamento cerebral no córtex pré-frontal em comparação com as pessoas normais, o que indicaria um claro déficit relacionado à violência (RAINE, 2015).

Para o pesquisador, os assassinos apresentam uma atividade menor no córtex pré-frontal em comparação com uma pessoa normal. O déficit nessa região do cérebro pode causar a perda do autocontrole, impulsividade (incapacidade de frear os instintos), emoções alteradas, imaturidade e inaptidão para mudar o comportamento.

Mas Raine (2015) não ficou restrito às tomografias; ele fez uma relação com entrevistas e pesquisas e o histórico de vida de cada assassino pesquisado. Descobriu que parte significativa deles havia sofrido graves abusos na infância, outros foram alvo de maus-tratos pelos pais. Ao relacionar as tomografias com as entrevistas, o pesquisador confirmou que os maiores déficits na área orbitofrontal eram verificados exatamente no cérebro dos assassinos vindos de ambientes deteriorados.

Durante toda a década de 1990 o PET foi largamente utilizado por médicos e pesquisadores, e parte das conclusões constatou a presença de uma variação no córtex pré-frontal entre assassinos em série.

Por outro lado, muitos pesquisadores afirmam que as causas do comportamento violento podem ser encontradas na genética. A busca pelo "gene assassino" levou à afirmação de que a trissomia XXY (originada pela síndrome de Klinefelter) é uma das causas das reações violentas, embora não houvesse nenhuma comprovação.

Outros autores apontam uma ligação intrínseca entre o cariótipo XYY e o comportamento violento. Sobre as características de tal cariótipo, Soares (1970, p. 59) afirma: "Fingir um afeto contrário ao que verdadeiramente se sente, sorrir quando se quer morder ou mostrar carinho aos que desejamos aniquilar – eis aí o que os indivíduos XYY talvez não saibam fazer".

Esse autor traça o perfil de tais indivíduos por meio de Veylon (*apud* Soares, 1970, p. 57), quando assevera que o aspecto dos indivíduos XYY se traduz como:

– Estatura superior à média em, aproximadamente, 15 cm. – Inteligência inferior à normal. – Afetividade pobre e relacionamento difícil. – Abstenção de sentimento de culpa ou remorso. – Agressividade anormal contra a propriedade do outro (roubo e incêndio). – Algumas malformações somáticas que não são características.

Já a psiquiatra Helen Morrison (2004), depois de entrevistar um grande número de homicidas em série, acredita que o progresso nos estudos que visam decifrar o genoma humano levará à identificação dos genes que produzem os comportamentos violentos. Mas é inegável que opiniões como essa se encontram distantes de resultados efetivos no dia a dia.

Nesse sentido, cabe destacar que Morrison (2004) se viu em um impasse diante de um de seus casos mais famosos: John Gacy. O cérebro desse famoso homicida não apresentava nenhuma anomalia digna de nota, tampouco seus genes, o que contribuiu em muito para a desconstrução das teorias biodeterministas seguidas pela psiquiatra.

Sobre o caso, Tendlarz e Garcia (2013, p. 209) afirmam:

> A partir do apresentado aqui, podemos finalmente apreciar como desmoronam quase todas as classificações diagnósticas, devido à dificuldade de entendimento do fenômeno criminoso por parte da psiquiatria e da criminologia; como resultam invalidadas e contraditórias as conclusões que se originam das distintas classificações diagnósticas.

Morrison (2004) acabou por desconsiderar o estudo do cérebro de John Gacy, depois da morte do homicida. Tal decisão se deu, exatamente, pelo fracasso na busca de alguma anomalia significativa. Vale frisar que a psiquiatra defendia a possibilidade de possíveis intervenções em zonas do cérebro que influiriam na conversão do indivíduo em um homicida ou em um homem pacato (TENDLARZ; GARCIA 2013).

Embora parte significativa dos estudos aponte para uma possível variação cerebral nata entre psicopatas e a população em geral, ou problemas genéticos, a maioria dos pesquisadores e criminólogos concorda que tais características são secundárias e não são determinantes para que o indivíduo se torne um assassino.

Nos últimos anos, a psicanálise ressignificou tais estudos como fundamentos para prevenção acrítica de crimes, denunciando, entre outras coisas, a existência de muitos homicidas em série que, simplesmente, não apresentam déficit cerebral significativo nem variação genética (TENDLARZ; GARCIA, 2013).

Na contramão desse determinismo cerebral e genético, temos o estudo do ambiente social, que aparece como um importante gatilho para o comportamento antissocial. A eficácia social ainda representa a maior esperança de prevenção e entendimento de tais crimes.

Na perspectiva social, podemos afirmar que o momento, a cultura, os costumes e a estrutura de uma sociedade contribuem, decisivamente, para a constituição dos crimes, violentos ou não.

Robert Ressler, investigador do FBI, citado anteriormente, afirma em vários de seus livros que a incidência de maus-tratos no histórico dos assassinos em série é tão grande que não pode ser menosprezada, como causa ou gatilho para a "passagem ao ato" do indivíduo (RESSLER; SHACHTMAN, 2005; RESSLER, 2005).

Como já vimos, estatisticamente, os abusos físicos e principalmente os abusos sexuais na vida pretérita do sujeito estão ligados direta ou indiretamente à maioria dos casos de homicídios em série catalogados. A origem e o ambiente social são importantes, mas não tanto como a relação dos assassinos com os pais e seu entorno afetivo.

Castigos excessivos, punições injustas, regras incompreensíveis, negligência paterna alternada com uma superproteção materna abusiva e sufocante. Tudo isso faz com que a criança crie fantasias para se apartar do mundo de agressão. Esse ambiente prejudicará o adolescente ao iniciar sua vida sexual e impossibilitará sua socialização com o grupo, o que definitivamente o fará fantasiar mais e criar um mundo próprio (TENDLARZ; GARCIA, 2013).

A constatação do histórico de violência que acompanha a infância da maioria dos homicidas em série não pode ser negligenciada – pelo contrário, deve ser considerada como uma causa a ser combatida. As estatísticas são prolíficas ao apontarem uma série de desequilíbrios familiares, sociais e culturais, que nos impedem de afirmar que um homicida nasce como tal. Na verdade, trata-se de uma construção complexa e multifatorial. **O processo que leva o ser humano ao "tornar-se"**

é ainda imprevisível, seja qual for sua construção de afetos e experiências ao longo da vida.

O homicida parece ter um mundo próprio, e essa lei própria do sujeito leva a maioria dos psiquiatras a classificar os homicidas em série como psicopatas ou sociopatas. Convém advertir que a psicopatia não deve ser considerada como um transtorno mental, mas sim como um transtorno de personalidade.

A maneira como o sujeito cria sua própria lei, ou tem prazer em burlar a lei existente, leva os psicanalistas a classificar, respectivamente, os homicidas em série como perversos ou, secundariamente, como psicóticos (TENDLARZ; GARCIA, 2013).

O indivíduo tem dificuldade de distinguir o bem do mal e não desenvolve a capacidade de sentir culpa ou remorso. Não cria empatia com os demais. Não confia no próximo e se julga autossuficiente. O histórico da criança, por vezes, pode explicar as causas desse isolamento do agente.

Temos, então, segundo a psicanalista Tendlarz (Tendlarz e Garcia, 2013), possíveis causas comuns ao surgimento dos homicidas em série que fazem referência ao abuso infantil – tanto psicológico como físico, não especificamente sexual –, uma causa genética ainda não determinada, um desequilíbrio químico na área mental, um dano cerebral, assim como a presença de "injustiças" relacionadas ao aspecto social e a exposição a eventos traumáticos, principalmente durante a infância.

Dar destaque à afirmação de que "homicidas nascem como tal" faz parte de um processo de não responsabilização diante do outro. Um reducionismo de um problema complexo. É uma forma, até mesmo inconsciente, de desumanizar o agressor e assim retirar nossa parcela de responsabilidade diante das falhas do mundo.

Nesse sentido, o Estado pode também se omitir de suas responsabilidades, uma vez que a culpa é exclusivamente do sujeito. Tal forma de pensar deriva do biodeterminismo lombrosiano e tem sempre ávidos adeptos, pois traz comodidade à população e desresponsabilização ao Estado, que não precisa se manifestar com a criação de políticas de prevenção.

Chegamos, portanto, à conclusão de que os homicidas não nascem assim, não surgem do dia para a noite. Não se trata de um exclusivo problema genético ou neurológico. O homicídio em série é um problema multifatorial. Mais do que uma doença, os assassinos em série devem ser considerados um sintoma. Creditar o problema como sendo derivado apenas de uma natureza má, primitiva e ontológica serve, unicamente, para frear estudos abrangentes e para aplacar nossa consciência.

2.3. PSICOPATAS

A pergunta sobre se uma pessoa nasce ou se torna um homicida em série passa impreterivelmente pelo conceito de psicopatia, que hoje é tão difundido por filmes, livros e jornais. Ao tentar buscar as motivações para os crimes violentos, nos deparamos com a natureza psicopática, que remete a uma ausência de empatia pelo outro, uma total inaptidão de construir uma verdadeira relação com o próximo. O que torna tais sujeitos tão peculiares é a capacidade de aparentar a simpatia que lhes falta e simular a preocupação afetiva nas suas relações cotidianas (TENDLARZ; GARCIA, 2013).

Em tempo: já apontamos, nesta obra, que alguns autores não admitem o uso da definição **"sociopata"**. Outros, no entanto, dão preferência a ela sobre o termo **"psicopata"**, como o neurocientista Renato Sabbatini (1998), que acredita que o termo mais indicado e mais preciso para o fenômeno seria realmente "sociopata", pois abrangeria uma gama maior de situações e sujeitos. Tal autor acrescenta que os sociopatas não apresentam um comportamento violento clássico, com a violência acompanhada de uma descarga emocional. Pelo contrário, a ação violenta dos sociopatas se caracteriza pela presença mínima de excitação simpática ou pela total ausência de emoções, em sua maioria.

Outros autores são categóricos ao afirmar que tais fenômenos são em sua essência distintos, sendo que a psicopatia estaria ligada a alterações propriamente genéticas e cerebrais, enquanto a sociopatia seria vinculada a abusos tanto psicológicos quanto físicos. Nesta obra, trataremos a sociopatia e a psicopatia como perturbações de natureza antissocial de personalidade ou perturbação dissocial de personalidade, embora saibamos que o tema é controverso (GONÇALVES, 2000).

Ressaltamos, ainda, que para o autor Robert Hare termos como "sociopata", "psicopata" e até mesmo "portador de transtorno da personalidade antissocial" teriam "supostamente" o mesmo significado e o termo "sociopata" não seria clínico (HARE, 2013, p. 40)[55]. Embora acreditemos que os termos apresentem sentidos distintos, optamos nesta obra por utilizar geralmente o termo "psicopatia", por sua proximidade com o tema homicidas em série, e mais adiante descreveremos o transtorno de personalidade antissocial.

A partir disso, cabe aqui explicar um pouco melhor o transtorno tão mistificado e, por vezes, superestimado chamado "psicopatia", pois é comum que todos associem os homicidas cruéis com os psicopatas. Existem vários e contraditórios estudos sobre tal transtorno e sua relação com o comportamento violento.

A psicopatia e a maldade humana são frequentemente associadas a toda interpretação de atos criminosos, no entanto, classificar a maldade pode ser alvo de várias críticas. A psicanalista Tendlarz afirma:

> Para alguns, o mal é endêmico, constante e potencial em todos. Outros afirmam que **não tem sentido considerar a noção de maldade sob a perspectiva da psiquiatria forense, dado que tal noção se forma a partir da visão do observador e se encontra moldada por valores culturais e religiosos.** Já a neurociência tem a seguinte opinião: os psicopatas têm uma diferença física na função cerebral (TENDLARZ; GARCIA, 2013, p. 21, grifo nosso).

Embora a interpretação da maldade seja relativa em face do histórico, da educação e demais fatores exógenos em que está inserido o delinquente, abordaremos uma série de classificações da maldade[56] e da psicopatia segundo vários médicos, criminólogos e psiquiatras. É importante traçarmos uma explicação sobre o termo psicopatia que pode adquirir diferentes significações.

A psicopatia é sempre determinada de maneira ambígua e confusa, embora a definição do termo tenha aparecido já em 1891, pelo médico neurologista Ludwig Koch. Vale ressaltar que Koch utilizou a expressão atribuindo significado bem distinto ao que temos nos dias atuais. O significado de psicopatia tal como conhecemos hoje, pautado na personalidade, surgiu em 1915, cunhado pelo psiquiatra alemão Emil Kraepelin (SANTOS, 2013).

Hoje a psicopatia ou personalidade sociopática não pode ser considerada um transtorno mental, mas sim um **transtorno de personalidade**.

Tendlarz e Garcia (2013, p. 161) afirmam:

> O transtorno antissocial de personalidade é apresentado como uma "condição psiquiátrica" caracterizada por condutas persistentes de manipulação, exploração ou violação de direitos dos demais, que muitas vezes é encontrada nos comportamentos criminosos. O **sociopata** é o indivíduo que padece de tal enfermidade. Essa terminologia tem estreita relação com o conceito de psicopatia. Entre as características gerais do sociopata, encontramos a **conduta violenta e impulsiva**, o isolamento do meio social, o caráter elitista e discriminador do agente, entre outros. Pode muito bem ser associado a um crime ou delito. Para o já citado Manual de Psiquiatria, nem todos os sociopatas são delinquentes e nem todos os delinquentes são sociopatas (grifo nosso).

Já Tyrer e Simonses (2003) atentam para a incongruência teórica de se entender e analisar a psicopatia como uma categoria específica dos transtornos de personalidade.

O psiquiatra norte-americano Hervey Cleckley (1955) foi um dos pioneiros, na década de 1950, ao descrever e analisar o termo psicopatia, aproximando-o de uma doença mental. Uma demência semântica que tornaria o sujeito incapaz de compreender os anseios e as emoções humanas. Tal incapacidade de compreensão não impossibilitaria o sujeito de forjar seu entendimento e empatia pelo outro. Essa farsa era associada à ausência de responsabilidade social (HENRIQUES, 2009).

Cleckley (1951) ainda classificou os psicopatas em primários e secundários, descontrolados e carismáticos. Sobre a psicopatia e seu conceito, Hervey Cleckley (1955), na interpretação de Henriques (2009, p. 290), assevera:

> O psicopata causaria uma boa impressão às pessoas à primeira vista, raramente sendo visto como um indivíduo dissimulado. Com frequência, ele age com bom senso e demonstra um raciocínio lógico eficiente, sendo capaz de prever as consequências de seus atos antissociais, elaborar projetos de vida admiráveis e criticar-se quanto aos seus erros do passado. Seus argumentos são firmes e bem-estruturados.
>
> Ele parece ser uma pessoa descolada, no sentido de ser livre de empecilhos sociais ou emocionais. Parece responder com sentimentos adequados às situações sociais nas quais lhe são exigidas respostas afetivas. Não apresenta sintomas de psicoses e, normalmente, também não há sintomas sugestivos de uma neurose. De fato, as manifestações neuróticas clássicas praticamente lhes são ausentes, assim como parece ser imune à angústia ou preocupação diante de situações perturbadoras.

> [...]
> O psicopata mostra total desconsideração pela verdade e não compreende a atitude das pessoas que a valorizam e a cultivam. Tipicamente, ele não se sente constrangido ao mentir, fazendo-o, muitas vezes, de modo mais convincente que uma pessoa que diz a verdade. Quando desmascarado, ele não sente qualquer remorso e só se defende para se desvencilhar de um problema real ou para atingir algum objetivo, nunca para reparar sua reputação.

Hervey Cleckley (1955) acabou por estruturar um diagnóstico em relação à psicopatia, que veremos nesta obra.

Para o professor Carlos Mosquera (2004), o psicopata é um sujeito com afetividade nula, inexistente, que em vista disso apresenta um sistema compensatório em sua apresentação social, que se efetiva pela dissimulação, induzindo a erro seu interlocutor em relação à sua pessoa.

O comportamento do sujeito com psicopatia tende ao desrespeito aos valores sociais, ou aos valores alheios, que se combina com uma dificuldade de o seio social compreender ou se atentar para esse déficit que o psicopata apresenta. A falta de confiança no próximo, a falta de empatia, vaidade excessiva, arrogância e manipulação são apontados por outros autores, como Achá (2011).

Para Konvalina-Simas (2014), a psicopatia está intimamente ligada à violação dos direitos alheios, um conceito exacerbado de si mesmo, impulsividade e um encanto aparente combinado com uma total falta de empatia pelo outro e desresponsabilização.

Os psicopatas, para outros autores, são sujeitos que demonstram uma lacuna emocional, um vazio total de sentimento aliado à conduta irracional. Pessoas, por vezes, impulsivas, que não demonstram um importante freio à conduta humana: **o medo**. Os fins justificam os meios, e o castigo sobre esses sujeitos não tem nenhum efeito. Devido a essa frieza e à capacidade de dosar suas emoções, podem se tornar destacados líderes (TENDLARZ; GARCIA, 2013).

Apesar da ausência de temor, o psicanalista Otto Kernberg (1988) lembra que o psicopata está associado a uma personalidade do tipo narcísico (com exibicionismo característico) e apresenta crises de insegurança, que se alternam com o seu senso de superioridade. Além disso, o autor destaca a superficialidade das emoções de tais sujeitos, seu egocentrismo e a necessidade de admiração dos outros.

Relação conflitiva ou distante em relação aos pais também sobressai no histórico da maioria dos psicopatas. Conforme as estatísticas, mais da metade dos sujeitos diagnosticados com psicopatia perdeu os pais quando crianças ou os genitores se mostravam totalmente ausentes (TENDLARZ; GARCIA, 2013).

O psicopata não depende do outro, sua demanda não está vinculada a determinada pessoa. Isso lhe permite agir livremente e estabelecer suas condições e desejos. É incapaz de vivenciar uma situação de luto e não sente angústia diante da frustração. Não experimenta tristeza genuína nem sentimento de impotência, pelo contrário, tende a persistir, a identificar as fragilidades da vítima e lutar pelo assentimento do outro.

Nesse sentido, Tendlarz e Garcia (2013, p. 182) afirmam:

> O verdadeiro psicopata, o genuíno, no grau em que culmina essa modalidade subjetiva, não é aquele que exerce uma violência aberta na perseguição de suas metas inconscientes, mas quem a usa (a violência) em um jogo sutil de ameaças e promessas, através das quais obtém o consentimento do outro.

Além disso, pode demonstrar um verniz de remorso e levar uma vida meramente parasitária em relação a alguém próximo (geralmente parentes) e exibir também um verniz de afabilidade pela pessoa que lhe proporciona algum benefício direto.

Tal perturbação encontra-se descrita no Manual Diagnóstico e Estatístico de Transtornos Mentais (DSM-5) como transtorno da personalidade antissocial. E tem como características um **padrão difuso de indiferença em relação aos direitos alheios**, **comportamento irresponsável**, **desprezo por normas sociais**, **violação dos direitos do outro, egoísmo, ausência de empatia, ausência de sentimento de culpa** e de **arrependimento**. Tal distúrbio está ligado às primeiras fases da infância e da adolescência do indivíduo, cercadas de violência, abuso e agressão.

A doutora em psiquiatria forense Hilda Morana, baseada nos estudos de Robert Hare (2004, p. 265), afirma:

> A psicopatia é entendida atualmente no meio forense como um grupo de traços ou alterações de conduta em sujeitos com tendência ativa do comportamento, tais como avidez por estímulos, delinquência juvenil, descontroles comportamentais, reincidência criminal, entre outros. É considerada como a mais grave alteração de personalidade [...].

Robert Hare talvez seja o principal responsável (mesmo que involuntariamente) pelo contorno pitoresco que a imagem dos psicopatas assume hoje no meio forense. A despeito de se concordar ou não com o psicólogo canadense, é indiscutível que ele contribuiu com a imagem dos psicopatas como protagonistas de crimes violentos e cruéis, tachando-os como sujeitos arrogantes, manipuladores, mentirosos e impulsivos (HARE, 2013).

Para Hare (2013, p. 20), o psicopata é:

> Uma pessoa autocentrada, fria, que não sente remorso, com profunda falta de empatia, incapaz de estabelecer relações emocionais calorosas com os outros, uma pessoa que age sem as restrições da consciência.

Como sintomas, Hare (2013, p. 49) traçou um quadro com características emocionais/interpessoais e características relativas ao desvio social. Como interpessoais, Hare identificou particularidades, como eloquência, superficialidade, egocentrismo, ausência de remorso, falta de empatia e manipulação. Já como desvio social apontou a impulsividade, a fragilidade no controle do comportamento, a irresponsabilidade, o comportamento antissocial, entre outros.

Juntamente com Robert Ressler (1988; 2005), Hare contribuiu para sedimentar no ideário popular a imagem dos homicidas em série vinculada à encarnação do mal, como a figura de monstros.

Segundo Morana, os psicopatas diferem dos outros criminosos, pois cometem crimes com maior frequência quando comparados aos não psicopatas. São os grandes responsáveis pelos crimes violentos, têm índice de reincidência alto, começam a delinquir de maneira precoce e recebem faltas disciplinares no ambiente carcerário (HARE, 2004, MORANA, 2004; MORANA; STONE; ABDALLA-FILHO, 2013).

Já o psiquiatra G. J. Ballone (2002) traz a diferença entre os homicidas em série psicóticos e os homicidas em série psicopatas:

> O assassino serial psicótico atuaria em consequência de seus delírios e sem crítica do que está fazendo, enquanto o tipo psicopata atua de acordo com sua crueldade e maldade.

Na CID-10[57], tais indivíduos se enquadram na classificação de personalidade dissocial:

⊢ *F60.2 PERSONALIDADE DISSOCIAL*

Transtorno de personalidade caracterizado por um desprezo das obrigações sociais, falta de empatia para com os outros. Há um desvio considerável entre o comportamento e as normas sociais estabelecidas. O comportamento não é facilmente modificado pelas experiências adversas, inclusive pelas punições. Existe uma baixa tolerância à frustração e um baixo limiar de descarga da agressividade, inclusive da violência. Existe uma tendência a culpar os outros ou a fornecer racionalizações plausíveis para explicar um comportamento que leva o sujeito a entrar em conflito com a sociedade.

Personalidade (transtorno da):
- ⊢ Amoral
- ⊢ Antissocial
- ⊢ Associal
- ⊢ Psicopática
- ⊢ Sociopática

F 60.2 Transtorno de personalidade antissocial

Transtorno de personalidade, usualmente vindo de atenção por uma disparidade flagrante entre o comportamento e as normas sociais predominantes e caracterizado por:

(a) indiferença insensível pelos sentimentos alheios;
(b) atitude flagrante e persistente de irresponsabilidade e desrespeito por normas, regras e obrigações sociais;
(c) incapacidade de manter relacionamentos, embora não haja dificuldade em estabelecê-los;
(d) muito baixa tolerância à frustração e um baixo limiar para descarga de agressão, incluindo violência;
(e) incapacidade de experimentar culpa ou de aprender com a experiência, particularmente punição;
(f) propensão marcante para culpar os outros ou para oferecer racionalizações plausíveis para o comportamento que levou o paciente a conflito com a sociedade.

O já citado DSM-5[58], por sua vez, descreve os critérios para diagnóstico da personalidade dissocial:

Critérios Diagnósticos 301.7
A. Um padrão difuso de desconsideração e violação dos direitos das outras pessoas que ocorre desde os 15 anos de idade, conforme indicado por três (ou mais) dos seguintes:

1. Fracasso em ajustar-se às normas sociais relativas a comportamentos legais, conforme indicado pela repetição de atos que constituem motivos de detenção.
2. Tendência à falsidade, conforme indicado por mentiras repetidas, uso de nomes falsos ou de trapaça para ganho ou prazer pessoal.
3. Impulsividade ou fracasso em fazer planos para o futuro.
4. Irritabilidade e agressividade, conforme indicado por repetidas lutas corporais ou agressões físicas.
5. Descaso pela segurança de si ou de outros.
6. Irresponsabilidade reiterada, conforme indicado por falha repetida em manter uma conduta consistente no trabalho ou honrar obrigações financeiras.
7. Ausência de remorso, conforme indicado pela indiferença ou racionalização em relação a ter ferido, maltratado ou roubado outras pessoas.
B. O indivíduo tem no mínimo 18 anos de idade.
C. Há evidências de transtorno da conduta com surgimento anterior aos 15 anos de idade.
D. A ocorrência de comportamento antissocial não se dá exclusivamente durante o curso de esquizofrenia ou transtorno bipolar.

Estudos neopositivistas tendem a buscar evidências que categorizem os psicopatas. Um desses estudos aponta que os psicopatas tendem a não controlar a sua impulsividade e são pautados pelo imediatismo, além disso, demonstram dificuldade de se planejar em longo prazo. A causa para tais características seria um baixo funcionamento de seu córtex orbital (CASTRO; RAMANATHAN; CHENNUBHOTLA, 2013).

Outros autores da mesma corrente preferem analisar os psicopatas a partir do funcionamento da amígdala e de sua anatomia, alegando que, nesses sujeitos, ela é mais fina que o normal, levando a uma deficiência por parte do psicopata em reconhecer expressões faciais, principalmente de medo (MARSH, 2008).

Na esteira dos pensamentos neolombrosianos, temos os mais variados estudos, que tentam relacionar os psicopatas com traços físicos específicos, como tamanho do crânio, por exemplo. Outros autores indicam mapa genético ou buscam comprovar uma relação entre o que comemos e quão psicopatas podemos ser.

Por outro lado, o dr. J. Reid Meloy (1992) constrói sua defesa no sentido de que o psicopata só é capaz de desenvolver relações sadomasoquistas baseadas no poder, sem nenhuma afetividade. Para o autor, o psicopata internaliza, então, o papel de agressor e ataca aquele que julga vulnerável.

Em relação às projeções subjetivas, pode-se afirmar que esse papel de agressor se assemelha à figura do pai do agressor, enquanto o vulnerável ou vítima pode ser considerado a projeção do próprio psicopata.

Em relação às classificações como a CID e o DSM, a criminologia crítica na qual este livro se baseia tem várias objeções, por categorizarem e se distanciarem do sujeito. Nesse sentido, lembramos Henriques (2009, p. 294), que afirma: "O modelo nosológico categorial em psiquiatria, adotado pelo DSM-IV-TR e pela CID-10, concebe os transtornos mentais como entidades mórbidas específicas". Diante da criminologia crítica e também da psicanálise, o modelo categorial deve ser substituído pelo modelo dimensional, mais abrangente.

Sobre o modelo dimensional, Henriques (2009, p. 295) afirma: "No modelo dimensional, adotado pela psiquiatria dinâmica de orientação psicanalítica, as alterações entre as patologias seriam quantitativas e a distribuição delas dar-se-ia ao longo de um continuum que variaria do patológico ao normal".

Embora tais classificações reforcem a ideia de que violência e psicopatia são indissociáveis, lembramos que isso não tem embasamento científico incontroverso. Nem todas as pessoas que apresentam personalidade dissocial cometerão crimes ou agem com violência.

Deve-se tomar cuidado para que os quadros considerados nos manuais diagnósticos não acabem por diluir e limitar todas as singularidades de cada sujeito em classificações precárias e universais, que menosprezem as características individuais.

Outro ponto negativo dessas classificações e estudos é o fato de que influenciam e condicionam as perguntas feitas ao acusado, na tentativa de chegar a respostas predeterminadas. Ademais, é flagrante que grande parte da população apresenta várias das descrições relatadas neste tópico. E a presença de características psicopáticas em um sujeito não faz dele um homicida em série potencial. Afinal, o ser humano convive diariamente com uma luta árdua e incansável contra os desejos do seu id, em um constante cuidado para não ultrapassar os limites regidos pela moral, pela cultura e demais condicionamentos sociais (TENDLARZ; GARCIA, 2013).

As classificações como DSM e CID são importantes, mas não podem ser aplicadas sem a participação de um profissional que estabeleça relação com o sujeito, objeto de estudo.

O problema dos psicopatas, mais do que a presença de características mentais e comportamentais objetivas, reside na ausência de efetividade do controle dado pelo superego sobre suas pulsões. O sujeito reside em um não lugar, em que os condicionantes sociais não se aplicam ou são totalmente manipuláveis e vulneráveis.

2.3.1. AS CARACTERÍSTICAS DA PSICOPATIA

Neste tópico apontaremos alguns dos sintomas que experimentam os psicopatas, compilados por diversos psicólogos e psiquiatras do mundo todo. Sem estigmatizar tais sintomas, é importante que o leitor faça sua análise de maneira independente e não os interprete isoladamente.

Falta de empatia

Uma das principais características que definem um psicopata é sua incapacidade de sentir empatia pelo próximo. O psicopata não consegue se colocar no lugar do outro e muito menos se sensibilizar com os dramas e as dores de seu semelhante. Não existe responsabilidade nem solidariedade pelos sentimentos alheios (BIELBA, 2007).

Tudo está centralizado em sua pessoa, e o outro é apenas um meio para atingir seu fim. O psicopata sabe o que se passa com a outra pessoa, percebe e avalia os sentimentos dos outros, no entanto não se importa, e identifica a empatia como uma fraqueza.

Tal particularidade está intimamente ligada à ausência de remorso, ao egoísmo e à desumanização da vítima, pois não se percebe nenhuma identificação do sujeito com o outro. A ausência de empatia vai além da mera insensibilidade, pois o sujeito demonstra total indiferença pelo sofrimento alheio (HARE, 2013).

Essa característica leva o psicopata ao total isolamento social, ainda que mascarado por um verniz comportamental dócil e adaptável que ele exibe em seus relacionamentos cotidianos. No entanto, em verdade o construto é de distanciamento total do outro, que lhe permite cometer suas ações sem nenhum limite ou senso moral.

Ausência de remorso

Tal sintoma ou característica é uma consequência do anterior. Como não tem empatia com os demais, como não se identifica com o outro, o psicopata não tem remorso. Não sente vergonha, pesar ou arrependimento genuínos (BIELBA, 2007).

Suas ações são objetivas, práticas e, principalmente, utilitárias. O outro se coloca como útil em seu caminho. Como qualquer objeto, a vítima é descartável.

Sendo assim, a reincidência é comum entre os psicopatas criminosos, uma vez que não vão refletir sobre seus crimes e muito menos sobre as consequências de seus atos. Os psicopatas sabem perfeitamente da ilegalidade de seus atos, mas não se importam com as regras (HARE, 2013).

Sobre a culpa, Hare (2013, p. 56) cita Ted Bundy e sua visão peculiar:

> Esse é um mecanismo que se usa para controlar as pessoas. É uma ilusão. É um tipo de mecanismo de controle social, e é muito doentio. Isso faz o nosso corpo reagir de um modo horrível. E há modos muito melhores de controlar nosso comportamento do que o uso extraordinário da culpa.

Nesse sentido, note que parece haver, nesse caso, uma desconstrução do superego do indivíduo, uma ausência de freios sociais e culturais ao seu comportamento. Um descrédito em relação a valores comuns da sociedade e uma saturação diante das regras impostas de maneira alheia. Toda ação passa a ter uma motivação justificável para o sujeito, embora pareça desproporcional, cruel e até mesmo sádica aos olhos de terceiros.

Egoísmo

A maioria dos assassinos, principalmente os homicidas organizados, é egocêntrica. Ou seja, dão excessivo valor aos próprios sentimentos em detrimento dos anseios alheios. São permissivos em relação a suas ações e erros. Não se permitem privar de nenhum prazer ou deleite. E demonstram dificuldade de autocrítica (HARE, 2013).

Suas ações necessitam da adoração ou reconhecimento dos outros. Isso leva muitos a colecionarem os recortes de jornais dos próprios crimes. Enfim, gostam de atenção e concretizam isso por meio da violência (BIELBA, 2007).

O egocentrismo forma, juntamente com o narcisismo acentuado e o individualismo exacerbado, o tripé de uma complexa personalidade. O individualismo leva o homicida a ver os outros como secundários ou como meios para desfrutar de seus objetivos (SOEIRO; GONÇALVES, 2016).

O hedonismo e a constante busca do prazer individual e imediato tornam o comportamento dos psicopatas sem limites, sendo levado sempre às últimas consequências. Na tentativa de satisfazer imediatamente todos os desejos, o próprio prazer se impõe sobre qualquer outro valor ou consideração pelo semelhante. Não existe a valoração de sua conduta, mas tão somente o valor do prazer alcançado (HARE, 2013).

Ausência de medo

Talvez uma das características que mais chamam atenção nos homicidas em série é a ausência de medo, que fica clara com os riscos que tais indivíduos correm para concretizar seus atos e crimes (BIELBA, 2007).

Devido à baixa ou mesmo ausência de ansiedade e buscando sempre emoções novas, os chamados psicopatas sempre procuram situações excitantes e diferentes. Como não teme o castigo nem as possíveis sanções, esse homicida vê um campo enorme de possibilidades à sua frente para satisfazer seus desejos (HARE, 2013).

A vítima, a sociedade e a polícia não oferecem nenhum temor real, pois os sujeitos com características antissociais agudas interpretam que estão acima de todo bem ou mal. Não veem problema em cruzar a linha da legalidade, pois não reconhecem nenhuma autoridade, comando ou domínio.

A busca de novas sensações, aliada à ausência de medo, leva a comportamentos cada vez mais violentos e sádicos. Da primeira vez, o homicídio bastou; no ato seguinte podem avançar para a tortura, depois para o estupro, então para a necrofilia, a antropofagia etc. Uma necessidade sem limites e sem freio toma conta do psicopata. Não existe possibilidade de controle (HARE, 2013).

Irresponsabilidade

Desde a infância, fica claro que os chamados psicopatas têm uma clara dificuldade de assumir sua responsabilidade por qualquer ato. Quando adultos, continuam a culpar os outros por suas frustrações ou derrotas (BIELBA, 2007).

Quando constituem família, os problemas se acentuam, pois não conseguem cumprir os compromissos com os filhos e com a esposa. Junta-se a isso a impulsividade, que os leva a ações sem nenhuma reflexão no tocante às consequências e malefícios de seus próprios atos.

É uma impulsividade patológica, que costuma se manifestar já na adolescência. Pesquisas apontam que a psicopatia impreterivelmente vem acompanhada da impulsividade, que pode ser acentuada pelo uso de drogas, principalmente o álcool, que tem efeito desinibidor e diminui ainda mais a possibilidade de controle dos atos por parte do psicopata (HARE, 2013; NADIS, 2002; SHINE, 2000).

Essa impulsividade, aliada à ausência ou transferência de culpa, acaba por justificar todo e qualquer ato. A maioria dos psicopatas acredita que segue razões coerentes que, no entanto, os outros não compreendem. Consideram-se especiais e isso os habilita a cometer seus atos e os impede de sentir remorso.

Manipulação

A capacidade de manipulação e dominação do outro é sempre marcante nos psicopatas. Geralmente visam conhecer as debilidades da vítima e se aproveitam desses pontos fracos.

Sabem como ganhar a confiança dos que o cercam. Projetam uma imagem que transmite confiança aos seus semelhantes. Embora não tenham empatia, costumam dizer a coisa certa para estabelecer boas relações (BIELBA, 2007).

Buscam o poder e a dominação de sua vítima; podem ser bons chantagistas e manipuladores emocionais. As vítimas devem se situar em um plano inferior para que eles possam se impor. Apresentam dificuldades em manter relações de igualdade com outras pessoas. A humilhação do outro é outra hipótese frequente no comportamento psicopático (HARE, 2013; NADIS, 2002; SHINE, 2000).

Pesquisadores atribuem essa capacidade de manipulação mais ao aprendizado do que à capacidade intelectiva, pois, apesar de a imagem dos psicopatas geralmente estar associada à inteligência e à articulação, parte dos estudos sobre os coeficientes de inteligência desses indivíduos comprovam que eles podem demonstrar déficits de intelectualidade[59]. Muitos apresentam deficiência, até mesmo na conexão verbal (ALMEIDA, 2011; HARE, 2013; NADIS, 2002; SHINE, 2000).

Fantasias

Podemos afirmar que o assassinato está presente na mente do homicida em série bem antes de sua concretização. As fantasias com a morte, com tortura e crueldade e a fetichização do sofrimento alheio acompanham o agente. Tais pensamentos levam gradativamente o sujeito ao isolamento. A integração com a sociedade torna-se impossível, uma vez que seus desejos não são compartilhados com a maioria à sua volta (ALMEIDA, 2011; HARE, 2013; NADIS, 2002; SHINE, 2000).

Geralmente sua alienação se desenvolve de maneira crescente, aumentando cada vez mais suas fixações e ficções mentais. Sendo assim, passa também a dedicar mais tempo para tais fantasias e para a concretização delas.

Os autores Robert Ressler, Ann Burgess e John Douglas (1988) afirmam que, depois de uma infância geralmente desastrosa, o homicida cresce desenvolvendo suas fantasias de dominação sem experimentar nenhum remorso.

Quando o homicida decide matar, age seguindo um ritual que fantasiou centenas de vezes. A vítima, portanto, fica totalmente descaracterizada, pois o homicida não vê a real pessoa à sua frente, mas sim o personagem de suas fantasias. Por vezes, esse personagem que vai morrer é a representação do próprio homicida (TENDLARZ; GARCIA, 2013).

Ou seja, a vítima é reduzida a um símbolo, manipulável nas mãos do agente. O homicida em série não vê sua vítima como uma pessoa, tampouco considera a relação sexual em conjunto. Busca-se o prazer solitário; o consentimento do outro é desnecessário.

Por ser uma fantasia forte, simbólica e geralmente muito densa, sua concretização sempre acaba sendo decepcionante para o homicida. Os **suvenires** guardados após o crime (pedaços do corpo, roupas da vítima, sangue etc.) entram nesse aspecto para perpetuar a experiência de morte e crueldade e tentar revivê-la, na esperança de atingir o prazer fantasiado.

O homicida Dennis Andrew Nilsen afirmava, sobre suas fantasias: "Eu construía outro mundo, no qual existiam homens do mundo real, no entanto, eles não sofriam nenhum prejuízo ou crime de acordo com as regras e leis de meus sonhos. Esse é, pois, meu crime".

Pelas palavras de Nilsen, podemos afirmar que, no imaginário, a fantasia do homicida em série é lícita e justa.

O crime não é só a concretização do sonho, mas principalmente o fim dessa fantasia. A partir daí temos o início de outro ciclo de alucinações. O homicida espera que esse novo sonho produza o prazer desejado.

O psicopata não precisa, necessariamente, concretizar todas as suas fantasias. Alguns se satisfazem com seus próprios pensamentos. A grande dúvida para os estudiosos é saber como e por que algumas pessoas passam à concretização do ato, ou seja, quais são os gatilhos que levam à passagem ao ato.

O agente do FBI Robert Ressler atribui a concretização das fantasias a situações de grande estresse, pressão e fuga. Os psicanalistas chamam esse momento de passagem ao ato. Outros profissionais tentam atribuir a isso algumas disfunções cerebrais (RESSLER; SHACHTMAN, 2005; RESSLER, 2003).

O que sabemos, no entanto, é que muitas pessoas elaboram fantasias, mas algumas não suportam a realidade à sua volta e partem para uma saída prática cercada de simbologia.

Desumanização da vítima

Falamos do tripé egocentrismo, individualismo e narcisismo, características que levam, impreterivelmente, à coisificação da vítima. Ou seja, levam à desumanização do outro (BIELBA, 2007).

Quando vemos as outras pessoas como semelhantes, é mais difícil matar ou praticar atos cruéis. No entanto, quando consideramos os outros como objetos, toda ação é justificável, dependendo do desejo a ser concretizado. Não existe compadecimento com a situação do outro e todos são considerados meios para a concretização dos prazeres e desejos pessoais.

A instrumentalização do semelhante está intimamente ligada à ausência de empatia, de remorso e à não admissão de culpa. Alguns teóricos afirmam que os psicopatas tendem a classificar as pessoas de acordo com a sua funcionalidade.

Vale frisar que a desumanização do outro não é um comportamento presente apenas em psicopatas ou sujeitos com transtorno antissocial. Pelo contrário, a desumanização ocasional pode ocorrer a qualquer um, a partir de um processo de socialização deficitário, ou fruto de uma engrenagem de poder que estigmatize determinado grupo social e leve o sujeito a justificar todo e qualquer ato contra as pessoas que considera parte de uma minoria, vulneráveis ou fragilizadas.

Aliás, todo atributo mencionado neste capítulo pode estar presente em qualquer sujeito inserido em um grupo social, não havendo distinções reais e verdadeiramente autênticas que tornem legítima a demonização de determinadas pessoas por apresentarem tais características.

Sadismo

O sadismo[60] não pode ser considerado apenas a razão de um crime, mas sim um padrão de comportamento característico dos homicidas em série. Tal padrão se destaca pela desumanização total da vítima e pelo cometimento de atos carregados de crueldade.

Nesse sentido, Konvalina-Simas (2014, p. 258) aponta:

> De forma invariável, podemos dizer que **os crimes cometidos por homicidas e violadores em série são de natureza sádica**. O agressor em série procura aterrorizar, diminuir e humilhar a vítima; por esses motivos é que atos de tortura são frequentes nessas ofensas (grifo nosso).

Tais atos bárbaros estão conectados com a obtenção do prazer pelo sujeito sádico, que necessita do sofrimento da vítima para se satisfazer.

Podemos afirmar que existe no sádico a busca pela excitação por meio da morte ou humilhação do outro.

Além disso, pelo viés da psicanálise, o sádico goza não só com o rebaixamento do outro, mas principalmente com a angústia que consegue impor à vítima. Assim, não basta somente matar ou ferir, mas também ameaçar, advertir a vítima do futuro que a aguarda. A fala que antecede cada ato visa estabelecer momentos de agonia e sofrimento. Aflição por saber quais serão os passos do homicida e como foram as mortes anteriores (TENDLARZ; GARCIA, 2013).

Nesse sentido, é comum entre os homicidas em série que informem a suas vítimas o que lhes sucederá, ou o que aconteceu com outras pessoas. O sádico retira a fala da vítima para impor sua voz. Na impossibilidade da fala reside a saturação do momento aflitivo.

Sobre a angústia e o gozo proporcionados pelo sadismo e também pelo masoquismo, Tendlarz e Garcia (2013, p. 186) afirmam:

> O sádico [...] busca provocar a angústia no outro, mas na verdade –inconscientemente – produz o gozo do outro, e o masoquista, que aparentemente tem o propósito de suscitar o gozo do outro – também inconscientemente – busca a angústia ao outro.

Nesse ponto, vale ressaltar que os psicopatas, embora não sejam capazes de se angustiar ou reconhecer uma aflição vívida, não vão negar essa experiência ao seu parceiro.

Características objetivas

Em capítulo anterior, assinalamos algumas das características dos homicidas em série; agora explicaremos algumas dessas particularidades na perspectiva da psicopatia.

Entre as características presentes nos estudos e levantamentos do comportamento dos criminosos violentos conhecidos como psicopatas, podemos destacar a piromania, que é a atração por provocar ou observar incêndios, a qual produz grande estimulação sexual nesses indivíduos (KORI; SKRAPEC, 2008).

A destruição rápida da propriedade alheia, o desrespeito às regras sociais e o perigo concreto que impõem à comunidade lhes proporciona um grande prazer. Geralmente, a destruição pelo fogo não se compara ao sentimento de prazer que os crimes violentos e contra a vida proporcionam. Mas pode ser uma forma atrativa para começar a carreira delitiva ou pode mesmo ser uma atividade substituta, quando o homicídio não for possível (BIELBA, 2007).

Entre as características do piromaníaco, podemos destacar que o agente não visa ganhos monetários, não pretende a fraude contra seguradoras ou pessoas. A motivação não consiste em provocar prejuízo econômico à vítima ou diminuir o patrimônio de determinada pessoa. Há uma excitação efetiva em colocar fogo e destruir objetos, ou mesmo em testemunhar tal destruição. O incêndio é sempre precedido por uma tensão. O prazer não pode estar vinculado a um sentimento de vingança ou ter motivos políticos ou ideológicos.

Entre os homicidas em série, grande parte apresentou a piromania em algum momento da vida, como Peter Kürten e David Berkovitz (BIELBA, 2007).

Outra característica presente nos homicidas em série (como Jeffrey Dahmer) é a crueldade com animais. Tal aspecto costuma se manifestar na infância dos homicidas. Existe, assim, uma escolha por uma vítima vulnerável e indefesa. O abuso sádico de animais acontece com a morte e a tortura de cães, gatos, sapos etc. (BIELBA, 2007).

Como exemplos de homicidas em série que praticaram crueldade com animais, citamos:

Albert De Salvo – conhecido como Estrangulador de Boston, matou 13 mulheres. Em sua juventude, aprisionava gatos e cães em engradados de madeira para depois lançar flechas contra as caixas.

Carroll Edward Cole – acusado de 35 homicídios, confessou que seu primeiro ato violento, ainda criança, foi o estrangulamento de um filhote de cão.

David Berkowitz – conhecido como Filho de Sam, matou vários animais dos vizinhos em sua adolescência e até animais de estimação de sua mãe.

Edmund Kemper – famoso homicida em série dos Estados Unidos, matou uma dezena de pessoas, inclusive a própria mãe. Na infância e na adolescência, enterrava gatos vivos, decapitava-os e mutilava-os.

Henry Lucas – prolífico homicida americano, suspeito de matar centenas de pessoas, embora condenado por apenas 11 homicídios, além de matar cães e gatos, ainda praticava sexo com os cadáveres dos animais.

Jeffrey Dahmer – conhecido como o "canibal americano", exibia as cabeças de cães, sapos e gatos espetadas em pedaços de pau.

Marcelo Costa de Andrade – na infância e na adolescência, cometeu diversas crueldades com animais.

Na idade adulta, tal comportamento costuma desaparecer, assim que o agente opta por vítimas humanas.

A crueldade com animais não é uma característica de todos os homicidas em série. Alguns demonstram até mesmo maior respeito pelos animais do que pelas pessoas (BIELBA, 2007). No entanto, estudos com criminosos condenados por homicídios ou crimes sexuais apontam o histórico de crueldade contra os animais na infância em mais de um terço dos casos. Já o FBI chega a relacionar mais de dois terços dos homicidas em série com histórico de abuso e maus-tratos contra animais.

Por fim, completando o tripé diagnóstico de homicidas em série do FBI, temos a **enurese noturna**, que se caracteriza por uma dificuldade no controle urinário ao dormir que se estende até a idade adulta. Tal fenômeno se acentua na adolescência do sujeito. Existe uma absoluta falta de controle da função urinária. O diagnóstico médico é difícil, pois não existem motivos clinicamente aparentes para a incontinência (BIELBA, 2007).

As características aqui apresentadas têm como base os relatórios e pesquisas efetuados pelo FBI, principalmente no final da década de 1970 e começo dos anos 1980, com dezenas de homicidas em série, que foram exaustivamente entrevistados e diagnosticados. As pesquisas apontaram, no histórico dos homicidas seriais, a presença de enurese noturna em 68% dos casos, a piromania em 56%, e a tortura de animais em 36% (MACDONALD, 1963; SCHECHTER, 2013).

2.3.2. A TRÍADE OBSCURA[61] DA PERSONALIDADE

Aos estudos a respeito da psicopatia soma-se a chamada "tríade obscura" ou **"tríade da escuridão"**. Isso porque a psicopatia parece estar sempre associada a traços de personalidade narcísicos e maquiavélicos. Dessa maneira, nota-se uma estreita relação entre a tríade obscura e o já descrito transtorno de personalidade antissocial (JONASON; WEBSTER, 2010).

A chamada tríade será formada, portanto, por três personalidades agressivas: **maquiavélica**, **narcísica** (ou egocêntrica) e **psicopática**. Essas particularidades se referem a características da personalidade que, juntas, demonstram um desapreço pela vida do próximo e um déficit afetivo completo (PAULHUS; WILLIAMS, 2002).

A psicopatia não parece, consequentemente, ser suficiente para explicar comportamentos de extrema violência e crueldade, como os causados por grande parte dos homicidas em série, sendo necessária a verificação de outros traços da personalidade do agente.

Em relação aos sujeitos que apresentam uma personalidade psicopática, maquiavélica e narcísica, Paulhus e Williams (LEARY; HOYLE, 2009, p. 100) afirmam que "as pessoas com essas características de personalidade compartilham tendências a ser insensíveis, egoístas e maus em suas relações interpessoais".

Segundo uma série de pesquisas e revisões bibliográficas, podemos associar de maneira direta tal tríade à presença de traços violentos e comportamentos antissociais (JONASON; WEBSTER, 2010).

A psicopatia, o narcisismo e o maquiavelismo se destacam pela ausência de apreço pelo outro, incapacidade de sentir remorso pela dor causada às vítimas, dificuldade de controlar impulsos, egocentrismo, senso de rivalidade desproporcional aliado a uma sensação de superioridade e aptidão para manipular situações e pessoas (JONASON; WEBSTER, 2010; JONES; PAULHUS, 2014; PAULHUS; WILLIAMS, 2002).

Os indivíduos que exibem as características de personalidade constantes da tríade da escuridão utilizam formas agressivas e invasivas para atingir seus objetivos. Ameaças, chantagens, violência física e psicológica e manipulação são ferramentas usuais para atingir os objetivos e conquistar o que desejam.

Em relação a cada um desses traços de personalidade, podemos afirmar que a **psicopatia** é, sem dúvida alguma, o que sobressai. Com uma história que remonta ao francês Pinel e seu conceito de "mania sem delírio"[62], esse traço de personalidade se destaca pela visão que o sujeito tem de si mesmo e do mundo. Pela desumanização do outro e pelo total desapreço pelos valores edificados socialmente (PAULHUS; WILLIAMS, 2002).

O **maquiavelismo** aparece como uma estratégia social de convivência, uma tática que visa objetificar o outro, transformando-o em mero instrumento para se alcançar o que deseja. Caracteriza-se em prejudicar quem quer que seja para atingir os objetivos. Os sujeitos maquiavélicos apresentam traços semelhantes aos dos psicopatas e uma amoralidade ainda mais exacerbada (JONASON; WEBSTER, 2010; JONES; PAULHUS, 2014).

Já o **narcisismo** está relacionado com a maneira como a pessoa se enxerga. Geralmente, narcísicos tendem a apresentar um total desequilíbrio na interpretação de sua própria imagem e de seus atributos, o que os leva a acreditar em sua superioridade em relação aos demais. A suposta superioridade acaba por validar todo e qualquer ato de dominação e ascendência sobre os outros. O egocentrismo está totalmente relacionado ao sujeito narcísico, que acredita em uma engrenagem social pronta para atender às suas vontades. Um paradoxo interessante se apresenta aqui: o sujeito narcísico se caracteriza por uma falta de empatia e uma total desconsideração pelo outro, no entanto sofre com um desejo exacerbado de ser admirado.

Vale frisar que o narcisismo patológico surge como um elemento da psicopatia, um dos eixos estruturantes do comportamento dos psicopatas, e pode, muitas vezes, auxiliar no diagnóstico (KERNBERG, 1988).

Vale lembrar que "narcisismo" está ligado ao mito grego de Narciso (*nárki* = torpor). Esse personagem mitológico, filho da ninfa Liríope e do deus Cefiso, se destacava pela beleza indescritível e, segundo o oráculo Tirésias, poderia viver até sua velhice, desde que não fosse confrontado com sua própria imagem. No entanto, em um dia exaustivo, ele se debruçou sobre uma fonte e viu sua imagem refletida na água. Apaixonou-se por ela e ficou infindáveis dias a mirar tal imagem, até definhar e morrer ao lado da fonte. Na psicanálise, esse mito assumiu uma importante metáfora ligada à nossa sexualidade, e não constitui necessariamente uma patologia, mas integra a personalidade e nossa psique (UBINHA; CASSORLA, 2003).

2.3.3. UMA CRÍTICA À QUESTÃO DA PSICOPATIA

Embora a psicopatia ocupe posição de destaque nos livros e palestras sobre comportamento violento, alguns autores e pesquisas mais recentes (CHABROL, 2009) evidenciam que não podemos afirmar que existam psicopatas genuínos, mas sim pessoas com traços psicopáticos. Para alguns, aliás, "a psicopatia é uma constelação de traços de personalidade" (HAUCK FILHO; PEREIRA TEIXEIRA; GARCIA DIAS, 2012, p. 318).

Ou seja, a tríade da escuridão demonstra que a psicopatia, como difundida, deve ser revista. Podemos considerar que tal tríade, em vez de fortalecer o conceito de psicopatia, representa uma ferida narcísica nele, uma vez que acaba por demonstrar que a psicopatia vista de maneira isolada leva a grandes erros interpretativos e conceituais sobre o indivíduo.

Um diagnóstico de psicopatia não deve ser interpretado como uma verdade inapelável. Desse modo, a psicopatia não deve ser vista como uma característica sempre relacionada ao comportamento criminoso, mas sim em sua **forma dimensional.**

Nesse sentido, Hauck Filho e outros (2012), com base nos estudos de Wright (2009), afirmam: "Uma visão dimensional, por outro lado, considera que não existem 'psicopatas', mas sim traços de psicopatia que todas as pessoas apresentam, mas em quantidades distintas".

De tal modo, **seria mais coerente e menos danoso falarmos em traços psicopáticos (e suas dimensões), e não em psicopatas.**

Nesse sentido, Hauck Filho, Pereira Teixeira e Dias, citando Walters, Duncan, Mitchel-Perez e outros (2009, p. 340), asseveram que:

> A própria utilização do termo psicopata é questionável, uma vez que parece estabelecer uma categoria de indivíduos distintos dos demais, o que não faz sentido, tendo em vista resultados recentes em favor da perspectiva dimensional [...]. Parece mais adequado, dessa forma, falar em indivíduos com traços acentuados de personalidade psicopática, em vez de psicopatas.

Do mesmo modo, nas pesquisas devemos nos atentar para a construção de uma relação de conhecimento que nos leve à análise das diferenças que tornam cada sujeito único e detentor de uma gama de traços de personalidade e sujeito a vários fenômenos psicológicos. A horizontalidade de alguns métodos acaba por tolher o conhecimento.

Até mesmo a relação entre psicopatia e comportamento antissocial deve ser revista. A limitação de alguns procedimentos e seus problemas metodológicos apontam para incoerências em testes diagnósticos de psicopatia, em que aspectos interpessoais do indivíduo apresentam pouca correlação com o comportamento antissocial (HAUCK FILHO; PEREIRA TEIXEIRA; GARCIA DIAS, 2012).

> A psicopatia deve ser entendida como um rótulo para um conjunto de traços de personalidade socialmente indesejáveis, evidentes nas esferas interpessoal, afetiva e cognitiva. **Dessa forma, o comportamento violento e antissocial não é condição necessária nem suficiente para a caracterização da psicopatia,** ainda que possa ser um correlato eventual do construto (HAUCK FILHO; PEREIRA TEIXEIRA; GARCIA DIAS, 2012, p. 320).

Assim, o comportamento antissocial não deve ser considerado o sintoma principal para definir ou estigmatizar um sujeito como psicopata (MCCORD; MCCORD, 1964).

Embora hoje o conceito "hollywoodiano" de psicopatia acabe por fundamentar uma intrínseca relação entre **psicopatia, comportamento antissocial e homicida em série,** os estudos empíricos parecem não comprovar essa tese. Essa relação é, no mínimo, controversa, uma vez que Cleckley (1955), assim como Schneider (1955), aponta que psicopatas, em sua maioria, nem mesmo apresentam um histórico de comportamento antissocial.

Hauck Filho e outros (2012, p. 318) concluem: "Cada vez mais, os autores têm sugerido que a psicopatia deve ser conceitualizada em termos de traços latentes de personalidade – que todos os indivíduos possuem, embora em diferentes magnitudes".

Defendemos que a psicopatia e os homicidas em série não podem ser naturalmente relacionados e interpretados como sinônimo; isso porque o homicídio em série é fenômeno único, complexo e plurifatorial, e assim deve ser refletido.

Por fim, podemos afirmar que o sujeito que protagoniza o fenômeno de homicídios em série é peculiar e deve ser analisado tanto pelo seu viés subjetivo como pelas características intrínsecas de seu ato.

Isso porque:

> Relativamente à psicopatia, é importante dizer desde já que é um mito que todos os agressores em série são psicopatas. Nem todos os psicopatas são criminosos, assim como nem todos os agressores em série apresentam traços da personalidade associados a um diagnóstico de síndrome psicopática (KONVALINAS-SIMAS, p. 257).

Vale lembrar que grande parte das características descritas neste livro e que podem acometer os homicidas em série podem ser observadas em outras pessoas, e a angústia, a agonia e principalmente o isolamento são intrínsecos a esses indivíduos.

O que fica claro em qualquer análise desses sujeitos é que, na interação social, alguma coisa falha, causa dor e estresse e reverbera, com consequências fatais para a sociedade.

2.3.4. OS NÚMEROS

É importante ressaltar o número estimado desses indivíduos na população mundial e o impacto desses sujeitos em nossa vida cotidiana. Os estudos que quantificam os psicopatas na população em geral são, em regra, escassos, e alguns são de confiabilidade questionável. Mas podemos afirmar que esse número não ultrapassa 4% da população mundial, nas estatísticas mais pessimistas (CAETANO, 1993; OMS, 1998).

No entanto, essa porcentagem parece inflacionada quando observamos estudos mais sérios e rígidos. Ademais, vale frisar que nem todos os sujeitos tachados de psicopatas chegarão, durante a sua vida, a cometer homicídios ou mesmo quaisquer atos violentos (CSISZAR, 2016). Estima-se, ao contrário, que grande parte dos psicopatas não atentará contra a vida ou contra a integridade física de outras pessoas.

Na verdade, a maioria das pesquisas considera que apenas 1% da população mundial pode ser diagnosticada verdadeiramente como psicopata (traços psicopáticos). Segundo Robert Hare (2013), a psicopatia representa apenas 1% da população mundial, mas na população carcerária a incidência pode chegar a 20% dos internos.

Além disso, quando comparamos o transtorno da personalidade antissocial (TPA) e a psicopatia, vemos que enquanto esta atinge 1% da população mundial, o primeiro atinge de 3% a 5%. Nesse sentido, a população carcerária chega a apresentar 20% de psicopatas e até 60% de pessoas portadoras do TPA.

Não se conhece ao certo a metodologia de grande parte das pesquisas apontadas em livros e documentários, nem mesmo o protocolo utilizado. Ademais, nebuloso é o conceito de psicopatia utilizado em tais pesquisas, assim como o parâmetro de pesquisa. Além disso, até mesmo conceitos básicos de matemática são distorcidos em muitos trabalhos sobre psicopatas.

O que se pode perceber é que os números da presença dos psicopatas em nossa sociedade são relativamente tímidos, e eles representam uma parcela ínfima da população mundial.

Desse modo, estatisticamente, não será tão corriqueiro ter um vizinho ou um conhecido psicopata, pois somente uma a cada cem pessoas reúne as várias características de personalidade que definem a psicopatia. A probabilidade caminha no sentido de que o indivíduo será vítima, em regra, de uma pessoa sem características antissociais ou psicopáticas.

2.4. AS ESTRUTURAS DA MALDADE

Após analisarmos alguns possíveis aspectos do psicopata e sua natureza, falaremos agora das escalas e classificações que muitos pesquisadores, psicólogos e agentes utilizam para atribuir, verificar e catalogar comportamentos violentos e cruéis, principalmente ligados à psicopatia. As estruturas aparecem na tentativa de sistematizar o diagnóstico e, principalmente, prever os fenômenos violentos antes de sua concretização.

Embora tais classificações sejam consideradas estigmatizantes e segregantes por muitos profissionais, é inegável que elas representam um capítulo peculiar na busca pelo entendimento do comportamento violento e se relacionam de maneira direta com o estudo dos homicidas em série no mundo.

É importante lembrar que é necessário haver prudência na interpretação e análise dessas classificações e escalas, uma vez que a presença de elevados escores em qualquer ferramenta de categorização não atesta de maneira irrefutável o pertencimento do paciente a determinada categoria de pessoas, pois a interpretação do indivíduo como um sujeito plural deve ser dimensional (HAUCK FILHO; PEREIRA TEIXEIRA; GARCIA DIAS, 2012).

Uma concepção dimensional, além de permitir o estudo das diferenças individuais em grupos não forenses, possibilita relacionar a psicopatia a variáveis em certa medida sobrepostas e que são assumidas como dimensionais (HAUCK FILHO; PEREIRA TEIXEIRA; GARCIA DIAS, 2012, p. 321).

Escala Hare PCL-R

O pesquisador canadense **Robert Hare** edificou uma escala para a verificação da presença de distúrbio comportamental em réus, indiciados e suspeitos de crimes violentos. Tal escala funciona como um teste para a verificação da psicopatia no paciente. A escala conhecida como PCL[63] é hoje usada pelo FBI.

Hare (2013) afirma que, embora esse teste não sirva para diagnosticar precisamente o grau de psicopatia de uma pessoa, ele aponta a predominância de características antissociais do paciente, avaliando de maneira segura o grau de periculosidade e de readaptabilidade social dos pacientes pesquisados.

O renomado psicólogo canadense afirma que tal avaliação não aponta meros desvios sociais, pelo contrário, apresenta um quadro delineado de personalidades psicopáticas. O mesmo autor pondera, ainda, que esse mecanismo de avaliação não deve ser usado para diagnósticos leigos a respeito de si mesmo ou dos outros por parte de quem não seja profissional e, consequentemente, não tenha treinamento para o uso da ferramenta (HARE, 2013).

A escala Hare é muito criticada por vários psicólogos, mas seus defensores veem nela um método objetivo de diagnóstico de comportamento violento. Tal escala surgiu há algumas décadas e hoje é amplamente utilizada. Muitos países adotam esse estudo[64], com o argumento de que, até então, os psicólogos e psiquiatras não dispunham de critérios claros e objetivos para avaliar a psicopatia. Convencionalmente, dentro da psiquiatria é o teste mais utilizado em homicidas em série desde 1991.

Os critérios de psicopatia apontados por Hare (em 1991) se dividem em vinte sintomas e características:

1. Charme superficial.
2. Superestima/sentimentos insuflados de importância pessoal.
3. Necessidade de estimulação/tendência ao tédio.
4. Mentiroso compulsivo.
5. Manipulação e chantagem.
6. Ausência de remorso ou culpa.
7. Insensibilidade/emoções superficiais.
8. Indiferença/ausência de empatia.
9. Estilo de vida parasitário.
10. Controles comportamentais precários/descontrole.
11. Promiscuidade sexual.
12. Distúrbios graves de comportamento na infância.
13. Ausência de objetivos de longo prazo/falta de metas.
14. Impulsividade.
15. Irresponsabilidade.
16. Incapacidade de se responsabilizar por suas ações.
17. Casamentos curtos/relacionamentos de curta duração.
18. Delinquência juvenil.
19. Violação de condicional/revogação da liberdade.
20. Versatilidade criminal.

Segundo Abdalla-Filho, trata-se de um *checklist* de vinte itens, validado no Brasil por Hilda Morana em 2004, com pontuação de 0 a 2 para cada item, como no HCR-20, perfazendo um total de 40 pontos. O ponto de corte não é rigidamente estabelecido, mas um resultado acima de 30 pontos traduziria um psicopata típico. Dåderman e Kristiansson afirmam que um valor de 30 pontos tem sido recomendado como limite para um diagnóstico de psicopatia, apesar de relatarem estudos que consideraram valores inferiores, tais como 25 e 26.

Quadro da psicopatia de Cleckley

Hervey Cleckley, um renomado psiquiatra americano, décadas antes de Hare (1941) edificou as bases do estudo dos sintomas da psicopatia, com uma escala bem semelhante à PCL-R.

Os sintomas da psicopatia segundo Cleckley são:

1. Charme superficial e boa inteligência.
2. Ausência de delírios e de outros sinais de pensamento irracional.
3. Ausência de nervosismo ou de manifestações psiconeuróticas.
4. Inconfiabilidade.
5. Tendência à mentira.
6. Falta de remorso, vergonha ou culpa.
7. Comportamento antissocial inadequadamente motivado.
8. Julgamento pobre e dificuldade para aprender com a experiência.
9. Egocentricidade patológica e incapacidade para amar.
10. Pobreza geral nas relações afetivas.
11. Específica falta de *insight*.
12. Falta de reciprocidade nas relações interpessoais.
13. Comportamento fantasioso, com o uso de bebidas.
14. Ameaças de suicídio, raramente levadas adiante.
15. Interpessoal, trivial e pobre integração da vida sexual.
16. Falha em seguir um plano de vida.

Foi Cleckley o primeiro autor a descrever os sintomas da psicopatia. O que Hare fez foi aprimorar o estudo de seu antecessor e conferir método à escala de sintomas. Foi o psiquiatra americano o primeiro a pensar a psicopatia como traços de personalidade, com destaque para os aspectos afetivos e interpessoais, e também o primeiro a desvincular o conceito de psicopatia do cometimento invariável de crimes (HAUCK FILHO; PEREIRA TEIXEIRA; GARCIA DIAS, 2009).

Cleckley apresentou 16 características para reconhecer a psicopatia, mas em sua obra não esclareceu satisfatoriamente se havia a necessidade de todas elas estarem presentes para diagnosticar alguém como psicopata.

Vale frisar que as concepções de Cleckley são ainda hoje recepcionadas por muitos profissionais de maneira acrítica, o que leva a equívocos e ambiguidades em relação a uma interpretação dimensional do construto da psicopatia.

No Brasil, a escala de Hare foi validada pela psiquiatra Hilda Morana, em sua tese de doutorado da Faculdade de Medicina da Universidade de São Paulo, sendo avaliada e aprovada pelo Conselho Federal de Psicologia em 2005.

Morana (2004) afirma que a PCL-R é um instrumento de eleição para o estudo da psicopatia, que países do mundo inteiro adotaram e conseguiram ótimos índices de redução da reincidência criminal.

Críticas à PCL-R

O teste de Hare representou uma verdadeira revolução no cenário dos exames e diagnósticos do comportamento violento e da criminalidade. No entanto, embora sua praticidade seja inegável, o teste não está livre de críticas por parte de psicólogos, psiquiatras e criminólogos.

É inegável que a PCL-R veio como a solução para todos os problemas de diagnóstico dos homicidas em série, satisfazendo o desejo da sociedade de ter uma fórmula eficaz na identificação de "predadores" no seio da comunidade.

No entanto, muitos profissionais e pesquisadores fazem ressalvas a tal procedimento. A criminologia crítica, psicanalistas e alguns psicólogos afirmam que o teste aplicado por Hare faz uso de uma série de estereótipos e rotulações e afasta a possibilidade de um diagnóstico completo e realmente individual de cada paciente. Ou seja, ajuda a aumentar ainda mais o mito em torno dos homicidas em série e prejudica a busca por soluções que considerem a subjetividade de cada indivíduo.

A criminologia crítica aponta e questiona avaliações limitantes como ferramentas perpetuadoras de rótulos e com fins segregantes. A análise de criminosos deve se centrar no entendimento da estrutura econômica, mais precisamente, na crítica a todo o aparato social como engrenagem de controle, determinante para a perpetuação da estratificação social.

Aceitar apenas os resultados de uma escala pode significar o abandono de todo o histórico subjetivo do indivíduo, conforme abordado anteriormente. É deixar de responsabilizar o Estado e a sociedade para culpar única e exclusivamente o indivíduo. É importante pensar o fenômeno da violência com a corresponsabilização de três entes: indivíduo, Estado e sociedade.

As críticas continuam, no sentido de que a PCL torna secundária toda a carga subjetiva e todo o histórico vivenciado pelo sujeito. Ao se responsabilizar somente o indivíduo, deixa-se de buscar as motivações subjetivas de sua ação.

Do ponto de vista técnico, Hauck Filho, Pereira Teixeira e Dias, citando Walters, Duncan e Mitchel-Perez (2009, p. 340), asseveram, em relação ao critério técnico:

> A literatura, dessa forma, tem recomendado cautela na utilização de pontos de corte para classificar os indivíduos como psicopatas e não psicopatas através de instrumentos psicométricos [...]. Os pontos de corte são arbitrários, carecendo de justificativa empírica precisa. Sua utilização, assim, é potencialmente perigosa em situações em que resultados de avaliação possuem impacto direto na vida dos indivíduos, como em contextos forenses e institucionais.

Os homicidas em série são um problema que deve ser estudado, então, na perspectiva sistêmica, e não meramente pela perspectiva da identidade. Autores como Michel Foucault, Loïc Wacquant e Alessandro Baratta entendem que os conceitos de criminalidade não são atemporais e, portanto, não pode haver fórmulas e escalas infalíveis para aferir violência ou psicopatia.

Na opinião de Lia Yamada (2009, p. 22):

> A despeito do PCL-R ter sido apresentado como solução para o exame criminológico e, apesar das promessas de cientificidade e objetividade, o uso do PCL-R no contexto prisional serve como um **instrumento efetivo de sanção e exclusão e colabora para fundamentar ações de controle social e normatização da população**. Além disso, a PCL-R viola os princípios fundamentais previstos no Código de Ética Profissional do Psicólogo, como também rejeita as responsabilidades e compromissos da profissão no respeito e na promoção da liberdade, da dignidade, da igualdade e da integridade do ser humano, apoiado nos valores que embasam a Declaração Universal dos Direitos Humanos.

Portanto, fica claro que o construto edificado por Cleckley não pode ser interpretado de maneira acrítica e utilizado sem um critério dimensional. Tampouco a PCL-R, que deve auxiliar no estudo e na análise do indivíduo, mas não pode ser considerada como um fim em si mesmo (HAUCK FILHO; PEREIRA TEIXEIRA; GARCIA DIAS, 2009).

O ser humano é plural e mutável. Qualquer avaliação é ambígua e vai depender de qual lugar esse sujeito ocupa no mundo e da intensidade de suas características.

O Índice da Maldade de Stone

A escala de Hare alimentou outras teorias. Entre elas, a pesquisa de Michael Stone, psiquiatra forense da Universidade de Columbia, se destaca. Embora com critérios menos científicos e ainda mais contestados, tal avaliação teve enorme repercussão mundial, devido aos meios de comunicação.

Stone chegou à conclusão de que 86,5% dos homicidas em série americanos são psicopatas, de acordo com a PCL. Stone aponta ainda que mesmo os criminosos não psicopatas apresentam pelo menos uma das características presentes na PCL (MORANA; STONE; ABDALLA-FILHO, 2013; STONE, 2006).

Em suas pesquisas, a **personalidade esquizoide** aparece em 50% dos homicidas. Já o transtorno de **personalidade sádica** aparece em 87,5% dos casos (MORANA; STONE; ABDALLA-FILHO, 2013; STONE, 2006).

Stone relacionou a psicopatia e o transtorno sádico a mais de 90% dos casos envolvendo homicidas em série. Tal porcentagem é reafirmada pelo ex-agente do FBI Roy Hazelwood e pelo escritor Stephen Michaud, que, em suas pesquisas, ponderam que o componente mais importante no comportamento do homicida serial é o desejo irrefreável pelo domínio, por autoridade e pela humilhação da vítima – o prazer vinculado às formas de controle (MORANA; STONE; ABDALLA-FILHO, 2013; STONE, 2006).

Sobre isso, o jornalista americano Benedict Carey[65] acrescenta:

> Muitas vezes, os assassinos predatórios fazem algo mais que cometer um crime. Alguns seduzem as suas vítimas e as submetem a torturas prolongadas. Outros têm um gosto exótico pela vivissecção[66], pela humilhação sexual ou pela piromania. E muitos cometem esses rituais por puro prazer.

As pesquisas de Stone o tornaram famoso e o levaram a escrever livros, dar entrevistas e comparecer a programas de TV. Em um desses programas, Stone criou um critério hierárquico de identificação criminal que ficou conhecido pelo tendencioso e sugestivo nome de índice da maldade[67]. O autor afirma que tal índice se baseou na biografia detalhada de mais de quinhentos criminosos violentos.

O Índice da Maldade de Stone se apresenta da seguinte maneira:

1. Pessoas que matam em legítima defesa (excludente de ilicitude) e não apresentam sinais de psicopatia. Consideradas como pessoas normais.
2. Crimes passionais. Cometidos por amantes ciumentos inseguros, egocêntricos ou imaturos, mas não psicopatas.
3. Os cúmplices espontâneos e voluntários de outros homicidas: personalidade esquizoide com traços antissociais.
4. Pessoas que matam em legítima defesa (excludente de ilicitude), porém de maneira desproporcional ou induzindo a vítima à provocação.
5. Pessoas em situação de desespero e trauma que cometem homicídios, com remorso verdadeiro na maioria dos casos e ausência de traços significantes de psicopatia.
6. Homicidas que cometem seus crimes em um momento de cólera ou exaltação, levados por impulso e sem premeditação.
7. Homicidas narcisistas, mas não especificamente psicopatas, que matam pessoas próximas a eles.
8. Homicidas não psicopatas, com um intenso sentimento de raiva e ódio acumulado; tais agentes matam durante acessos de fúria.
9. Amantes ciumentos e egocêntricos com traços claros de psicopatia.
10. Homicidas não psicopatas que matam pessoas específicas, como testemunhas e desafetos que atrapalham seus planos. Egocêntricos, mas não claramente psicopatas.
11. Homicidas psicopatas que matam pessoas específicas, como testemunhas e desafetos que atrapalham seus planos.
12. Sedentos por poder, psicopatas que matam quando estão em situação de desvantagem, encurralados.
13. Psicopatas de personalidade singular e violenta, que matam durante acessos de fúria.

14. Psicopatas impiedosos e autocentrados que matam para se beneficiar.
15. Psicopatas frios que cometem homicídios múltiplos em uma mesma ocasião.
16. Psicopatas que cometem diversos atos cruéis, com ações repetidas de extrema violência.
17. Psicopatas sexualmente perversos e assassinos em série: o estupro é a principal motivação, e a vítima é morta para ocultar provas.
18. Psicopatas assassinos e torturadores, para os quais o assassinato é a principal motivação, e a vítima é morta após sofrer tortura não prolongada.
19. Psicopatas que praticam o terrorismo, a subjugação, a intimidação e o estupro, mas sem assassinato.
20. Psicopatas assassinos e torturadores, em que a tortura é a principal motivação, mas em personalidades psicóticas (como a esquizofrenia).
21. Psicopatas que não matam suas vítimas, mas as torturam até o limite.
22. Psicopatas assassinos e torturadores – aqui a tortura é a principal motivação (na maior parte dos casos, o crime tem motivação sexual, mesmo que inconsciente).

O índice dos homicidas está demonstrado de acordo com o grau de crueldade e torpeza do ato, em que o número 1 representa o homicídio cometido por pessoas consideradas normais e o número 22[68] representa o mais vil dos homicidas.

De acordo com Stone, tal critério não deve ser utilizado, exclusivamente, para identificação de psicopatias, mas sim para classificar criminosos violentos e auxiliar os investigadores na identificação de criminosos e prevenção de crimes violentos.

Na construção do índice, variáveis neurológicas, ambientais e genéticas foram analisadas para determinar o motivo que leva uma pessoa a cometer atos violentos e cruéis (MORANA; STONE; ABDALLA-FILHO, 2013; STONE, 2006).

Tal índice sofre críticas devido à sua carga determinista e por se distanciar de um estudo mais particularizado da subjetividade de cada indivíduo. Ademais, tal avaliação se torna superficial em face do histórico de formação do sujeito, sua infância, dilemas e problemas familiares. Ou seja, o contexto social, cultural e histórico do indivíduo se torna secundário na avaliação (TENDLARZ; GARCIA, 2013).

Além disso, o próprio conceito de "**mal**" deve ser interpretado com cuidado. Tachar determinada avaliação com a palavra "maldade" pode levar à supressão de vários outros problemas do sujeito. A "maldade" encerra em si um diagnóstico perene e, por vezes, intransponível, que acaba por ocultar todas as outras características intelectuais do sujeito.

Corroboramos a opinião de Tendlarz e Garcia (2013, p. 21), que asseveram:

> A discussão se inscreve na tensão existente entre os fatores genéticos e os fatores sociais, sendo que estes últimos concernentes aos problemas familiares e aos traumas infantis. Por fim, concluem que o conceito de maldade é suficientemente "forte" para ocultar os problemas mentais e as características intelectuais que motivam os atos brutais desses assassinos. Em todos os casos, o critério puramente quantitativo e estatístico nada diz, verdadeiramente, acerca daquilo que está envolvido no ato criminoso.

Nesse cenário, uma vez instituídos critérios quantitativos sobre a "maldade", esta passa a ser interpretada como endêmica e ontológica, ocasionando a construção de uma investigação mais caricata e alegórica, uma vez que o índice parece ter como parâmetro as consequências do agir humano, em detrimento das causas.

A estrutura da maldade de Bollas

Ainda sobre o liame entre o mal e os homicídios violentos, o psicanalista americano graduado em História Christopher Bollas (1995) entende a maldade como um complicado processo relacionado à interação entre duas pessoas e suas intersubjetividades. Para o autor, o agente homicida cativa a vítima, seduzindo-a e explorando sua vulnerabilidade.

A estrutura apresentada por esse psicanalista difere das demais por não ambicionar traçar de maneira inequívoca o perfil do indivíduo, mas, sim, parte da categorização das circunstâncias de um ato como sendo uma situação de maldade. Talvez por isso hoje tal escala venha ganhando adeptos que buscam entender o fenômeno dos homicídios em série.

A maldade aqui não é vista como uma entidade isolada, mas como um processo e também um impulso incontrolável que parte de uma psicologia interna que foge essencialmente ao reconhecimento consciente.

Bollas (1995) vai além da simples categorização ao tratar da origem em si do comportamento violento, afirmando que a genealogia de todo comportamento cruel está relacionada com a violação da fé da criança na bondade de seus pais. Tal violação se concretiza com a aniquilação da subjetividade dessa criança, causada pelo abandono e maltrato dos pais.

É importante frisar que o *self* (entendido aqui como aquilo que define a pessoa na sua individualidade e subjetividade, ou seja, na sua essência) dessa criança foi exterminado ainda muito cedo, em razão de maus-tratos significativos ou devido à situação de abandono à qual foi exposta por seus pais. Dessa maneira, esse sujeito em sua fase adulta irá perpetrar às vítimas a mesma morte do *self* que vivenciou quando pequeno, e, nesse momento, podemos dizer que haverá uma identificação entre o homicida e o *self* de suas vítimas, morto violentamente (TENDLARZ; GARCIA, 2013).

Outro avanço da estrutura proposta pelo citado psicanalista é o fato de ser voltada *a priori* para homicidas em série, uma vez que a classificação é construída a partir da figura mítica de tais assassinos, com seus traços identificáveis. Além disso, a estrutura da maldade, para Bollas, utiliza-se de Winnicott (1988) e seus conceitos de espaço potencial e área de ilusão, desenvolvendo, assim, o conceito de maldade como uma definição em si.

Bollas (1995) aponta uma importante escala na interação entre homicida e vítima, que culmina com a destruição psíquica da vítima e seu consequente homicídio. Para esse autor, devem-se estabelecer oito grandes etapas na formação da estrutura da maldade.

A ESTRUTURA DA MALDADE EM BOLLAS

> **1** **A bondade como sedução.** O processo começa a partir do sujeito e sua busca por uma vítima. Para capturar sua vítima, ele deve aparentar ser bom, e, por certo, essa aparência de bom é o traço mais atrativo. Quaisquer que sejam os elementos predeterminantes do inconsciente do outro, a bondade do sedutor é atrativa.

2 **Criação de um espaço potencial falso.** A chegada de quem aparenta ser bom cria um espaço potencial para o receptor de sua bondade. Seja pela sugestão de que o outro pode possuir realmente algo que sempre pensaram que lhes estava proibido, seja devido ao estado de verdadeira carência da vítima (carência que agora parece estar a ponto de se resolver), o sedutor, através da representação da bondade, evoca a esperança (ou a ambição ou o poder) na vítima, que agora o considera como uma possível solução de sua situação.

3 **O oferecimento.** Muitas vezes considerado uma tentação, o oferecimento sugere ao outro que o espaço potencial pode chegar a ser – infinitamente ou ao menos poderosamente – eficaz.

4 **Dependência maligna.** A vítima que aceita o oferecimento é agora, sem dúvida, totalmente dependente do sedutor para chegar com êxito a seu destino. Poderíamos dizer que a vítima fica totalmente dependente da bondade em que acreditou, porém dependente com base em uma cegueira criada pela intensidade de sua própria necessidade.

5 **Escandalosa traição.** O sedutor faz algo que denuncia que ele não é o que parecia ser. Existe ali uma expectativa quanto ao seu efeito, porém para a futura vítima é um profundo choque. Em termos lacanianos, é como se o imaginário fosse invadido pelo real, como se o real tivesse uma intencionalidade organizada própria que obtura os espaços onipotentes construídos pelo imaginário. A vítima não pode crer no que está ocorrendo com ela.

6 **Desilusão catastrófica e infantilização radical.** O sedutor submete a vítima a uma desilusão catastrófica, a um colapso de suas crenças anteriores, que resultam na destruição das estruturas da personalidade adulta, à medida que a vítima é praticamente desvirtuada pelo tempo e levada a uma posição infantil, que, em alguns casos, deixa sua própria vida nas mãos dos caprichos onipotentes de quem instituiu a estrutura da maldade.

| 7 | **Morte psíquica.** A vítima tem a vivência de um assassinato de seu próprio ser. O self, que tinha necessidades, que sentia a chegada de um espaço potencial, o self, que se havia tornado dependente e que acreditava em um destino bom, é subitamente assassinado. |

| 8 | **Uma dor interminável.** A vítima nunca se recuperará do desenlace psíquico desse processo, na medida em que os atos do sedutor destruíram as estruturas geradoras de representação e o receptor sempre terá a lembrança desse aniquilamento. Se a vítima é assassinada, os membros de sua família levarão dentro de si uma dor interminável, que não poderá ser resolvida. É insuportável saber que um ser amado, que vivenciou o outro como bom, foi levado à morte por essa mesma bondade humana. |

A estrutura representada aqui deixa claro que o processo da maldade, na concepção do psicanalista, tem seu início no comportamento do homicida, que seduz e cativa a vítima, em uma tentativa de explorar ao máximo sua vulnerabilidade. Tal vulnerabilidade torna-se a perdição da vítima (BOLLAS, 1995).

Tendlarz e Garcia (2013, p. 21) resumem a estrutura da maldade da seguinte maneira:

> Em um primeiro momento a bondade é apresentada como uma sugestão, como sedução. Na continuação, cria-se um espaço potencial falso, em que se oferece à vítima algo do qual ela necessita. Isso produz uma dependência maligna, posto que o sujeito espera verdadeiramente receber aquilo que foi oferecido. Inevitavelmente, surge a "escandalosa traição", que permite à vítima perceber que o sedutor não é o que aparentava ser.

Tal composição ressalta, portanto, um dos aspectos mais importantes na análise dos homicídios em série: a morte psíquica da vítima. Ou, para alguns, a migração (temporária) da alma de criança e a sua inserção na estrutura da maldade (CORRÊA, 2008).

A morte psíquica antecede a morte real, pois sem ela não é possível o desenvolvimento da angústia relativa ao ato. Tal angústia se torna elemento principal para a satisfação do homicida. Nesse momento, temos a divisão subjetiva e a experimentação da dor de existir por parte da vítima.

Nessa divisão subjetiva podemos verificar uma estrutura de perversão, em que a vontade do gozo aparece como elemento principal. Nota-se dentro dessa estrutura de maldade uma ausência de vergonha por parte do homicida, claramente absorvida pela vítima, que assume a ignomínia diante da lacuna que seu carrasco apresenta (TENDLARZ; GARCIA, 2013).

Nesse sentido, cabe analisar o que acontece além do descrito no intervalo do oferecimento a uma dor insuportável. Por que o sujeito busca levar alguém a uma dor intolerável?

A explicação reside na transcendência da morte. Em cada sacrifício perpetrado contra seres vivos, podemos identificar uma sensação de transcendência por parte do algoz. **Ao matar e continuar vivo tem-se a sensação de perpetuação.** O sacrifício assume um papel de satisfação da necessidade inconsciente de sobreviver à própria morte (BOLLAS, 1995; BATAILLE, 1987).

Trata-se de uma transcendência maligna na qual a vítima é um objeto. Assim, o homicida mata seu objeto para superar sua própria descontinuidade; a possibilidade de sua morte é barrada com a destruição do objeto. E a facilidade de destruir ou aniquilar o outro acaba por tornar o mecanismo fascinante e sedutor. Matar é identificar-se com o que vai além da mera percepção.

A vítima, ao se deparar com o assassino, tende a perder a fé no que vê, e o momento que antecede a transcendência do homicida é ao mesmo tempo um momento de desilusão da vítima, que vê a loucura ocupar o real. O homicida teve a morte de seu *self* ainda criança e apresenta ao outro um novo *self,* que se identifica com a maldade (BOLLAS, 1995).

Há uma construção singular na relação entre vítima e homicida em série durante os passos da estrutura da maldade. Existe uma relação atrativa inconsciente por parte do algoz no ato de matar. Essa atração se faz no desejo de transformar a angústia e a ansiedade pretéritas em excitação.

A questão sexual está intrínseca na estrutura da maldade de Bollas (1995). Além disso, o homicida em série se identifica com a pulsão de morte. E a vida pulsional é uma vida de dor, uma vida de urgências (**a urgência de matar se apresenta como uma força arrebatadora**) que não se calam, nem sequer adormecem no momento imediatamente posterior à morte da vítima.

O arcabouço desenhado por Bollas (1995) ainda deixa claro o homicídio como sendo sempre um ato de identificação, e as vítimas, nada menos que um espelho a mostrar a imagem do próprio sujeito que inconscientemente mata a si mesmo.

Pode-se, então, ponderar que todas as estruturas e escalas aqui representadas revelam diferentes pontos de vista. Fica claro que para determinados psiquiatras e pesquisadores o mal é potencial em todos nós.

Repisamos que traçar escalas pode distanciar ainda mais o avaliador ou pesquisador de seu objeto. Tais estruturas desconsideram que a subjetividade humana é um fator incontrolável e imprevisível. Nesse ponto, salientamos que Bollas (1995) surge como exceção, ao edificar um parâmetro mais humano e menos categorizador, oferecendo a possibilidade de uma leitura do sujeito como ser plural e, principalmente, oportuniza uma análise que já se inicia ao questionar a infância do indivíduo.

2.5. QUANDO ELES PARAM DE MATAR

Uma das dúvidas mais frequentes sobre os homicidas em série diz respeito ao momento exato em que eles param de matar. Comumente costuma-se afirmar que tais sujeitos só cessam seus crimes quando morrem ou quando são efetivamente capturados.

Mas os estudos e estatísticas podem nos levar a conclusões bem distintas e surpreendentes. Nas estatísticas e levantamentos feitos em relação a homicidas em série e seus crimes, vislumbramos poucos registros de atividades desses delinquentes com mais de 50 anos de idade (TENDLARZ; GARCIA, 2013).

O ponto mais curioso dos homicidas em série é que grande parte dos que foram efetivamente presos costuma, claramente, provocar (de maneira consciente ou não) sua própria prisão.

Temos várias histórias que comprovam o desejo de ser capturado por parte do homicida em série. Por exemplo, o homicida em série

Ed Kemper, depois de deixar um aviso autoacusatório para a polícia, aguardou pacientemente sua prisão. Os policiais demoraram a acreditar nele, mas Kemper insistiu em telefonemas, adicionando detalhes e informações sobre os crimes cometidos, até que as autoridades confiassem em suas afirmações. Esperou por várias horas até a polícia encontrá-lo.

Também podemos citar William Heirens, que escreveu com batom na cena de um de seus crimes: "Pelo amor de Deus, prendam-me antes que eu continue a matar mais gente".

Realmente, não existem bases reais para afirmar que TODOS os homicidas seriais só cessam seus crimes quando morrem ou são presos. Até porque um criminoso icônico como Jack, o estripador, ficou conhecido por cinco principais mortes, e depois o morticínio se interrompeu, sem nenhuma intervenção da polícia.

Nos Estados Unidos, tivemos o assassino Zodíaco, que foi acusado da morte de quase uma dezena de pessoas, no entanto, a partir de um dado momento suas mortes simplesmente cessaram, deixando a polícia com dúvidas até os dias de hoje.

Um dos exemplos mais importantes é o do homicida em série americano Dennis Rader, conhecido como o *assassino BTK*[69], que matou dez pessoas no Condado de Sedgwick, Kansas. Descrito como sádico e frio, cometeu todos os homicídios no intervalo entre 1974 e 1991. Nesse período, ridicularizou a polícia e provocou a mídia, enquanto mantinha um casamento comum.

Após 1991 não matou mais seres humanos, e foi descoberto e capturado apenas em 2005. O que se sabe é que, a partir de 1991, Dennis começou a trabalhar como *dogcatcher*[70], recolhendo cães e gatos das ruas. Especula-se que ele matava os animais com tranquilizantes[71].

Vale frisar que Rader só foi capturado porque em 2004 voltou a se comunicar com a mídia local, reafirmando ser o assassino BTK, descrevendo alguns de seus crimes e também assumindo a autoria de crimes alheios. As comunicações foram rastreadas pela polícia e somente 14 anos depois de seu último homicídio Dennis foi preso.

Em relação à ausência de crimes violentos a partir de 1991, supomos que seu trabalho (que favorecia seus atos de crueldade contra animais e a consequente morte deles) permitiu que substituísse os homicídios por esses eventos violentos combinados com iniciativas autoeróticas, como ele mesmo admitiu a policiais.

Já outros homicidas deixam claro que se não fossem presos não parariam de matar nunca, como Carl Panzram, que afirmou, em seu julgamento: "Não tenho nenhum desejo de me corrigir. Meu único desejo é corrigir as pessoas que querem me corrigir. E acredito que a única maneira de conseguir isso é matando todas elas. Meu lema é roubar, violar e matar".

Podemos afirmar, portanto, que não há como prever o fim da sequência criminosa dos homicidas em série, pois a motivação e os sintomas só poderão ser objeto de análise quando o agente for capturado.

Sobre os possíveis motivos que levam o homicida ao fim de sua série criminosa, Tendlarz e Garcia (2013, p. 216) completam:

> Caso exista algum assassino em série que tenha deixado de matar porque se entediou, mudou de motivação ou ficou, por fim, satisfeito, não saberemos nunca, a não ser que seja capturado.

Outra dificuldade para determinar quando os homicidas em série param de matar é a sua mobilidade, pois eles podem mudar a área de atuação. Embora não seja comum tal alteração, ela pode se dar quando o homicida adquire confiança e decide sair de sua zona de conforto, prejudicando assim as tentativas de capturá-lo. Nessa situação, torna-se difícil verificar se o homicida parou de matar ou se simplesmente passou a buscar vítimas em outras cidades, estados ou até países (MEDRADO DE ARAÚJO, 2012).

Podemos afirmar, portanto, que não há evidências que comprovem que somente a morte ou a prisão podem fazer cessar os crimes de um homicida em série. Nesse sentido, Medrado de Araújo (2012, p. 39) afirma: "Há serial killers que paralisam definitivamente sua rotina de matança, antes mesmo de terminarem capturados". Ou seja, na verdade o homicida em série é um ser em constante mudança, instável e, por vezes, imprevisível, e a análise deve se dar também de maneira multifatorial e sem conceitos pré-formados.

3

QUEM É CAPAZ DE SE TORNAR UM HOMICIDA

3.1. ESTIGMAS – DO QUE SOMOS CAPAZES?

Um dos pontos imprescindíveis na interpretação e análise dos homicidas em série é a imparcialidade e o distanciamento que devemos ter ao observar o fenômeno. O pensamento dualista e maniqueísta, que divide o mundo de maneira simplória entre pessoas boas e pessoas más, deve ser revisto e ultrapassado, uma vez que a dicotomia bem x mal, além de falaciosa e arbitrária, ainda leva o investigador a se afastar do objeto de estudo, por categorizá-lo como diferente. A demonização do outro, o rebaixamento do sujeito ao *status* de monstro faz com que qualquer busca se torne apenas uma caricatura de investigação.

Ao aceitar a divisão entre bem e mal e se colocar na fileira dos bons, qualquer investigador ou pesquisador acolhe uma zona de conforto em detrimento da busca pela verdade. Viram-se as costas ao sujeito ao estigmatizá-lo; o rótulo retira a humanidade de qualquer um e ainda sacraliza o trabalho do profissional de pesquisa. Sabemos aqui que os atos investigados são monstruosos, mas são todos cometidos por seres humanos, e isso talvez seja o mais assustador: descobrir que o homicida em série é "demasiadamente humano".

Não há investigação no âmbito dos homicidas em série que prospere se o investigador não tiver a consciência de que o mal é uma construção complexa, social, cultural e histórica. Geralmente, o rótulo de criminoso é dado de maneira seletiva e não equilibrada pelas estruturas de controle social, assim como o rótulo de monstro é atribuído de maneira depreciativa e excludente.

Os estigmas de monstro, predador ou demônio não contribuem para o estudo dos homicidas em série. O estigma faz referência a atributos essencialmente depreciativos e acaba sempre em um prejulgamento, uma análise antecipada, que abandona o sujeito e toda a sua carga histórica, emocional e cultural.

O que torna a situação preocupante é que todo e qualquer predicado atribuído a alguém somente assumirá valor negativo quando comparado à normalidade de outrem. O estigma, assim, é uma relação entre dois valores. O que antecede o julgamento do pesquisador ou investigador são conceitos preconcebidos referentes ao sujeito estudado e uma hipervalorização da própria imagem do investigador (GOFFMAN, 2012).

As investigações policiais sofrem grande influência de rótulos e estigmas, e isso leva a dois resultados totalmente distintos: primeiro, existe uma seleção de determinados sujeitos para serem alvo direto do sistema penal excludente, a partir de seus estigmas. E, posteriormente, há uma "seleção negativa", assim conhecida a exclusão de determinadas pessoas do alcance do direito penal. Pessoas que por não se identificarem com determinados estigmas não serão abordadas nem mesmo investigadas, tampouco sofrerão alguma retaliação social (BACILA, 2014, p. 252).

Vale lembrar que muitos serial killers acabam por se beneficiar dessa engrenagem social que estigmatiza alguns. Assim, convivem livremente, sem levantar suspeitas, e nunca são abordados pelas autoridades – sendo, inclusive, liberados no momento em que cometiam (ou haviam acabado de cometer) seus crimes.

Bacila (2014, p. 252) ainda acrescenta:

Nesse sentido, provavelmente escaparam Jack Estripador e o famoso matador em série denominado Zodíaco. Este último, ao ser descrito por uma testemunha que o viu assassinar um taxista como um homem branco, a polícia recebeu a descrição do operador de rádio como sendo um homem negro, e os policiais, com a falsa descrição, chegaram a pedir informações ao próprio Zodíaco.

A pesquisa em torno dos homicidas em série se torna ainda mais árdua devido ao desserviço da mídia, de profissionais, criminólogos e escritores que insistem em pintar um quadro dantesco e muito caricato dos sujeitos por detrás de cada crime bárbaro. Procura-se a figura deturpada de um homicida caricato e alegórico, em detrimento do sujeito real.

Um homicida em série que não apresenta os rótulos característicos demora relativamente mais tempo para ser, enfim, capturado. Entre os casos famosos de pessoas que se favoreceram da invisibilidade causada pela ausência de estigmas temos: Unabomber, professor de Matemática, atuou mais de 17 anos de forma criminosa sem ser capturado. Ivan Milat, dedicado trabalhador e cidadão respeitável, durante décadas não levantou suspeitas. Theodore Bundy, casado, com boa aparência, chegou até a ser condecorado pelos seus bons serviços à comunidade. Jeffrey Dahmer, rapaz loiro, pacato e educado, foi denunciado algumas vezes por pessoas excluídas da sociedade (imigrantes, mulheres), sem sofrer investigações intensas (nesse período, chegou a ser abordado por policiais). Somente quando denunciado por um homem de 32 anos, ele foi finalmente capturado (BACILA, 2014).

Casais como Paul Bernardo e Karla Homolka também circularam durante muito tempo na sociedade com o verniz de casal belo, jovem e apaixonado. Pessoas de bem[72] e acima de qualquer suspeita. Paul, inclusive, teve a sorte de ter seu retrato falado engavetado por agentes, por acreditarem que não tinha o perfil de um homicida e estuprador em série (BACILA, 2014).

O que fica claro com os costumeiros exemplos citados é que grande parte dos homicidas em série, principalmente os mais prolíficos e organizados, era de pessoas aparentemente normais. Figuravam no ideário social como "pessoas de bem", além de defender valores conservadores, como família e religião. Inclusive, muitos homicidas em série, como Edmund Kemper, faziam da religião um estandarte.

Outro aspecto importante que podemos verificar entre os homicidas em série, além do conservadorismo, é a intolerância com valores não convencionais da sociedade, como a total aversão[73] à homossexualidade, o empoderamento da mulher ou a liberdade sexual. Ted Bundy, por exemplo, foi membro ativo do Partido Republicano americano e mantinha resoluções bem conservadoras a respeito da sociedade.

Ademais, homicidas em série, muitas vezes, costumam selecionar as vítimas entre pessoas vulneráveis e grupos minoritários, como homossexuais, mulheres, travestis etc. Ou seja, atacam vítimas que já sofrem com a exclusão da sociedade.

Tal conservadorismo não guarda relação com estrutura econômica, pois na União Soviética, por exemplo, tivemos Chikatilo, que era um cidadão soviético modelo, membro de um partido comunista, e assim escapou diversas vezes de investigações e inquirições (BACILA, 2014).

Bacila (2014, p. 255) lembra:

> Andrei Chikatilo foi investigado inúmeras vezes; até o retrato falado do criminoso era idêntico à sua fisionomia, mas quando se chegava perto dele tratava-se de um professor, branco, gentil, fala mansa, educado, casado e vivendo num tempo em que a polícia russa acreditava que serial killer era coisa de capitalismo e que numa sociedade comunista essas coisas não existiam.

Homicidas como John Gacy mantinham um verniz impoluto e de total intransigência diante de modos de vida não convencionais. Gacy, por vezes, repetia o discurso homofóbico do pai, que tanto o fez sofrer na infância. Considerado homem do ano e influente na sociedade, manteve uma vida modelo e uma família padrão, até ser descoberto. Dennis Rader seguiu o mesmo padrão, sendo considerado um cidadão pacato, e nunca despertou suspeitas, nem mesmo da esposa.

Grande parte dos homicidas, além de manter um conceito ilibado diante da comunidade, também guarda de si uma boa imagem, e culpa a própria sociedade por muitos de seus atos.

Desse modo, toda a construção de estigmas em torno dos homicidas seriais contribui apenas para a desinformação. As investigações devem se centrar no fato e não na imagem preconcebida do autor. Outro aspecto nocivo é a solidificação da dicotomia bem x mal, segundo a qual as pessoas, ao se colocarem do lado do bem, passam a justificar toda e qualquer ilegalidade daqueles que julgam ser do mal.

Mas quem é capaz de fazer esse juízo de valor? Quem são as pessoas de bem? Os homicidas em série deixam claro que não existe tal dicotomia, pelo contrário, a maioria desses assassinos compunha-se de pessoas acima de qualquer suspeita e respeitadas por grande parte da sociedade.

Por fim, o agir dicotômico e o pensar dualista partem de uma petulante certeza de que estamos acima em uma cadeia evolutiva, de que somos melhores ou mais pacíficos que outros sujeitos, de que somos normais e eles, monstros.

Mas será mesmo que estamos imunes ao comportamento violento? Será mesmo que apenas os homicidas em série ou outros criminosos são capazes de atos sádicos, cruéis e aterrorizantes? O comportamento violento é uma exclusividade de algumas pessoas ou é um fenômeno que pode atingir qualquer um, dependendo apenas de determinados elementos?

Nesse sentido, veremos se realmente existem pessoas imunes ou naturalmente boas, ou se determinadas situações podem modificar o comportamento do sujeito. Tal aspecto se torna importante para desmistificar o construto homicida em série e humanizar as investigações e pesquisas, partindo da preocupação com o sujeito e não com o rótulo adquirido.

Síndrome E

O neurologista Itzhak Fried, da Universidade da Califórnia, em Los Angeles, ao estudar grandes eventos relacionados a mortes em guerra, chacinas e homicidas em série, lançou uma importante pergunta a respeito da mente dos sujeitos que cometem crimes bárbaros (FRIED, 1997).

O cientista indagou: "Todos nós podemos nos transformar em assassinos sádicos em determinadas circunstâncias?".

Para obter a resposta, Fried recorreu à análise das guerras e dos efeitos que situações de extrema pressão psicológica têm sobre homens comuns. Entre os eventos pesquisados, destaque para situações em que pessoas aparentemente normais, com hábitos comuns e pacatos, passaram a cometer, justificar, apoiar ou endossar atos de extrema violência contra determinados sujeitos (inclusive vizinhos e amigos).

Entre essas situações que chamaram a atenção de Fried, podemos citar:

1. O massacre de quase um milhão e meio de armênios pelo governo otomano. Os armênios foram caçados, queimados vivos, estuprados, sodomizados e torturados durante dias e mortos com técnicas cruéis e sádicas. Soldados turcos, em sua maioria pessoas comuns, foram os responsáveis pela efetivação do extermínio armênio – indo, por vezes, além das ordens na tortura das vítimas. Ademais, a população turca foi conivente e quedou-se inerte perante o assassinato em massa dos armênios pelo estado otomano. É importante frisar que tal massacre ocorreu no início do século XX, mais precisamente em 1915. O governo turco reluta em aceitar o genocídio armênio, questionando inclusive o número de mortos (BRUNETEAU, 2004).

2. O Holocausto na Segunda Guerra Mundial. Foram seis milhões de pessoas mortas, em sua maioria judeus europeus e, secundariamente, sujeitos pertencentes à esfera minoritária da população, como homossexuais, ciganos, poloneses e comunistas. Esses homicídios foram perpetrados por soldados e outros funcionários alemães, considerados pessoas comuns, que igualmente cometeram torturas, estupros e ataques sádicos contra as vítimas.

3. No Camboja, tivemos o assassinato em massa de quase dois milhões de cambojanos e vietnamitas no final da década de 1970, com torturas, campos de concentração e outras crueldades voltadas a intelectuais, mulheres e crianças e todos aqueles que se opunham ao regime de governo do Khmer Vermelho. Pol Pot, líder do regime na época, não teria alcançado seu intento de exterminar supostos inimigos se não contasse com o auxílio de um exército sádico e funcionários competentes em aniquilar vidas humanas. Funcionários esses que, para economizar munição, matavam as vítimas a machadadas ou as enterravam vivas ao som de flauta (BRUNETEAU, 2004).

4. Em Ruanda, tivemos a morte de quase um milhão de pessoas, na década de 1990, com a prática de homicídio em massa por parte de uma etnia do país. Os hutus vitimaram a etnia tútsis e demais adversários políticos. Nessa guerra, vizinhos simplesmente mataram vizinhos, esposos assassinaram esposas – desde que

a vítima fosse um tútsi, tudo estava justificado. As mortes se deram em sua maioria com o uso de facões e machados. Grande parte das mulheres tútsis foram estupradas e escravizadas. Os hutus detinham meios de comunicação que espalhavam mensagens de ódio e incentivo para a população exterminar "as baratas", em referência aos tútsis. Toda a população, de certa forma, participou do genocídio. Empresários, pais de família, professores e até padres e líderes religiosos participaram das matanças e praticaram atos cruéis contra vítimas indefesas (BRUNETEAU, 2004).

Em seu estudo sobre essas situações extremas, Fried chegou à conclusão de que todos nós podemos cometer atos brutais. Nas guerras, homens normais matam, mutilam e torturam inimigos, e tais condutas não estão vinculadas necessariamente a ordens superiores ou a uma obrigatoriedade legal. Tal comportamento é recorrente em toda situação bélica.

Fried afirma que a crueldade é um ponto comum nas guerras; não é sempre que o soldado mata o inimigo por uma ordem direta de seu comandante, ou mesmo por um instinto de sobrevivência. Em várias situações, o soldado matou sem motivo aparente, ou com uma brutalidade sem nenhuma explicação manifesta.

Muitos homens comuns foram responsáveis por atos bárbaros e degradantes contra inimigos que não representavam perigo nenhum – prisioneiros de guerra, rendidos ou feridos. Nesse sentido, lembramos que alemães comuns e acima dos quarenta anos foram levados à Polônia no auge da guerra e lá se transformaram em homicidas prolíficos, e, quando lhes foi dada a escolha de não matar, poucos desistiram de tirar vidas alheias (BROWNING, 2001).

A explicação à qual vários psicólogos, psiquiatras e especialistas aderem é a de que situações extremas atuam como um desinibidor de condutas sádicas e moralmente reprováveis. Outros estudos demonstram que a farda, os óculos, a simbologia da farda levam a uma desumanização do outro, o que facilita a prática de atos cruéis, combinados com a falta de remorso (FRIED, 1997; ZIMBARDO, 2013).

No entanto, seguindo um caminho diferente, Fried publicou um artigo científico em que conclui de maneira diferente dos outros pensadores e pesquisadores. Para ele, os homens estudados (de 15 a 50 anos) sofrem de um mal ocasionado por uma superatividade nos córtex órbito-frontal e pré-frontal medial, que se produz por uma falha no desenvolvimento do córtex cerebral – a Síndrome E (FRIED, 1997).

Tal síndrome impediria a manifestação da emoção (isso se deve à hiperatividade em áreas específicas do córtex pré-frontal, com o consequente abrandamento da atividade da amígdala reguladora da emoção), dificultando ou impossibilitando a reflexão e o autoconhecimento. Assim, os portadores de tal disfunção seriam incapazes de analisar a crueldade dos próprios atos. Fried afirma que, nos batalhões da Alemanha nazista, apenas 20% dos soldados se recusaram a participar do extermínio de mulheres e crianças nos campos de batalha ou de concentração. Todos os demais não se opuseram a participar dos massacres, por vezes indo além do ordenado pelos comandantes.

Para Fried, os principais sintomas de tal síndrome seriam:

Perseverança: o sujeito não muda de ideia e não desiste, independentemente das situações adversas. Seu conceito sobre a situação está tão interiorizado que as mudanças de cenário não alteram sua certeza.

Ideologia: geralmente têm uma justificação para todos os seus atos. Fixam-se na necessidade de extirpar determinado grupo de pessoas pelo bem social.

Não afetivos: não demonstram afetividade e simpatia por ninguém, são frios e consideram suas ações lícitas.

Adaptação: o sujeito se adapta muito rápido à situação que está vivendo. A crueldade e a matança são rapidamente assimilados.

Tranquilidade: não demonstram alteração diante das dificuldades da vida cotidiana ou da efetivação de suas crueldades. Não se alteram entre o cometimento de um homicídio e o convívio com a família.

Excitação: os atos violentos produzem excitação, e quanto mais grave é o crime, maior é a excitação causada.

Dependência: são obedientes aos superiores e agem conforme seu hábitat. Geralmente não matam fora de uma situação bélica. Formam fortes vínculos com seus companheiros, e o contato com o grupo facilita a manifestação de sua crueldade (FRIED, 1997).

Portanto, fica claro que a teoria do neurologista Itzhak Fried fornece elementos para explicar e comprovar a possibilidade de pessoas comuns se tornarem homicidas brutais e desumanos, com base em explicações biológicas e neurológicas. No entanto, o que a teoria não revela é por que a maioria das pessoas vai optar pelo comportamento violento e cruel em situações extremas.

Nessa perspectiva, o psicólogo social Stephen Reicher, titular da Universidade de St. Andrews, na Escócia, adverte que o problema com a Síndrome E é que o estudo falha ao reforçar a dicotomia "nós" *versus* "eles". Reicher deixa claro que TODOS nós somos capazes de atos cruéis e homicidas (*apud* SPINNEY, 2015). Ressalta, ainda, que os valores coletivos são imperativos e determinantes de comportamentos violentos.

Caso abandonemos o aspecto dualista e determinista de Fried, podemos tirar interessantes conclusões de suas pesquisas, admitindo que tais situações de violência podem acometer quaisquer sujeitos, desde que estejam inseridos em contextos em que a vítima pode ser desumanizada, considerada mero objeto. Nesse sentido, existiria uma supressão da rede cognitivo-social ou, nas palavras de Fried, uma "fratura cognitiva" (FRIED, 1997).

A teoria de Fried acaba por consolidar a certeza de que, na verdade, todos somos passíveis de cometer atos violentos e não necessariamente sabemos a que ponto podemos chegar, até sermos confrontados com determinados gatilhos que vão nos distanciar da emoção em relação à vítima. Na Universidade de Michigan, o antropólogo Scott Atran corrobora a crítica ao questionar o mal patológico e endossar a importância do coletivo (SPINNEY, 2015).

Entre os neurocientistas que trabalham temas análogos ao da Síndrome E, destacamos que Julie Grèzes, da École Normale Supérieure, na França, deixa claro que, a despeito da divisão entre bem e mal feita por Fried, o que devemos destacar no estudo do comportamento violento é que o pertencimento do sujeito a um grupo pode ser determinante no modo como ele verá qualquer intruso ou desconhecido. A desumanização desse intruso se dá de maneira até imperceptível (SPINNEY, 2015).

Embora não concordemos com a rigidez da abordagem de Fried, é inegável que muitos pesquisadores hoje fazem uma interpretação restritiva de sua teoria e atribuem ao determinismo biológico e neurológico a causa principal da violência, como o francês François Lhermitte, que também diagnosticou problemas no lóbulo frontal de vários pacientes com compulsão e com ausência de remorso ou de reflexão crítica dos próprios atos. Lhermitte chamou tal disfunção de "síndrome da dependência ambiental" (LHERMITTE, 1986).

O que se pode concluir de todas as pesquisas relacionadas à Síndrome E é que, em determinadas circunstâncias, grande parte das pessoas relativamente normais, ao serem colocadas em situação de violência, vai optar por atos cruéis, sem ter nenhum histórico que indique isso. Ou seja, será impossível ao leitor ou mesmo ao escritor desta obra afirmar com certeza que não cometeria os atos brutais descritos por Fried ao longo de seus estudos.

Efeito Lúcifer

Mas a pergunta permanece: será que todos nós somos capazes de atitudes cruéis?

Para Fried, ficou demonstrado que aqueles que estão em situações beligerantes cometem atos brutais, que vão além das ordens de seus superiores. Nesse sentido, outras teorias tentam demonstrar que existe real possibilidade de toda e qualquer pessoa vir a cometer um ato brutal (independentemente de distúrbios neurais ou biológicos); entre elas, citamos aqui o estudo conhecido como "efeito Lúcifer".

Em relação a isso, Pontes e Brito (2014, p. 387) afirmam que o Experimento de Aprisionamento de Stanford (The Stanford Prison Experiment – SPE) é decisivamente um dos trabalhos de pesquisa mais amplamente conhecidos sobre a centralidade do comportamento humano para a compreensão da natureza do mal e da maldade.

Ao contrário da "Síndrome E", tal teoria não busca respostas no biodeterminismo neural ou nos lóbulos cerebrais do ser humano. O pesquisador Philip Zimbardo (1991; 2013) parte de uma experiência prática (com base na antropologia, na sociologia e principalmente na psicologia) para comprovar que sujeitos comuns, normais, de hábitos banais e pacíficos, podem rapidamente se tornar típicos e torpes criminosos.

Vale lembrar que Zimbardo, ao edificar sua teoria, também se voltou aos mesmos eventos apontados por Fried, como os massacres em Ruanda e o Holocausto. Além disso, cita outros episódios sangrentos de nossa história, como o massacre de My Lai, no Vietnã, as torturas perpetradas diariamente pelas polícias civil e militar no mundo, o abuso sexual de crianças por lideranças religiosas, entre outros eventos que democratizam a ideia de que o mal não é uma entidade estática que acomete determinadas pessoas. Pelo contrário, pode atingir a todos a qualquer momento (ZIMBARDO, 2013).

Resumidamente, o que o psicólogo americano nos traz é a certeza de que não existe uma relação binária (bem x mal) diante da interpretação das causas do comportamento violento e cruel. Pelo contrário, devemos ter consciência de que não estamos acima de condutas repreensíveis, e considerar algo ruim é, na verdade, um ponto de vista a partir das construções sociais e culturais a que estamos sujeitos.

Conforme Giseli Tobler (2016, p. 1):

> Segundo Zimbardo, não existe uma disposição distinta, na qual de um lado estão aquelas pessoas boas, sempre bem-intencionadas, e de outro os sujeitos de conduta forçosamente desviante. Em outras palavras, não há uma linha divisória entre sujeitos bons e maus, certos e errados, amáveis e odiáveis, cultos e imorais, santos e perversos, anjos e demônios.

Assim, o mal não passa de uma construção, algumas vezes simbólica, que tem total relação com a subjetividade do observador e com as circunstâncias e o local em que o sujeito está inserido. Zimbardo ilustra, em seu livro, a presença constante da dicotomia entre bem e mal dentro de cada um de nós e como as interpretações são relativas, a partir da imagem "Anjos e Demônios", do artista holandês M. C. Escher:

Nessa figura, como uma alegoria do que acontece dentro de cada sujeito, os demônios e os anjos se confundem e, dependendo da situação ou do observador, um e outro vão sobressair. Tal imagem pode ser interpretada também como uma alegoria psicanalítica, em que os morcegos seriam nosso inconsciente (ID), sempre pulsional e ávido por satisfazer o desejo imediato, e os anjos seriam nosso consciente (ego + superego), que tenta barrar os desejos desse ID arrebatador.

O mal como conhecemos é totalmente desconstruído pelas experiências de Zimbardo, pois o autor atenta para o fato de que nossas convicções são fruto da observação de nosso comportamento diante de situações cotidianas e familiares. No entanto, se formos submetidos a novas variáveis, teremos comportamentos distintos. Ou seja, a certeza que temos sobre nós mesmos se desfaz ao sermos confrontados com situações inéditas (ZIMBARDO, 2013).

Além disso, a certeza de haver um "abismo intransponível" entre as pessoas boas e as pessoas ruins traz um alívio ao sujeito, que se vê como imune à entidade materializada do mal, que não pode tocá-lo. O indivíduo goza de um conforto por acreditar que detém uma qualidade que as pessoas más não têm. E é esse conforto que leva à ausência de responsabilização por todo e qualquer ato (ZIMBARDO, 2013, p. 25).

Assim, no início da década de 1970, Zimbardo parte para experimentos que delineariam algumas das transformações a que o caráter humano está subordinado. O primeiro experimento relacionado ao psicólogo (e pouco abordado) ficou conhecido como "diário de um automóvel abandonado".

Nesse experimento, foram colocados dois automóveis abertos e com características evidentes de total abandono, em dois lugares economicamente distintos (cultural e socialmente também). Um automóvel foi colocado no Bronx, condado pobre e violento próximo de Nova York, e o outro em Palo Alto, pequena cidade da Califórnia, pacata e próspera.

Já no primeiro dia o carro colocado no Bronx foi alvo de vandalismo e teve subtraídos todos os seus itens; em poucas horas o veículo foi totalmente desmantelado. As câmeras descobriram que os autores dos ataques sistemáticos ao automóvel eram pessoas comuns, brancas, de boa aparência e adultos. Um perfil bem diferente das rotulações seletivas e racistas que o direito penal difunde. Em contrapartida, o veículo em Palo Alto permaneceu semanas sem ser tocado por nenhum cidadão, não sofreu nenhuma subtração, e a polícia ainda recebeu denúncias de que havia um automóvel abandonado, até os pesquisadores enfim retirarem o veículo do local (ZIMBARDO, 2005).

Desse experimento Zimbardo concluiu que, entre outros fatores, o anonimato também é um importante ingrediente para o comportamento delinquente. Esse anonimato é entendido como a ausência de eficácia social entre as pessoas, quando se percebe que os indivíduos à nossa volta simplesmente não nos veem ou não se importam. A partir desse momento, posso agir sem necessariamente me responsabilizar, pois a invisibilidade me autoriza. Ou seja, Zimbardo concluiu que o anonimato é um fator impulsionador do comportamento violento.

É importante destacar que a afirmação de Zimbardo em relação ao anonimato é facilmente identificável no século XXI, principalmente depois que o avanço da internet potencializou a violência de usuários da rede, que se mantêm anônimos atrás de um avatar, de um bloqueador de IP ou mesmo de uma conta falsa nas redes sociais mais comuns. Esses indivíduos, que virtualmente são virulentos e odiosos, costumam ter um verniz social na vida real.

Além disso, não havia diferenças biológicas nem de caráter entre as pessoas do Bronx ou de Palo Alto, apenas diferenças econômicas e principalmente sociais. Não há uma hierarquia de valores entre as duas comunidades, apenas distinções pontuais. As pessoas de Palo Alto não se comportaram distintamente por serem "boas", mas sim por viverem em um espaço mais organizado, com melhor eficácia social, havendo menos rotatividade e circulação de pessoas, com incidência maior de controle social difuso etc. O experimento de Zimbardo corroborou a teoria criminológica chamada "janelas quebradas" (*broken windows*) (ZIMBARDO, 2005).

Lembramos que a teoria das "janelas quebradas" considera que a queda na qualidade de vida dos cidadãos está diretamente ligada com a desordem e a criminalidade do meio em que estão inseridos. Desse modo, pequenas alterações na ecologia urbana, como uma simples janela quebrada, deveria ser combatida e solucionada, a fim de evitar a perda da eficácia social devido à desordem urbana. Essa teoria de viés social e que tem como prioridade o *locus* urbano se amalgamou com a teoria da tolerância zero, que marcou a repressão de toda transgressão, mesmo que mínima, na década de 1980[74] (WILSON; KELLING, 1982).

As situações de embate entre universitários na época, os confrontos violentos com a polícia, assim como os já citados acontecimentos no Camboja, levaram Zimbardo a ir além em suas pesquisas e decidir analisar aqueles cidadãos que não haviam subtraído nada no experimento do automóvel abandonado. A pesquisa sobre o comportamento humano estaria focada em jovens da Califórnia, brancos e de classe média.

O experimento cujo resultado hoje é chamado de "efeito Lúcifer" começou com um anúncio no jornal, na tentativa de recrutar 24 jovens para uma experiência que simularia o ambiente prisional. Cada voluntário receberia 15 dólares por dia em duas semanas. Mais de setenta jovens responderam ao anúncio e, destes, foram selecionados os 24. Na seleção optou-se por pessoas saudáveis, sem passagens pela polícia, aparentemente comuns, sem distúrbios graves e sem antecedentes violentos (ZIMBARDO, 2013).

Uma vez escolhidos, foram divididos em dois grupos, de forma totalmente aleatória. Não houve nenhum direcionamento por personalidade ou escolha por parte dos candidatos. Um grupo representaria a força policial (o efetivo de uma prisão), enquanto o outro grupo faria o papel dos presos. Algumas salas comuns da faculdade de Stanford foram transformadas em celas para o experimento, e Zimbardo representaria o superintendente dessa penitenciária (ZIMBARDO, 2013).

Para dar realismo ao experimento, os jovens selecionados foram surpreendidos em suas próprias casas pela polícia. Alguns parentes e amigos ficaram atônitos, as sirenes e as luzes chamaram a atenção de vizinhos e uma pequena multidão se aglomerava na frente das casas em que as prisões eram feitas (ZIMBARDO, 2013).

Os jovens ainda foram levados à delegacia, e tudo foi devidamente televisionado. Os rapazes foram transportados vendados e, uma vez nas dependências de Stanford, foram distribuídos uniformes aos presos, os quais foram destituídos de todos os seus pertences e de seus verdadeiros nomes (eram chamados apenas por números), além de ficarem presos também por correntes nos pés. Iniciou-se então uma série de rituais de degradação. Os prisioneiros ficaram nus, foram pulverizados com talco e tiveram a cabeça coberta com meias de náilon (ZIMBARDO, 2013).

Já os guardas tinham uniformes, botas, cassetetes, óculos escuros, e logo de início zombaram dos presos e os molestaram, sem nenhum incentivo por parte da equipe de pesquisa. Quase que automaticamente, os guardas começaram a exibir gratuitamente sua autoridade e adotar posturas ameaçadoras (ZIMBARDO, 2013).

Zimbardo, antes de iniciar o experimento, alertou os guardas de que eles poderiam criar nos prisioneiros a sensação de tédio, estimular a impressão de que suas vidas eram controladas e de que não existiria privacidade naquela prisão. Além disso, foram autorizados a criar um ambiente em que as individualidades dos presos fossem retiradas, levando-os a se sentir impotentes, para que somente os guardas fossem os detentores do poder (ZIMBARDO, 2013).

Na verdade, o experimento de Stanford era condicionado a 17 regras, que foram devidamente lidas aos presos. Entre essas regras, destacamos: 1. Os prisioneiros devem ficar em silêncio durante os períodos de descanso, após o apagar das luzes, durante as refeições, e sempre que estiverem fora do pátio da prisão [...] 6. Os prisioneiros não podem operar a iluminação das celas. [...] 8. Os prisioneiros devem sempre se dirigir aos guardas como "Sr. agente penitenciário" e ao diretor como "Sr. chefe penitenciário". 9. Os prisioneiros nunca podem se referir à sua condição como "experimento" ou "simulação". Eles estão encarcerados até a liberdade condicional. [...] 15. Os prisioneiros devem sempre obedecer a todas as ordens expedidas pelos guardas. Uma ordem do guarda substitui qualquer ordem escrita. Uma ordem do diretor substitui tanto a ordem do guarda quanto as ordens escritas. As ordens do superintendente da prisão são supremas. [...] 17. A falha em obedecer a qualquer uma das regras acima resultará em punição (ZIMBARDO, 2013, p. 76-77).

Daí em diante, o que se viu foi um empoderamento cada dia maior dos guardas e um embrutecimento na maneira de tratar os presos. No caso dos guardas, a mudança de comportamento foi verificada de maneira instantânea, a partir do momento que tiveram contato com os presos e poder sobre eles.

No caso dos presos, a sujeição às normas e à internalização do papel de vulnerável diante da autoridade dos guardas não foi instantânea, mas construída ao longo do primeiro dia. Devemos ponderar que, ainda que um dos presos tenha relutado em razão dos desmandos, por outro lado não houve entre os guardas alguém que tenha se oposto de maneira significativa à violência perpetrada.

O experimento, que foi projetado para durar duas semanas, teve que ser cancelado em seis dias, devido à violência, às agressões, aos abusos e à brutalidade excessiva que acometeu todos os policiais, assim como devido à rendição e à passividade de quase todos os detentos.

O crescimento da violência foi vertiginoso e se deu em poucas horas de experimento. Apesar dos alertas de Zimbardo sobre a proibição de ferir os presos, os voluntários praticaram em seis dias vários tipos de tortura, e chegaram até mesmo a criar uma espécie de solitária em um armário.

Vale ressaltar:

> À época, o estudo chocou as comunidades acadêmicas, trazendo à tona dilemas éticos sobre os limites da pesquisa com seres humanos, ainda que outros experimentos tão controversos quanto este, por exemplo, o estudo famoso sobre obediência à autoridade de Stanley Milgram, também estivessem sendo realizados ao mesmo tempo e com resultados também chocantes (PONTES; BRITO, 2012, p. 388).

Os voluntários policiais (antes meninos comuns de classe média, sem histórico de violência) se tornaram sádicos, cruéis e desumanos com aqueles que semanas antes eram seus colegas de faculdade. Ao conviverem com o micropoder dado pela farda e pela posição que ocupavam, mudaram totalmente a maneira de ser e passaram a abusar do direito que lhes foi dado. A violência pode aflorar sem nenhum sentimento de responsabilização pela vítima.

Os presos tiveram sua liberdade ainda mais restringida, saídas foram proibidas, as necessidades fisiológicas eram feitas na cela e os colchões foram retirados. Alguns presos foram obrigados a andar nus, outro foi trancado em uma "solitária" por recusar a comida fornecida. Em menos de dois dias um preso teve um colapso nervoso, devido aos maus-tratos e à tortura (no total, cinco presos entraram em colapso). Os prisioneiros não se rebelaram e não optaram por deixar a experiência (o que seria totalmente permitido, em se tratando de um experimento acadêmico; eles apenas perderiam a remuneração pelos dias de confinamento). Todos agiram com passividade em face dos abusos e ordens.

Zimbardo, que observou passivamente grande parte dos fatos, ao fim do experimento concluiu que a violência e a maldade estão relacionadas diretamente com o poder. Tal experimento, pois, deixou claro o que pessoas comuns podem fazer se colocadas em determinadas situações.

Segundo Giseli Tobler (2016, p. 1), "Philip Zimbardo nos oferece a possibilidade de compreender a transformação do sujeito bom, respeitado, gentil e generoso em alguém violento, cruel, tirânico e desumano". O experimento de Stanford representa uma ferida narcísica na dicotomia bem *versus* mal, ao mostrar que não existem "maças podres", mas sim um "barril podre".

De acordo com Pontes e Brito (2012, p. 388):

> Segundo a teoria esboçada em *The Lucifer Effect*, a emergência de ações malignas perpetradas por indivíduos racionais, sadios e conscientes de desempenhar um papel que lhes foi prescrito deve ser compreendida a partir de um conjunto de fatores estruturais determinantes que definem através de sua força persuasiva as ações de cada indivíduo inserido nessa situação específica. As ações individuais são consideradas fruto de um contexto situacional extremo, onde tanto fatores ambientais imediatos quanto elementos psicológicos desembocam numa ação maligna inesperada.

Philip Zimbardo, em seu livro, abordou os sete processos sociais que podem levar uma pessoa a alterar seu estado mental, sua personalidade e seu caráter. São eles:

Primeiro passo: para Zimbardo, o processo se inicia com um primeiro passo não racionalizado pelo agente. Um ato insignificante, que desencadeará os próximos. Um pequeno abuso, sem a necessária autoanálise e autocrítica do agente, abre a oportunidade para uma escalada de violência, agressão e excesso.

Desumanização do outro: ou coisificação do outro. Aqui a vítima perde sua identidade como sujeito e principalmente como semelhante. Despersonaliza-se a vítima, tornando-a apenas um número, sem identidade, história ou subjetividade. Em Stanford, os presos eram chamados por números. Isso cria o primeiro estágio do distanciamento entre vítima e autor, que vai permitir toda espécie de agressão, sem remorso nem consciência do ato.

Desumanização de si mesmo: o anonimato é encorajador, o sujeito se esconde atrás da multidão e não interpreta o ato brutal como sendo seu. Os óculos e as roupas dos censores favorecem a não responsabilização pelo ato, funcionando simbolicamente. Aqui o sujeito não se reconhece como um indivíduo único, mas sim como parte de um todo. Ademais, sua vestimenta característica e alegórica tem grande impacto, pois, ao retirar a roupa depois do trabalho, o sujeito se despe também do personagem cruel que protagonizava na prisão.

Diluição da responsabilidade pessoal: na verdade, esse item deve integrar o anterior. É a consequência da própria desumanização e do fortalecimento do grupo em que o sujeito está inserido, que redireciona a sua própria culpa para o grupo.

Submissão à autoridade: a autoridade integra o processo de desumanização e diluição da culpa. Ao cumprir as ordens da autoridade, eu me isento da responsabilidade. Seguir a autoridade é a opção mais fácil e cômoda.

Passividade diante das normas do grupo: embora exista a possibilidade de negar a ordem, o sujeito prefere segui-la. Na verdade, é uma escolha pessoal, mas futuramente seu inconsciente vai atribuir as atitudes de violência apenas à autoridade. É simbólica a adesão ao grupo. Traz segurança e dilui a culpa.

Passividade e indiferença à maldade: último estágio do processo social que leva uma pessoa comum a cometer atos bárbaros, segundo Zimbardo. Aqui, o indivíduo que não se reconhece e não se responsabiliza por seus atos comete atos brutais sem remorso. O outro passa a ser apenas um objeto sem valor, e a atitude do algoz encontra justificativa. Depois do ato, não há uma autorresponsabilização.

Zimbardo (2013, p. 300) responde à pergunta "Será que todos nós somos capazes de atitudes cruéis?" da seguinte forma:

> Qualquer ato que tenha sido cometido por um ser humano, não importa quão terrível, pode ser cometido por qualquer um de nós – sob circunstâncias certas ou erradas. Esse conhecimento não desculpa o mal; antes, ele o democratiza, compartilhando sua culpa entre atores comuns, em vez de declará-lo esfera de ação de alguns desviados e déspostas – deles, mas não de nós.

Assim, a situação e múltiplos fatores podem levar qualquer um a atos impensáveis, e ninguém está imune a comportamentos violentos. Ademais, o psicólogo social de Stanford afirma, ainda, que o fenômeno da compartimentalização acaba por retirar do sujeito a noção de responsabilidade, pois anula toda a carga afetiva relacionada ao ato e se traduz em uma defesa eficaz do ego. Podemos resumir o processo relativo ao efeito Lúcifer da seguinte maneira: **1.** Um passo relativamente fácil, com obediência às regras e adesão às normas do grupo. **2.** A desumanização do outro (do diferente ou do grupo minoritário). **3.** Desumanização de si mesmo, com uma falsa imagem do que realmente é. **4.** Pulverização da culpa e o desaparecimento da responsabilidade individual. **5.** Tolerância às torturas e à violência do outro; **6.** Prática reiterada de atos cruéis.

Embora o efeito Lúcifer gravite em torno do sistema prisional, a teoria de Philip Zimbardo vai muito além das consequências do cárcere. A teoria de Stanford trata do poder e de como ele se relaciona com o comportamento violento, de como uma relação de desequilíbrio de forças entre sujeitos pode levar a atos cruéis por parte de quem detém a mínima autoridade ou domínio.

Enfim, com o efeito Lúcifer fica claro que o poder, a estrutura social ou de trabalho, as situações fáticas, o sistema, o ambiente em que estamos inseridos e as pressões a que estamos sujeitos podem transformar qualquer comportamento e influir qualquer conduta.

No entanto, é importante frisar que a teoria de Zimbardo sofre algumas críticas em seu aspecto estrutural; entre elas, é salutar a visão de Pontes e Brito, que afirmam ter o efeito Lúcifer "dois problemas centrais": primeiramente, "tudo ocorre como que num vácuo, sem nenhuma possibilidade de interferência entre a determinação estrutural da situação e a ação individual" (PONTES; BRITO, 2014, p. 388).

E, em um segundo momento, as autoras (2014, p. 388) afirmam que, apesar do experimento de Zimbardo realmente se mostrar distinto das demais teorias,

> [...] que consideram a ação maligna como traço de uma personalidade mal ajustada [...] **ela ainda falha** por não enxergar um contexto histórico mais abrangente, que produz não uma força situacional determinante das ações de personalidades arrefecidas pela falta de controle da própria situação, mas um sistema historicamente informado, como apontado por Erich Fromm, que gera um tipo de mecanismo de fuga baseado numa lógica estrutural que define tipos ideais de caráter social, adequados a seu tempo[75].

Vale ressaltar que a partir de 2018 o efeito Lúcifer começou a ser questionado, principalmente pelo blogueiro Ben Blum, que partiu de declarações de participantes do evento e também de gravações da experiência para recriminar as metodologias praticadas à época. Juntamente com essas críticas, ainda em 2018 o economista Le Texier (2018) também apresentou sérias censuras à pesquisa do psicólogo Zimbardo.

Uma das principais afirmações desses pesquisadores refere-se ao fato de que os carcereiros não agiram de maneira espontânea, mas foram orientados a ser violentos. Além disso, apontam que os carcereiros se reuniram antes com Zimbardo e receberam uma lista de condutas (o que desconfiguraria o experimento), parte delas retirada de um estudo análogo feito meses antes pelo auxiliar de Zimbardo, David Jaffe.

Blum acrescenta ainda que nenhuma pesquisa posterior pôde comprovar as afirmações de Zimbardo (citando inclusive um experimento feito para a TV). Nesse aspecto, devemos observar que é inegável que os parâmetros científicos da atualidade impedem que o experimento original (feito nos anos 1970) seja efetivamente repetido em todos os seus pontos.

Blum esqueceu-se de citar uma pesquisa australiana que se inspirou em grande parte na experiência prisional de Stanford, chegando a conclusões muito próximas às do experimento original, inclusive relativas à violência perpetrada pelos guardas (LOVIBOND; MITHIRAN; ADAMS, 1979).

Zimbardo se manifestou publicamente sobre cada uma das críticas recebidas e apresentou uma série de argumentos, visando desconstruir principalmente as afirmações de Blum. Entre os argumentos do pesquisador de Stanford, o que mais se destaca é sua afirmação de que houve realmente um pedido para que alguns guardas fossem mais duros, uma vez que não estavam levando o experimento a sério.

A comunidade acadêmica, em grande parte, se manifestou no sentido de que, mesmo com as críticas ao experimento de Zimbardo, ele não perde seu valor, em face da importância que tem, por traçar uma série de reflexões a respeito do comportamento violento e as relações de poder[76].

Para compreender o efeito Lúcifer e todo o processo que ocorreu em Stanford, indicamos três filmes: *O Experimento de Aprisionamento de Stanford* (2015), com Billy Crudup, Ezra Miller, Michael Angarano. Direção de Kyle Patrick Alvarez. *A experiência* (2010), com Moritz Bleibtreu, Edgar Selge, Justus von Dohnanyi. Direção de Oliver Hirschbiegel. *The Experiment* (2010), com Adrien Brody, Forest Whitaker, Cam Gigandet. Direção de Paul T. Scheuring.

O experimento de Milgram

Embora o poder seja uma variante importante no comportamento violento, ela não é a única, como podemos perceber pelo experimento de Stanford. O psicólogo Milgram também contribuiu com a desconstrução do pensamento binário de bem x mal, comprovando que a maioria das pessoas poderia ter comportamento violento e cruel em determinadas situações.

A situação apresentada por Milgram abordou a questão da obediência e como a figura de uma autoridade pode agir como inibidor de responsabilidade por atos brutais ou torturas. Embora simples, a experiência de Stanley Milgram comprovou que todos somos capazes de atos cruéis (BLASS, 1991; MILGRAM, 1978).

O experimento, feito quase uma década antes das experiências de Zimbardo, partia de um convite publicado em um jornal para que cidadãos comuns participassem de uma pesquisa relacionada a memória e aprendizado. Para participar do evento, o indivíduo receberia quatro dólares por hora de seu tempo.

A pesquisa foi feita na Universidade de Yale e consistia em dividir os voluntários entre "professores" e "alunos". O professor deveria dar ao aluno uma série de pares de palavras para memorizar. Durante o exercício, o professor daria a palavra-chave e o aluno deveria fazer a associação certa, de acordo com o que havia memorizado.

Se desse a resposta certa, o aluno deveria ser elogiado pelo professor. Caso respondesse errado, o professor deveria puxar uma pequena alavanca para produzir choques no aluno. Devemos ressaltar que, no momento do exercício, professor e aluno ficavam em ambientes distintos, de maneira que não se viam, apenas se ouviam. E o professor tinha à sua frente trinta interruptores para aplicar o choque a cada resposta incorreta, os quais variavam de 15 volts a 450 volts (BLASS, 1991; MILGRAM, 1978).

Na verdade, o sorteio que definia quem seria o professor e quem seria o aluno era falso – o voluntário que levaria o choque era sempre um cúmplice do pesquisador e sabia do objetivo da pesquisa. Quando este era direcionado para a sala de respostas, não sofria nenhum dano. Mas o voluntário "professor" não sabia desse detalhe e, durante o experimento, não só ouvia as respostas do aluno, como também ouvia suas reclamações de dor e súplicas e seus pedidos para suspender o experimento.

Quando "professor" e "aluno" se posicionam devidamente em suas salas, o pesquisador se coloca atrás do voluntário "professor" e dá a ordem para iniciar o estudo sobre o "aprimoramento de memória", alternando conselhos e ordens ao voluntário (ZIMBARDO, 2013).

No início, o "aluno" vai bem, respondendo às perguntas com exatidão, no entanto, a partir de um momento, começa a errar e, consequentemente, a levar choques. Daí se seguem gritos e reclamações. O voluntário "professor", ao hesitar em continuar, ouve do pesquisador que ele deve continuar, que ele não tem escolha, pois é uma pesquisa.

As reclamações do suposto aluno são gravadas e vão de simples interjeições a pedidos desesperados para que cessem os choques, recusas em continuar e alegação de problemas cardíacos. O interessante é que, a partir de certos níveis, não há mais resposta do "aluno" (ou seja, nesse momento o voluntário que dá os choques nem sabe se o "aluno" está consciente ou vivo), e o pesquisador manda prosseguir, pois a ausência de resposta deve ser considerada uma resposta incorreta, e os choques devem seguir até os 450 volts.

Desse modo, podemos resumir a pesquisa de Milgram como sendo um experimento para verificar até que ponto uma pessoa é capaz de infligir sofrimento a outra, até que ponto uma pessoa é capaz de perpetrar choques a outro indivíduo somente por receber indicações de um pesquisador. E, por fim, quantas pessoas são capazes de ouvir o pedido de socorro dos voluntários "alunos" e continuar assim mesmo dando os choques, inclusive depois do silêncio do colega de experimento.

Antes da pesquisa, Stanley Milgram solicitou a alguns profissionais da psiquiatria que apontassem quantos por cento dos indivíduos pesquisados eles supunham que chegariam até os 450 volts, ou seja, apertariam todos os trinta interruptores, mesmo após o silêncio do voluntário "aluno". A maior parte dos psiquiatras afirmou que somente os totalmente sádicos chegariam ao fim. Eles acreditavam que apenas 1% chegaria a apertar os trinta interruptores (ZIMBARDO, 2013). Antes do experimento, muitos pensaram que ninguém seria tão cruel para apertar trinta interruptores, aplicando choques a outro ser humano, apenas porque estava em uma pesquisa voluntária.

No entanto, a pesquisa original demonstrou que 65% das pessoas chegaram ao 30º interruptor. A maioria das pessoas optou por eletrocutar o suposto voluntário várias e várias vezes. Além disso, **TODOS** os voluntários que chegaram aos 330 volts (momento em que o "aluno" não tem mais reação e fica em silêncio) continuaram até os 450 volts. Nesse momento, o pesquisador solicitava que o "professor" continuasse e dizia que não havia com que se preocupar, pois ele, o pesquisador, arcaria com toda a responsabilidade da pesquisa (ZIMBARDO, 2013).

Stanley Milgram realizou quase duas dezenas de diferentes pesquisas nesse sentido, modificando as variáveis e situações. Em todas elas, o número de pessoas que chegavam ao último grau de choque sempre foi preocupantemente alto. Inclusive, caso houvesse outro voluntário que obedecesse à ordem cruel e nociva, a obediência desse segundo voluntário chegava a 92%. Se a ordem do choque viesse por telefone, o número de pessoas que chegavam aos 450 volts despencava para 20%.

Giseli Tobler (2016, p. 1) assegura:

> A resposta para o imenso equívoco dos psiquiatras deveu-se ao fato de que quando estimaram a porcentagem, suprimiram o poder das circunstâncias, fixando-se apenas nas características comportamentais inerentes a cada indivíduo. Ainda que os participantes reclamassem sentindo-se desconfortáveis naquela situação, não conseguiam visualizar uma saída diante da autoridade inabalável de seu supervisor.

O mais impactante em relação ao experimento sobre obediência de Milgram se refere ao fato de que, mesmo replicado anos depois por outros pesquisadores ou por emissoras de TV, os resultados sempre ultrapassaram os 65%.

Zimbardo (2013, p. 385) destaca que um dos principais aspectos da pesquisa feita na Universidade de Yale foi oferecer uma ideologia para a defesa do ato, pois, ao criar uma justificativa para atos violentos, nós acabamos por considerá-los necessários. A questão da ideologia, hoje, pode ser vista em qualquer espaço urbano, a abonar qualquer ato de violência ou intolerância.

A própria ideia de "segurança nacional" muitas vezes serve para aniquilar opositores políticos. Quanto mais os cidadãos se convencem de uma ameaça, mais facilmente autorizam a suspensão de suas liberdades, em nome da pretensa segurança. E para conquistá-la não importa se vão aniquilar alguém, desde que seja vulnerável ou que faça parte de uma minoria (Zimbardo, 2013, p. 385).

Na verdade, de maneira inconsciente, os sujeitos parecem estar à procura de uma desculpa para cometer atos violentos e satisfazer suas pulsões mais obscuras. A maldade parece estar à espreita de cada um, aguardando uma hesitação do sujeito quanto aos seus valores (ou superego).

Desse modo, Milgram reforça também o fato de que não somos imunes a comportamentos cruéis e atitudes atrozes. O que nos separa de homicidas sádicos são, em grande parte, as circunstâncias e a situação em que estamos inseridos. A dicotomia bem *versus* mal, mais uma vez, não é suficiente para abarcar os resultados desse experimento, que deixa claro que o comportamento violento não é inerente a nenhum sujeito predeterminado. Todos nós podemos cometer atos cruéis.

Em suas pesquisas, Stanley Milgram foi motivado pelo desejo de compreender como pacatos cidadãos alemães foram capazes de se envolver em milhares de mortes brutais de conhecidos e ex-vizinhos apenas porque estes eram judeus (ZIMBARDO, 2013).

Para compreender Milgram e seus experimentos, indicamos: *O Experimento de Milgram (Experimenter)* – 2015, com Peter Sarsgaard, Winona Ryder, Jim Gaffigan. Direção de Michael Almereyda.

A Onda

A resposta de Milgram, como vimos, já nos comprovava que o comportamento violento e até mesmo sádico podia se manifestar em qualquer cidadão. Mas, no final da década de 1960, também na Califórnia, um experimento chamado a "Terceira Onda" acabou por corroborar a ideia de que pessoas comuns são capazes de qualquer ato.

Tal experimento colocou à prova uma das maiores certezas do senso comum. Em uma sala de aula, mais precisamente nas classes de História, um professor comprovou que o comportamento violento em massa não foi um evento isolado que ocorreu na Alemanha nazista (JONES, 1991).

O senso comum parte da ilusória certeza de que somos, de uma maneira geral, pacatos e de que o comportamento bárbaro é fato isolado e atribuível a alguns sujeitos. Nesse sentido, tende-se a pensar que o nazismo foi um fenômeno incomum e que a complacência e a omissão de grande parte dos alemães diante das mortes e prisões de judeus seria um acontecimento raro. No entanto, Ron Jones (1991) acabou por comprovar o contrário em um experimento não oficial e não planejado.

Tudo se iniciou em uma de suas aulas, em estudos relativos à Alemanha nazista, quando o professor foi interpelado quanto à passividade dos alemães (principalmente os não filiados ao partido nacional socialista) diante da carnificina que se concretizava. Por que pessoas comuns – ferroviários, médicos, advogados – afirmavam não conhecer os campos de concentração ou nada faziam para questionar sua existência? (JONES, 1991).

Como Jones não tinha resposta para tal pergunta, ele preferiu simular para os alunos alguns aspectos da experiência alemã. A ideia inicial se resumia apenas a uma mera interpretação de papéis. Em um primeiro momento, Jones apresentou as regras. E partiu do princípio da "força através da disciplina". Limitou as respostas dos alunos e exigiu ser chamado de "senhor", entre outras regras mínimas de controle (JONES, 1991).

A partir do primeiro dia, a sala, de maneira surpreendente, acatou suas ordens. A classe se tornou rapidamente homogênea, uma vez que Jones retirou o protagonismo dos alunos mais inteligentes ou astutos. Após esse início, o professor nomeou o movimento da classe como "Terceira Onda" e empoderou os alunos mais relapsos e os fisicamente mais fortes. Somou as ideias **de força através da comunidade** e **força através da ação** (JONES, 1991).

Cartazes foram feitos e distribuídos pela escola, e os participantes da "Terceira Onda" foram incentivados a delatar os amigos que não cumprissem as normas rígidas do grupo. Os alunos mais notáveis de antes passaram a ser perseguidos, e o pequeno grupo que começou na sala de aula já contava com centenas de estudantes ávidos por caçar e aniquilar opiniões dissonantes do discurso da força (JONES, 1991).

Em poucos dias a violência saiu do controle, com ataques e brigas perpetrados pelos seguidores da "Terceira Onda". Alunos até então pacíficos se tornaram violentos e algozes de seus próprios colegas de classe. Ron Jones, ao perceber que o experimento estava saindo do controle, marcou uma grande reunião, em que apresentaria um candidato nacional que representaria os anseios da "Terceira Onda" no âmbito político (JONES, 1991).

Os alunos, então, se reuniram, uniformizados e disciplinados, no ginásio da escola Cubberley, aguardando aquele que iria representar os seus anseios totalitários. O desejo era ver um líder que ratificasse todo o totalitarismo da "Terceira Onda". No entanto, todos foram surpreendidos quando Jones projetou no telão a figura de Hitler em um de seus discursos (JONES, 1991).

Os alunos, atônitos, olhavam incrédulos para o líder nazista, e Jones falou: "Todos precisam aceitar a culpa – ninguém pode declarar que não tomou parte, de alguma forma" (ZIMBARDO, 2013, p. 396). Um detalhe importante descrito por Jones: ninguém dos quase duzentos alunos que aderiram aos ideais fascistas admitiu, posteriormente, que havia participado da "Terceira Onda".

A interpretação que podemos fazer sobre o experimento de Jones é que todos nós estamos a um passo de aderir a ideais violentos e que estamos propensos a ser impetuosos na defesa desses ideais, desde que nosso grupo seja favorecido. Nesse sentido, a violência é algo que pode se manifestar em qualquer um de nós.

A violência e brutalidade das massas não é um evento isolado do nazismo ou do fascismo italiano, mas sim algo real, atual e presente. Os ingredientes utilizados na "Terceira Onda" podem ser facilmente repetidos: adesão ao grupo combinada com uma perda da individualidade, uma autoridade (personificada ou não) que retira a sensação de responsabilidade (ausência de sensação de responsabilidade), seguida do vazio do pensamento (a incapacidade de criticar o próprio comportamento). A esses pontos chamamos de imperativos situacionais para a maldade e a violência.

Somemos a isso a intolerância ao diferente (minorias), juntamente com a identificação messiânica com o bem, e temos uma fonte inesgotável de possibilidades violentas, em que o sujeito nunca sentirá culpa ou remorso, pelo contrário, terá a sensação de estar ao lado "dos bons".

Para compreender a Terceira Onda e todo o processo que ocorreu na turma de Jones, indicamos dois filmes: *A Onda* (1981), com Bruce Davison, Lori Lethin, John Putch. Direção de Alex Grasshoff. *A Onda* (2008), com Jürgen Vogel, Frederick Lau, Max Riemelt. Direção de Dennis Gansel.

Os olhos azuis

Em Iowa, nos Estados Unidos, uma professora do ensino fundamental e socióloga, Jane Elliott, colocou em prática um experimento sobre fraternidade em uma turma de maioria branca. A experiência partiu do simples fato de fazer, inicialmente, com que os meninos de olhos azuis fossem considerados superiores em relação aos demais. Em pouco tempo, as crianças de olhos azuis se negaram a brincar com as outras, começaram a perseguir os amigos e brigas entre os alunos não tardaram a acontecer (ZIMBARDO, 2013).

Não satisfeita, Elliot inverteu o experimento e trouxe "comprovações" de que agora eram os meninos de olhos castanhos os bons e deveriam ser tratados com destaque. Isso gerou mais violência e brigas entre as crianças que semanas antes eram totalmente dóceis e amigáveis. Em questão de dias, Elliot percebeu que seus alunos haviam mudado completamente de personalidade. Antes serenos e amigos, os meninos se tornaram maliciosos, mentirosos e violentos, tudo para defender sua suposta superioridade. O comportamento variava de acordo com a posição que essas crianças ocupavam na classe (ZIMBARDO, 2013).

A "Terceira Onda" de Jones comprovou que pacatos adolescentes podem se tornar violentos e impetuosos. Já Elliot demonstrou que até mesmo crianças podem se tornar cruéis e maliciosas, somente dependendo de imperativos situacionais. O mal (como conceito abstrato e estigmatizante) é mais abrangente do que podemos julgar.

Para entender o experimento de Elliot, indicamos: *Uma turma dividida* (*A class divided*), 1985 – documentário. Disponível no YouTube. *Olhos azuis* (*Blue eyed*), 1996 – documentário. Disponível no YouTube.

A banalidade do mal

Corroborando a tese de que a dicotomia bem x mal pode ser considerada, em alguns aspectos, uma construção alegórica a partir do olhar do observador, podemos apontar o conceito da "banalidade do mal" desenvolvido pela filósofa Hannah Arendt como uma possibilidade de interpretar os experimentos relativos à maldade como uma edificação social possível a qualquer sujeito na sociedade.

Na década de 1960, Arendt publicou um livro chamado *Eichmann em Jerusalém: um relato sobre a banalidade do mal* (1999). De origem judaica, a filósofa relatou os julgamentos de guerra relacionados a Eichmann, um proeminente funcionário nazista, responsável pela morte de um sem-número de judeus.

Esse poderia ter sido apenas mais um julgamento de crimes de guerra relacionados ao exército alemão e ao Terceiro Reich, mas acabou por edificar a teoria da banalidade do mal a partir do depoimento de Eichmann, que surpreendeu grande parte das pessoas por sua total falta de empatia pelas vítimas (ARENDT, 1999).

Eichmann não só admitiu as mortes como também se lembrava de vários detalhes, e descreveu o que se passou com ele ao longo dos anos em que serviu o governo alemão. O que chamava a atenção é que esse funcionário, descrito como zeloso e cordial por amigos e vizinhos, não parecia sentir nenhum remorso ou peso na consciência por ter sido diretamente responsável pela morte de milhões de judeus.

Pelo contrário, em depoimento, deixou claro que somente se preocupava e se recriminava caso deixasse de cumprir o que lhe era ordenado. Psiquiatras não conseguiram atestar nenhuma doença ou transtorno no funcionário nazista; parecia um homem comum e de hábitos banais (ZIMBARDO, 2013).

Para Arendt (1999), o mais assustador era exatamente o fato de Eichmann ser um cidadão modelo, esforçado e diligente. Não era um pervertido sádico, mas sim um homem de família. Para a filósofa, ele representava um tipo novo de criminoso, aquele que não interpreta a sua atitude como incorreta, devido às circunstâncias em que está inserido.

A análise filosófica de Arendt acaba por negar de forma incontroversa a orientação de que os crimes são perpetrados por sujeitos com traços determinantes ou determináveis, tiranos e impiedosos. De maneira diversa, o crime ocorre por forças sociais, que levam qualquer pessoa normal a cometer os mais sórdidos e terríveis crimes (ZIMBARDO, 2013).

Caso a guerra não tivesse ocorrido, fatalmente Eichmann teria passado pela vida de maneira anônima, sem ter cometido grandes ações criminosas, e morreria pacatamente, como um homem comum e bom.

No entanto, a situação bélica fez com que ele se transformasse em um dos personagens mais destacados da maldade perpetrada pelo Terceiro Reich.

Portanto, devido às pesquisas e estudos apresentados, a frase que ensejou este capítulo, "Quem é capaz de se tornar um homicida", deve ser respondida de maneira lacônica e uníssona: TODOS NÓS. Defendemos, assim, que o comportamento violento não é dado por fatores exclusivamente deterministas ou biológicos, mas se traduz em um construto social complexo, porém compreensível a partir do olhar transdisciplinar. Em nosso método de análise, chamamos os fatores condicionantes para condutas humanas agressivas e cruéis de imperativos situacionais para o comportamento violento.

Tais imperativos não excluem a gama de fatores psiquiátricos, sociais e econômicos que norteiam qualquer ação humana. Pelo contrário, devem ser lidos juntamente com eles. Aqui, a análise repousa principalmente nos gatilhos determinantes para que o sujeito tenha, enfim, a passagem ao ato violento.

São doze os principais imperativos situacionais – não necessariamente ocorrerão em conjunto, mas podem isoladamente levar à violência:

1. Adesão a um grupo.
2. Perda da individualidade.
3. Despersonalização.
4. Superego fragilizado.
5. Disciplina.
6. Vazio do pensamento.
7. Situações extremas.
8. Desumanização de si e do outro.
9. Obediência.
10. Violência institucionalizada.
11. Exercício livre de poder.
12. Tolerância e passividade diante da violência.

Assim, o estigma e os rótulos (sempre vinculados aos homicidas em série, com o objetivo de descolá-los da realidade e de criar uma classificação especial para determinados sujeitos) devem ser revistos, pois a premissa de que comportamentos violentos, sádicos e cruéis só podem ser cometidos por uma pequena parcela da sociedade é falaciosa e afasta as possibilidades de um estudo imparcial sobre o cometimento de crimes bárbaros.

O petulante desejo de nos colocar acima do investigado pode se transformar na ruína do entendimento. Sem monstros, sem predadores preconcebidos, mas sujeitos em toda a sua complexidade e com diferentes imperativos situacionais.

Em relação à flexibilidade da dicotomia bem *versus* mal e o nazismo, podemos citar Klaus Barbie, agente da Gestapo conhecido como carniceiro de Lyon por sua extrema crueldade na execução de prisioneiros de guerra. Ele foi responsável direto pela morte de centenas de pessoas, inclusive de crianças judias. Mesmo com esse histórico, Klaus saiu da guerra ileso e se transformou em um agente do serviço secreto dos Estados Unidos, prestando serviços durante anos.

Somente foi levado a julgamento em 1987, e no processo demonstrou total desapreço pelos sujeitos que vitimou; ainda se vangloriava por ter salvado a França da ameaça comunista. Em nenhum momento se arrependeu dos crimes cometidos e afirmava que o tribunal tinha o dever de inocentá-lo. Para Barbie, as vidas que ceifou não tinham nenhum valor.

Outro ponto a ser ressaltado ao analisar o conceito de mal em relação ao regime nazista é a desconstrução do mito de que os agentes do serviço secreto eram sujeitos corruptos, cínicos ou monstros destituídos de valores e de cultura. Tal ideia contrasta com os estudos que apontam os oficiais da SS[77] como intelectuais, por vezes engajados. Embora a ideia de imaginar tais oficiais (que comandavam grupos de extermínio de homens, mulheres e crianças) como sujeitos desviados e criminosos natos seja reconfortante e corrobore o ideal lombrosiano, a história parece desmentir esse estigma (INGRAO, 2015).

O historiador Christian Ingrao (2015), em sua pesquisa, comprova que os oficiais eram juristas, filósofos, historiadores; indivíduos com publicações, teóricos, doutores e professores. O alto grau de instrução e conhecimento não impediu esses oficiais de acompanhar as unidades móveis de extermínio e matar suas vítimas de maneira sádica.

Ingrao (2003) ainda assevera que a ideologia nazista gerava uma imensa catarse, uma atração e um fervor que atingiu a todos, inclusive os intelectuais. Na verdade, nota-se durante toda a guerra a proliferação de atitudes sádicas, quase que na totalidade dos comportamentos. A caça aos judeus era comumente celebrada por indivíduos outrora pacatos e socialmente adaptados. A questão moral raramente aparecia, e as vítimas eram totalmente desumanizadas perante o olhar dos alemães.

Tal análise corrobora as conclusões de Zimbardo, Milgram e outros. Principalmente quando percebemos que o fenômeno não é exclusividade germânica, uma vez que a desumanização de uma coletividade é fenômeno recorrente em todo o mundo. Em Ruanda, por exemplo, os teóricos da guerra eram intelectuais da Universidade de Louvain (INGRAO, 2015).

O mal parece ser mais democrático do que imaginamos, e não uma exclusividade de determinados sujeitos e nichos sociais. Difícil coadunar isso com a ideia neolombrosiana de que o mal estaria relacionado a uma má formação genética, neural ou física, quando nos deparamos com fenômenos violentos que atingem a todos os cidadãos, independentemente de sua formação biológica, cultural ou econômica (INGRAO, 2000).

Muitos se perguntam se o mal não gera nas pessoas uma repugnância moral, e devido a isso alguns acreditam que estão imunes a comportamentos violentos ou sádicos. Para Ingrao (2015), a moral é apenas uma edificação social e por vezes política. Tanto o nazismo como as cruzadas demonstram que justificativas sempre serão criadas para relevar a maldade. Assim, o desejo homicida parece repousar em todos nós (ou quase todos), e, ao sinal da mais frágil legitimidade para o ato genocida, a tendência é que todos se tornem violentos.

Corroborando a banalidade do mal, foram inúmeros os relatos de ordens dadas a pelotões na Segunda Guerra Mundial que foram executadas de maneira mais brutal pelos soldados. Um dos casos emblemáticos é o do comandante Wilhelm Trapp, que estava à frente do 101º Batalhão da Polícia da Reserva Alemão em 1942.

Trapp, ao chegar à cidade de Jósefów, na Polônia, informou aos seus comandados que deveriam levar os homens (judeus) aos campos de concentração e que as demais pessoas deveriam ser mortas. Ou seja, seu pelotão deveria matar crianças, mulheres e idosos a sangue frio. Diante de tal tarefa, Trapp, de maneira incomum, desobrigou seus subordinados de cumprir o trabalho, isentando de qualquer pena quem não estivesse disposto a isso. Durante a operação, apenas 20% dos soldados desistiram da missão; o restante entrou na pequena cidade polonesa e trucidou toda a população (GIGERENZER, 2009).

Vale lembrar que a tropa alemã não era formada de maneira homogênea, com sujeitos semelhantes e de ideais bélicos; pelo contrário, os soldados eram pessoas comuns, em sua maioria jovens de diferentes classes e com criações distintas, retirados do seu lar, por vezes, contra sua vontade (muitos sem histórico antissemita). Pessoas que em nenhum momento lembravam os sujeitos que promoveram o genocídio em Jósefów.

4

OUTRO OLHAR SOBRE O HOMICIDA EM SÉRIE

4.1. A PSICANÁLISE E O HOMICIDA EM SÉRIE

Vimos que os homicidas em série, em sua maioria, são considerados psicopatas de acordo com os testes e exames psiquiátricos convencionais e atuais. No entanto, a psicanálise tem estruturas diferentes para classificar tais comportamentos humanos, principalmente aqueles considerados violentos ou "desviados".

Não há como trabalharmos o conceito de responsabilidade diante do crime de maneira ampla sem a contribuição da psicanálise.

Advertimos que muitos estudos visam minimizar a presença de distúrbios ou desvios de personalidade, para que o sujeito não possa se beneficiar das vantagens da inimputabilidade (evitando, assim, que o sujeito escape de uma punição severa, como o cárcere ou mesmo a pena de morte, em alguns países).

Lembramos que o Código Penal não define o que seja imputabilidade, mas podemos considerá-la como a possibilidade de atribuir ao sujeito a responsabilidade pela sua conduta, podendo, assim, responder juridicamente pelo ato. A inimputabilidade, em contrapartida, surge quando fatores prejudicam o discernimento do sujeito, prejudicando ou eliminando o entendimento do caráter ilícito de sua conduta.

Contudo, a psicanálise vê a imputabilidade penal de maneira diversa. Nas palavras de Tendlarz e Garcia (2013, p. 66):

> Lacan considera que a psicanálise pode ajudar a esclarecer a noção de responsabilidade. Afirma que "*A psicanálise resolve um dilema da teoria criminológica: ao irrealizar o crime, não desumaniza o criminoso*". Vale lembrar que a psicanálise se interessa pela significação subjetiva do crime, sem por isso reduzir o sujeito ao estado de um enfermo mental que não pode ser julgado (grifo nosso).

Neste capítulo, não temos o objetivo de nos aprofundar no complexo tema da psicanálise. Nosso objetivo é deixar claro ao leitor que para a psicanálise o ato violento tem um significado, a vítima tem uma representação e o crime é, antes de tudo, um sintoma, sem contudo deixar de responsabilizar o sujeito pelo seu ato.

Nesse sentido, a psicanálise exige sua responsabilização e principalmente sua humanização. Responsabilizar o sujeito sem reduzi-lo ao estigma de enfermo mental, de anormal ou de monstro – esse é o grande desafio para uma mudança do paradigma flagrantemente expiatório do castigo penal.

Portanto, são duas as principais contribuições da psicanálise: primeiro, humanizar o sujeito, individualizá-lo e entender o seu ato como um sintoma em um cenário muito mais complexo e muito mais amplo do que apenas a cena do crime. Em segundo lugar, tornar o indivíduo responsável. **Para Lacan, o sujeito *sempre* é responsável por seus atos;** no entanto, isso não comprova a sua culpabilidade no sentido jurídico do termo.

Para humanizar o sujeito, é necessário desvincularmos os homicidas em série da imagem de monstros ou seres desumanos. É imprescindível começarmos a olhá-los como sujeitos de direitos e também de deveres. Nesta análise, é imprescindível o investigador vislumbrar todo o aparato simbólico ao qual estamos inseridos e, consequentemente, como o homicida em série é real, entendendo que o fora da lei é real.

Isso ocorre porque a sociedade se edifica em alicerces simbólicos e abstratos, como a religião, as convenções sociais e a lei. Se a lei é um construto simbólico, o real escapa à lei e, consequentemente, o sujeito à margem dos regramentos é real (BARROS-BRISSET, 2010; TENDLARZ; GARCIA, 2013).

E a dificuldade de entender o homicida em série como real acaba por levar a um total desconhecimento do seu ato; ao se buscar materializar o mal no sujeito, acabamos por nos distanciar do entendimento do seu ato: o crime. Tendlarz e Garcia (2013, p. 132), em relação à dificuldade de nomearmos tais assassinos, afirmam:

> A multiplicação de denominações está correlacionada a uma multiplicidade de teorias que tentam localizar a causa ou as causas do crime; porém, se perde de vista o tema central, o crime. E o Real não admite a sua interpretação.

Para entendermos o homicida como real, apontamos o seguinte exercício:

- A vida ≠ Real
- A vida = Simbólico
- Real ≠ Simbólico
- Lei = Simbólico
- Real ≠ Lei
- Homem cria o Simbólico = Lei
- Fora da lei = Real

Nesse sentido, o investigador não pode se olvidar de que o sujeito não se reduz à ordem da racionalidade, mas deve se ater à ordem do gozo. Vale frisar, ainda, que o real pode ser considerado o que sempre retorna ao mesmo lugar, como o pleno (LACAN, 1998; LACAN, 1992).

Assim sendo, a psicanálise, embora não se confunda com os campos da criminologia e do direito, deve com estes fazer uma intersecção, visando à análise e à apreciação das condutas violentas. A psicanálise, bem como a psiquiatria, não é excludente e tampouco leva à supressão da aplicação do direito (TENDLARZ; GARCIA, 2013).

Embora os discursos sejam distintos, tanto o direito como a psicanálise devem colocar o protagonismo no sujeito e não devem se apartar, pois o sujeito do direito é mera ficção simbólica, forjado na lei, enquanto o sujeito da psicanálise é aquele que fala, ou melhor, aquele que necessita falar (TENDLARZ; GARCIA, 2013).

A grande contribuição da psicanálise no âmbito dos homicidas em série está exatamente no sentido de entender que o sujeito não é o mesmo para o direito:

> Por outro lado, o sujeito da psicanálise é o sujeito dividido, efeito do significante, e somente pode ser alcançado na medida em que é falado pelo discurso inconsciente e não através da sua intencionalidade de dirigir seu discurso. A interpretação analítica aponta para esse sujeito, não à pessoa, e a seus efeitos de produção do saber (TENDLARZ; GARCIA, 2013, p. 247).

A responsabilidade penal é um conceito frágil e muito limitado para se entender fenômenos complexos e multifatoriais como os homicídios em série. Em uma análise, devemos abranger tanto o "sujeito do direito" quanto o "sujeito do gozo" (TENDLARZ; GARCIA, 2013).

A análise da responsabilidade do sujeito deve abranger também as consequências que o ato causa sobre ele e não somente sobre a vítima. O ato passa a constituir a história do sujeito e ocupa papel importante na sua constituição. A investigação centra-se então no autor do ato e visa desnudar sua história, tentando preencher a lacuna que se apresenta entre sua vida e seu ato criminoso. Afinal, o sujeito não se resume ao ato cometido, vai além dele (TENDLARZ; GARCIA, 2013).

Nesse sentido, vale ressaltar que submeter um homicida a análise não resulta em desautorizar o direito e as consequências penais. Pelo contrário, por vezes, será conveniente que o sujeito seja confrontado com a responsabilidade penal. Do contrário, uma culpabilidade destrutiva pode ser a resposta ao ato, uma vez que a punição rechaçada no simbólico pode retornar no real (TENDLARZ; GARCIA, 2013).

Outro ponto a ser avaliado é a aptidão para admitir e aceitar as consequências dos seus próprios atos, no sentido pessoal e social. O homicida deve reconhecer o seu ato e suas consequências; sem isso, qualquer penalização será infrutífera do ponto de vista psicanalítico e também jurídico.

Caso o sujeito não interprete o seu ato como nocivo, não conseguirá dar nenhuma significação à sua própria conduta, assim como não atribuirá valor à sua pena. Sem o autorreconhecimento, a pena não funciona para o réu homicida, tampouco intimidará o homicida em atividade.

Silvia Tendlarz e Carlos Garcia (2013, p. 33-34) afirmam:

> Para que um juiz possa determinar a responsabilidade penal de um imputado, é indispensável que tenha em conta a conjunção de dois elementos:
> 1. A inteligência ou discernimento do indivíduo, que torna acessível a este a noção do bem e do mal.
> 2. A livre vontade ou liberdade, que possibilita ao agente escolher entre uma e outra conduta.

Trata-se de analisar, de acordo com a psicanálise, o grau de responsabilidade do sujeito, para que possamos avaliar a adequação (ou não) de sua resposta ao ato.

É importantíssimo que a culpabilidade jurídica esteja totalmente relacionada ao conceito de responsabilidade, a noção de entendimento e reconhecimento das próprias ações.

No entanto, o direito penal, anacrônico e narcisístico é incapaz de aproximar esses dois conceitos sem desumanizar o réu e sem coisificá-lo. Ao atribuir a pena, atribuem-se hoje juízos de valor, de moral, subjetivos e pessoais. Partem para o maniqueísmo do sistema de controle estatal, personificando o acusado como o mal, e a pena é mera retribuição e castigo.

Diferentemente disso, para a psicanálise, a culpa funciona como causa do crime (e não mera consequência ou resultado dele). Assim, a responsabilidade é o efeito dessa ação, é a resposta do sujeito diante de sua culpa (Barbieri, 2008).

Em vista disso, Gonçalves (2019, p. 279) assevera:

> Assim, a culpa existe antes da atitude que torna o sujeito culpado e influencia em sua realização.
>
> A culpa, portanto, é da ordem do supereu, que se manifesta como crítica e que é percebido no eu, que, por sua vez, é chamado a dar uma resposta. A necessidade do eu em apresentar uma resposta ao supereu é o sentimento de culpa. E, por nascer da necessidade de uma resposta, a culpa se apresenta como autodestrutiva do sujeito que, no esforço do eu para ser moral e responder corretamente ao supereu, realiza sua pulsão de morte. Assim, a culpa é condição de estrutura do sujeito.

O julgamento, a avaliação e a interpretação dos homicidas em série, portanto, não podem mais ficar apartados da psicanálise. É importantíssimo que haja uma interdisciplinaridade entre direito e a análise. A psicanálise põe em funcionamento uma concepção particular da noção de responsabilidade, que difere da concepção jurídico-penal e a interpreta.

4.2. ID, SUPEREGO, EGO E O IMPULSO CRIMINOSO

Ao tratarmos sobre as possibilidades de uma pessoa cometer atos cruéis, deixamos claro que todos nós somos passíveis de comportamentos violentos e, por vezes, podemos nos surpreender com nossa capacidade de infligir dor a outro ser humano. Tais atos acabam por depender mais de imperativos situacionais, ambientais e sociais do que necessariamente do caráter natural do ser humano (FREUD, 1976).

Para entendermos melhor quão semelhantes somos do ponto de vista estrutural, a psicanálise contribui com a definição do ser humano por meio da busca do equilíbrio de três estruturas: o ego, o superego e o id[78].

Dessa maneira, podemos afirmar que a psique humana tem uma estrutura tripartida. O id, também chamado de "Isso", são os nossos impulsos primitivos e se preocupa com a gratificação imediata. Ele está relacionado à satisfação dos nossos instintos físicos mais básicos. O id não se preocupa com as necessidades alheias e visa tão somente atender seus desejos. Aqui ressaltamos a agressividade como ferramenta, a libido e a pulsão, tanto de vida quanto de morte. O id se localiza em uma parte inconsciente de nossa mente; podemos afirmar que o id somos nós em estado puro, sem amarras, freios ou controles. Assim, TODOS nós temos esse id e compartilhamos desejos agressivos e uma necessidade de turbação e esbulho do próximo (FREUD, 1976; FREUD, 1976a).

Para conter essa necessidade, quase irrefreável, de satisfação de desejos, nós temos o superego ou "supereu", que se preocupa basicamente com controles sociais, culturais e morais. É chamado de maneira leiga como nossa "consciência" (embora, na verdade, nem sempre ele seja consciente). O superego não é uma construção NATA e imutável do ser humano, portanto ele deve ser apreendido pelo sujeito desde seu nascimento. Dessa maneira, haverá uma variação significativa na carga e no tamanho do "supereu" de cada sujeito, cada família, cada sociedade (FREUD, 1976; FREUD, 1976a).

Caso os desejos do id se sobreponham aos controles e diretrizes do superego, o indivíduo assumirá culpa e remorso após sua conduta (FREUD, 1976; FREUD, 1976a). Nesse caso, vale ressaltar que esses remordimentos em relação a condutas anteriores só ocorrerão se o sujeito tiver em seu superego metas que repreendam sua atitude, ou metas análogas às de seus semelhantes e da sociedade em que está inserido (TONKONOFF, 2009).

Nesse sentido, é importante saber valorar o remorso diante do ato criminoso. Como vimos no efeito Lúcifer e no experimento de Milgram, entre outros, a ausência de remorso não está diretamente relacionada à psicopatia, como hoje se consolida no senso comum. Ou seja, não sentir remorso não comprova, por si só, absolutamente nada em relação ao sujeito, mas isso pode ser entendido como uma consequência da prevalência de uma estrutura psicanalítica sobre a outra (PRACANA, 2007).

Para que façamos essa interpretação, é necessário entender a relação entre remorso e a estrutura do superego. Um superego flexibilizado, desgastado ou até mesmo deteriorado poderá gerar um arcabouço de respostas totalmente diferente de uma pessoa para outra. Ademais, quando temos um processo de desumanização da vítima, o superego não repreende a atitude do sujeito em relação àquele que considera mero objeto (TENDLARZ; GARCIA, 2013).

Desse modo, é impossível que algum remorso genuíno se verifique na sequência do ato homicida perpetrado por alguém que condicionou a vítima a um processo de desumanização ou coisificação e, dessa maneira, consegue instrumentalizar seu id sem nenhuma objeção do superego. E, como vimos em capítulos anteriores, esses processos que retiram a identidade da vítima não são exclusividade de psicopatas.

Além disso, outro aspecto que poderá influir no sentimento pós-ato é o chamado vazio de pensamento. Nos experimentos já citados, ficou claro que o superego se omite diante de situações em que o sujeito se coloca como parte de uma solução que julga ser a correta, quando o sujeito faz parte de uma instituição ou por qualquer outro motivo que leve à desresponsabilização social do indivíduo (ZIMBARDO, 1991).

Um superego precarizado pode ocasionar um posicionamento violento por parte do sujeito, que será ainda mais intolerante e impetuoso contra atitudes que possam fortalecer o seu próprio id. É uma maneira inconsciente de colocar obstáculos à ascensão do id, ou seja, potencializar as penas daqueles que cometem na vida real o que o inconsciente do sujeito deseja. Nesse cenário, é comum a utilização de bodes expiatórios, que deverão sofrer castigos para a inibição de desejos análogos no resto da população (REIK, 1997).

Aqui, a figura do bode expiatório é de suma importância para entendermos a demonização de certos sujeitos. Frisamos que as razões podem estar relacionadas a desejos inconscientes análogos ao desejo homicida. Ou seja, o imperativo de punição está intimamente relacionado à identificação com a vontade do criminoso, e devido a essa identificação é que muitos têm a necessidade de transferir ao outro a carga de culpa que cabe a cada um (REIK, 1997).

Assim sendo, o pedido de penas altas (de morte ou cruéis), a equiparação dos homicidas a monstros e outras figuras teratológicas, o ódio pelo diferente, a intolerância em relação ao anormal, o extremismo ao julgar, as fobias crescentes, por vezes, dizem mais sobre o sujeito intolerante do que sobre o sujeito que está sendo depreciado.

Isso se deve ao fato de o superego atuar como um censor e se dividir em dois sistemas distintos que podemos superficialmente chamar de consciência e eu ideal. O primeiro será responsável por punir o ego, caso este se volte contra seus valores e definições, e ocasionará a culpa[79]. Já o segundo é a figura imaginária de como devemos ser. Ao passo que nos aproximamos de nosso ideal de ego, o superego pode nos recompensar fazendo com que sintamos orgulho (FREUD, 1976; FREUD, 1998).

Lima (2010, p. 281) resume da seguinte maneira o superego:

> O superego estabelece a censura dos impulsos que a sociedade e a cultura proíbem ao id, impedindo o indivíduo de satisfazer plenamente seus instintos e desejos. É o órgão psíquico da repressão, particularmente a repressão sexual.

Para finalizar as estruturas fundamentais da mente humana, temos o **ego** ou "eu", que pode ser considerada a parte de nosso id depois de sofrer as influências externas. O ego é a maneira como agimos ou como nos mostramos para as outras pessoas (FREUD, 1976; FREUD, 1998).

Nosso ego é regido pela razão e será o resultado do equilíbrio entre a busca pela satisfação de desejos do id e a contenção imposta pelo superego, pautada nas exigências sociais e culturais. Sendo pragmático, está em constante dilema perante as forças dissonantes do id e do superego (FREUD, 1976; FREUD, 1998).

Para Lima (2010, p. 281):

> A função do ego é tentar conciliar as reivindicações das três instâncias a que serve, ou seja, o id, o mundo externo e o superego. Para Freud, estamos divididos entre o princípio do prazer (que não conhece limites) e o princípio de realidade (que nos impõe limites). Com referência aos acontecimentos externos, o ego desempenha sua função armazenando experiências sobre os diferentes estímulos na memória e aprendendo a produzir modificações convenientes no mundo externo em seu próprio benefício.

Desse modo, o ego será pautado na realidade, mas também procura o prazer. No entanto, essa busca se dará de maneira mais equilibrada, e não do modo caótico que o id realiza.

4.3. OUTROS CONCEITOS PSICANALÍTICOS

Outras contribuições da psicanálise são extremamente valiosas para a compreensão da conduta violenta e do viés criminológico do comportamento humano. As teorias psicanalíticas da criminalidade fazem principalmente uma crítica à sociedade punitiva e questionam a visão que temos a respeito do papel do criminoso na sociedade (BARATTA, 2002).

A psicanálise inverte ou subverte as explicações da conduta criminosa e tem origem em Freud e em sua teoria da neurose. Segundo o autor alemão, os institutos homicidas repreendidos pelo superego não são destruídos, mas sim sedimentados em nosso inconsciente. Essa sedimentação leva ao desenvolvimento de um desejo irrefreável, embora não consciente, de confessar (BARATTA, 2002).

Nesse sentido, o homicida, ao praticar o crime, acaba por realizar esse desejo de confessar. Ou seja, a culpa antecede o ato, e não o contrário. Tal forma de interpretação coloca em xeque, novamente, o principal dogma, ao explicar um comportamento delituoso: a culpa – entendida aqui como um sentimento surgido antes do ato.

Por outro lado, Freud também questiona a sociedade punitiva. Aponta que existe uma mística relativa às funções que a pena exerce, principalmente no tocante à prevenção do delito. Na verdade, a pena não alcança a função de prevenir crimes análogos, mas se edifica como a reação de uma sociedade que tem impulsos idênticos aos do criminoso (BARATTA, 2002).

Existe em cada sujeito uma forte tentação mimética, um desejo por imitar aquele que violou o tabu. A pena surge como resposta para aplacar o desejo que não é somente do criminoso, mas de todos.

Aqui temos a projeção, uma vez que a sociedade acaba transferindo sua própria culpa para o criminoso. Autores como Edward Naegeli e Helmut Ostermeyer aprofundaram esses conceitos (BARATTA, 2002).

Na esteira de Freud, outros psicanalistas como Reik (1997) também teorizaram o sentimento de culpa. Para Theodor Reik, a pena atribuída a um homicida tem a função de aplacar a nossa necessidade inconsciente de punição. Além disso, a pena cumpre outro distinto papel: o de abrandar a carência por castigo da sociedade pela identificação com o desejo do criminoso (REIK, 1997).

Ao analisar o homicida em série e toda a curiosidade e expectativa que esse fenômeno causa a todos, combinadas com o desejo irrefreável de penas cruéis a tais indivíduos, devemos atentar ao poder da identificação inconsciente e ao caráter retributivo da pena atrelado ao castigo, ou seja, temos a união do "efeito catártico da pena e o processo de identificação da sociedade" (BARATTA, 2002, p. 51).

Para deixar claro, Freud, ao deslocar a culpa (que passa de consequência de um ato para a verdadeira causa da ação do sujeito), acaba por desconstruir uma série de mitos em relação às investigações e pesquisas sobre homicidas. Primeiro, porque não dá ênfase ao sentimento de culpa posterior do sujeito em relação ao seu delito. Segundo, porque desmistifica o homicida ao verificar desejos análogos em toda a sociedade.

Nesse âmbito, Franz Alexander e Hugo Staub (*apud* BARATTA, 2002, p. 52) resumem como o castigo ao homicida funciona em nossas estruturas mentais:

> O Ego pretende expiação toda vez que se verifica uma violação do direito, para aumentar, no momento em que ele é pressionado pelos impulsos, a força do próprio superego. [...] Se o Ego pode demonstrar aos impulsos que também as autoridades mundanas dão razão ao superego, então ele pode se defender do assalto aos impulsos. [...] O impulso à punição é, pois, uma reação defensiva do Ego contra os próprios impulsos, com a finalidade da sua repressão.

O homicida em série, assim, não é um ponto deslocado ante a quimérica, perfeita e harmônica sociedade. O desvio, a marginalidade, só existe se considerarmos um paradigma e modelo predefinido. No caso dos crimes, verificamos que a sociedade não pode ser apontada como um modelo a ser seguido, isso porque ela nutre desejos análogos aos do criminoso.

O criminoso, frisamos novamente, é edificado para ser mero bode expiatório para nossos instintos. Fruto de nossa projeção. Quanto mais punitiva a sociedade, maior a afinidade desta com o ato criminoso. E quanto maior a afinidade, maior o desejo brutal de castigar o criminoso.

Assim, os homicidas em série que podem ser considerados como o símbolo icônico e representativo dos demais tipos de criminosos, chamam para si as projeções mais obscuras e nefastas por parte da população, que escolhe os crimes mais temíveis para projetar suas próprias tendências antissociais (BARATTA, 2002).

O que podemos aprender ao desvendar a relação entre projeção, bode expiatório e homicidas em série?

Talvez a conclusão mais importante desta análise seja o fato de que é preciso modificar o modo de investigação em relação aos homicidas em série. Pedindo um distanciamento do pesquisador dos conceitos comuns à sociedade, de valores subjetivos e preconceituosos. Dessa forma, o investigador deve verificar as demandas do sujeito em relação à sociedade e não o contrário.

Secundariamente, fica claro que a análise dos homicidas em série vai dizer mais sobre a sociedade que o cerca. E a visão sobre o criminoso, além de humanizadora, deve ser integradora. O entendimento do indivíduo deve ser mais importante do que meramente a reação punitiva. O comportamento desviante deve ser visto como um sintoma de nossa sociedade e não um fenômeno apartado e de responsabilidade exclusiva do sujeito, sem levar em conta a determinabilidade das relações sociais e culturais perante as estruturas mentais, como o ego, o superego e o id.

4.4. PERVERSOS E PSICÓTICOS

Observamos que o indivíduo homicida em série, em sua concepção subjetiva, não se enxerga como um delinquente; seu guia são seus desejos, assim, não se vislumbra a culpabilidade tradicional ligada à responsabilização, pois não existem diferenças entre o proibido e o permitido no laço social (TENDLARZ; GARCIA, 2013).

Quem é esse indivíduo, então? A resposta passa pelas categorias clínicas.

Uma vez entendidas as estruturas mentais, é necessário discriminar as três categorias clínicas do indivíduo: **as neuroses, as psicoses e as perversões**, visto que para atuar na análise dos homicidas em série será imprescindível ter conhecimento de que papel esse indivíduo assume perante essas categorias e como, a partir daí, vamos poder observar seu crime e entender a sua passagem ao ato inserida nesses arcabouços.

Para grande parte dos investigadores, os homicidas em série se classificam na estrutura conhecida como psicopatia, e isso os aproxima da perversão. No entanto, acreditamos que existe uma gama de complexidades relativas à personalidade do sujeito que não nos permite afirmar categoricamente que homicidas em série são, em sua maioria, somente perversos. Daí a importância de conhecer tais categorias ante o crime cometido.

Tal análise se torna imperativa, pois grande parte dos homicidas seriais, como vimos, é considerada psicopata. E psicopatia não é uma categoria válida para a psicanálise. Pelo contrário, a psicopatia, além de ter assumido um significado restritivo e estigmatizante, também demonstra ser sinônimo de transgressão. No entanto, todas essas qualidades e características impostas são atribuições dadas sob o olhar do observador externo (TENDLARZ; GARCIA, 2013).

A psicanálise vai analisar a **passagem ao ato** inserida entre a psicose e a perversão, mas não vai reduzir o sujeito a uma categoria, pois tais categorias são uma inscrição simbólica, uma inserção do humano, e por isso não podem ser limitadoras ou representar um fim em si. Até mesmo a neurose existirá nas ações criminais (TENDLARZ; GARCIA, 2013).

A série de homicídios dá ao sujeito um traço específico para ser analisado. A própria repetição do ato acaba por destacá-lo em relação aos demais. A particularidade desses homicidas deixa claro que eles saem do outro e se dirigem ao seu objeto, o que torna cada análise singular e individualizada. O cenário para se descobrir a passagem ao ato se concentra no sujeito, principalmente em seu delírio, e não na vítima (TENDLARZ; GARCIA, 2013).

Nesse sentido, tendo o investigador o conhecimento dessa singularidade, cabe diferenciar as características da passagem ao ato conforme as categorias clínicas.

Em relação à **perversão** (a mais destacada categoria), podemos afirmar que o sujeito reconhece a lei, mas a desafia, pois sabe que ela é falha e vislumbra no outro um objeto. Nesse sentido, o homicida perverso "coloca em cena um fantasma, por onde a eleição das vítimas obedece e responde a uma condição erótica particular" (TENDLARZ; GARCIA, 2013, p. 15).

A perversão, desde que surgiu como um conceito clínico, aparece atrelada a diversos comportamentos sexuais, todos eles anormais. Mas, apesar disso, podemos afirmar que o perverso, de maneira consciente, concretiza a fantasia inconsciente do neurótico. Ademais, o crime, entendido como uma infração direta à norma, não está na essência da estrutura perversa (TENDLARZ; GARCIA, 2013).

O que leva à aproximação de psicopatia e perversão é a deficiência em relação à culpa combinada com uma impulsividade sem divisão subjetiva. Além disso, o desejo do perverso ultrapassa o da vítima, que é reduzida a um mero instrumento (TENDLARZ; GARCIA, 2013).

Essa objetificação da vítima acaba por resultar em quatro principais perversões, que se fazem presentes em quase todos os casos de homicídios em série, de forma proeminente: **o sadismo** e o **masoquismo,** e, secundariamente, o **voyeurismo** e o **exibicionismo.**

Em relação ao sadismo, já tratado nesta obra, acrescentamos que Lacan acredita que o sádico gozaria tão somente pelo tratamento que impõe à vítima; mas adverte que no ato criminoso, no homicídio, se apresenta o denominado "ser supremo da maldade" (*apud* TENDLARZ; GARCIA, 2013).

Tal denominação nos remete ao fato de que o mal forma parte essencial da natureza humana. O perverso sádico permanece sob as ordens dessa maldade, sendo que a concretização do seu crime, o fim de seu ato cruel, é servir ao outro, ao gozo do outro. O homicida não deseja apenas o sofrimento, mas a angústia da vítima (TENDLARZ; GARCIA, 2013).

Desse modo, a perversão é a categoria em que vamos inserir grande parte dos homicidas em série, devido ao tratamento que eles impõem à vítima e, principalmente, pela maneira como realizam o ato e devido à verdadeira finalidade que perseguem.

No entanto, reduzir os homicidas à perversão se converte em um equívoco, uma vez que na análise dos casos mais emblemáticos percebemos a forte presença de traços de **psicose.** Isso se dá porque a passagem ao ato nessa categoria vem com uma intensa presença de impulsos desarticulados, por uma força aliada a um delírio que orienta o sujeito ao ato.

Esse delírio é o principal objeto de estudo do investigador e está presente em todos os tipos de psicose, principalmente nas mais comuns aos homicidas, como a esquizofrenia, o delírio passional e a paranoia. A psicose tem um significado que se inscreve na simbologia de rompimento da opressão do mundo externo. A passagem ao ato, para o psicótico, diferentemente do perverso, se edifica como um esforço em romper círculos mágicos (TENDLARZ; GARCIA, 2013).

Na psicose, o sujeito não interpreta a lei, ele a desconhece por completo e se insere em um "sem sentido", em que tudo escapa e não há reconhecimento do outro. Casos famosos, como o de John Gacy, foram diagnosticados como psicose, inicialmente, com ausência de compaixão pelas pessoas, demonstrando que no caso dos homicidas em série é comum que tenhamos um diagnóstico que se desloca da perversão para a psicose (TENDLARZ; GARCIA, 2013).

Isso acontece devido ao fato de o sujeito no início demonstrar uma orientação quase exclusiva pela busca de satisfação, somada a um gozo sexual. No entanto, essa busca por satisfação se revela como um domínio absoluto do sujeito, e o caráter sexual acaba se tornando secundário (TENDLARZ; GARCIA, 2013).

Os homicidas em série, então, podem apresentar tipos de psicoses que estarão ligadas à perversão. Nesse sentido, Tendlarz e Garcia (2013, p. 240) confirmam:

> Alguns assassinos em série – não todos – apresentam tipos de psicoses (que podem ou não estar associadas à perversão), que vão das psicoses "extraordinárias" – com desencadeamento da psicose – às psicoses "ordinárias". Podem apresentar um sentimento de culpabilidade tal como é entendido pela psicanálise: culpa estrutural independente do assentimento egoico e de um reconhecimento consciente.

Por fim, temos a **neurose**, que faz com que o sujeito se inscreva como um criminoso inconsciente. Esse sujeito reconhece o outro e não ignora a lei. O indivíduo, nesse caso, se orienta pela lei e a sobrepõe à fantasia. No entanto, pode tornar reais determinados crimes fantasiados.

Entre as diferenças que o neurótico apresenta frente ao psicótico e perverso, podemos apontar como a principal, nessa análise, o seu horror diante da castração – enquanto para o perverso a castração será sempre do outro. Tal diferença terá um grande impacto no entendimento e na interpretação do crime (TENDLARZ; GARCIA, 2013).

Além disso, o neurótico se protege do desejo do outro pela demanda, já o perverso, pelo contrário, transforma o desejo em vontade de gozo, devido à positivação do objeto. Na relação sexual, o sujeito neurótico se volta aos avatares do desejo, enquanto na perversão o sujeito se interessa pela repetição fixa da cena em que está inserido, e tais características nos ajudam a entender a importância da repetição e a simbologia que os crimes em série podem representar na cabeça dos homicidas.

Assim, no caso dos homicidas em série, não podemos imaginar que as categorias se apresentarão de uma forma delimitada. Pelo contrário, ao analisar o sujeito que põe fim à vida de outrem e executa isso incontáveis vezes, temos que entender a complexidade dada pela simbologia que envolve cada detalhe do ato e compreender que as categorias clínicas por vezes se somam no ato.

Nesse sentido, Tendlarz e Garcia (2013, p. 242) apontam casos práticos para nos amparar:

- **Psicoses compensadas em forma perversa**, como nos casos de Gilles de Rais e Albert Fish.
- **Psicoses que põem em evidência o impulso à mulher**, como no caso de Michael Lee Lockhart.

- **Psicoses que buscam uma extração do gozo** por meio de uma série de passagens ao ato homicida, como no caso de Richard Chase.
- **Psicoses que buscam a extração do gozo por meio de um "tratamento" do corpo das vítimas,** como no caso de Dahmer.
- **Psicoses alucinatórias,** por exemplo, quando o "filho de Sam" escuta vozes que lhe ordenam que mate, as quais normalmente se incluem no grupo das esquizofrenias.
- **Delírios em ato,** como no caso Dahmer, que leva à produção de uma série metonímica indefinida de assassinatos.
- Alguns dos assassinatos em série talvez possam situar-se dentro do diagnóstico de **perversão**, caracterizados pela vontade de gozo e pela ausência de culpabilidade.
- **Os "inclassificáveis",** como assim também as psicoses ordinárias, em que as mortes entram em uma estrutura particular e sutil do delírio.

Enfim, principalmente entre perversos ou psicóticos, o importante na análise de tais criminosos é entender qual foi a demanda que impulsionou a passagem ao ato e, além disso, descobrir o papel da vítima dentro da simbologia do crime – afinal, a que Outro o homicida se dirigia dentro de seu ritual.

5

A CRIMINOLOGIA E O HOMICIDA EM SÉRIE

5.1. A CRIMINOLOGIA E A ANÁLISE DO COMPORTAMENTO VIOLENTO

Como já afirmamos, o estudo sobre serial killers ainda é tratado como um tabu, e grande parte da sociedade evita abordar o tema de maneira imparcial e científica. A sociedade prefere tachar tais sujeitos de monstros a aceitar que, inevitavelmente, uma parcela dos cidadãos vai cometer crimes bárbaros e aparentemente sem motivo.

É difícil afirmar categoricamente que existem pessoas naturalmente boas e outras espontaneamente más. Igualmente complexo é assegurar que há uma linha divisória entre o normal e o monstruoso, uma vez que é improvável que exista um sujeito sequer que seja a representação das virtudes de uma sociedade.

A linha divisória entre a maldade e a bondade é tão tênue que não pode ser considerada. Nesse sentido, vale indagar: qual é a necessidade ou finalidade de considerar determinados sujeitos como monstros ou aberrações?

Neste capítulo, vamos esclarecer alguns pontos da criminologia histórica (e sua influência na percepção e no diagnóstico dos homicidas em série) nos dias de hoje, lembrando que o determinismo e a estigmatização, herdada das escolas criminológicas dos séculos XIX e XX, repercutem até hoje nos livros, filmes e, principalmente, na maneira como a sociedade lida com os crimes brutais e os crimes em série.

A caracterização de homicidas como "monstros" está sedimentada em nosso inconsciente desde o final do século XIX. Foi nesse período que Lombroso (1835-1909), médico italiano, escreveu o livro *O homem delinquente* (1876). Concomitantemente, Robert Louis Stevenson lançou sua obra-prima *O médico e o monstro* (1886) e Jack, o Estripador, que supostamente matou sua primeira vítima em 1888.

No entanto, esse determinismo e o diagnóstico fatalista da maldade não surgiram de maneira aleatória, tampouco foram frutos exclusivos do raciocínio de um cientista, pensador ou romancista. Pelo contrário, podemos perceber que a criminologia e a fabricação do estigma de monstro atrelado ao criminoso (principalmente ao homicida) floresceram em determinado momento, e seus efeitos reverberam até os dias atuais (CANGUILHEM, 2000).

Para essa análise, é impreterível que se tenha conhecimento do desenvolvimento da criminologia como ciência, mas não sem antes traçar toda a sua fase embrionária, para dessa forma tentar entender como desenvolvemos a visão atual do delinquente e, principalmente, como se moldou ao longo da história a atual imagem caricata e peculiar de determinados criminosos.

5.2. A HISTÓRIA DA CRIMINOLOGIA E OS HOMICIDAS EM SÉRIE

É importante estabelecer que a história do crime e seu estudo não iniciaram com os positivistas (como o já citado Lombroso), tampouco no século XIX. Pelo contrário, a análise das condutas delituosas apareceu em vários momentos e em várias culturas (FERNANDES e FERNANDES, 1995).

A preocupação com aquele que delinque (e especificamente com aquele que mata seu semelhante) sempre ocupou grande espaço no ideário popular. Já com Alcmeão de Crotona (séculos antes da era cristã) tínhamos diagnósticos embrionários, que tentavam examinar os homens e as razões de suas condutas, passando por Platão, Aristóteles, Esopo, Protágoras e outros grandes filósofos que se inquietaram diante do comportamento humano desviado ou criminoso (ANITUA, 2008).

Embora tais pensamentos fossem rudimentares, todos, sem distinção, ponderaram a criminalidade pelo viés etiológico, buscando uma razão que explicasse comportamentos não usuais e contrários às normas de um grupo ou sociedade.

No entanto, os homicidas em série não foram objeto de nenhuma reflexão dos pensadores que viveram na Antiguidade. Mesmo a homicida Locusta, já no primeiro século da era cristã, não foi alvo de reflexões mais pormenorizadas. Embora a assassina tenha sido condenada por várias mortes e fosse suspeita de centenas de outros homicídios, todos com um toque de crueldade, não temos nenhum estudo relevante dessa época (WHITMAN, 2004).

Séculos depois, Zu Shenatir (século V) sodomizou e matou uma série de vítimas no Iêmen, aliás, centenas de homicidas viveram na Idade Antiga, do mesmo modo como na época medieval (inclusive com a presença, no século XI, de um grupo assassino formado de seguidores de Hassan bin Sabbah, no Oriente Médio), e nenhum estudo sobre a violência teve relevância nesses tempos (IMPARA, 2016).

A tentativa de entender as condutas criminosas passou então pela Idade Média, que acabou por consolidar uma justaposição entre o crime e o pecado (tal maneira de pensar tem consequências até os dias atuais). Além disso, o pensamento dualista foi potencializado e disseminado nesse período histórico (IMPARA, 2016).

Desse modo, além da busca incessante em relação às questões espirituais ligadas ao ato desviado, o sujeito que cometia tais condutas foi estigmatizado como a personificação do mal. Essa simbologia ligada à parcela significativa dos indivíduos desviantes amparou toda uma engrenagem investigativa viciada e excludente. Os homicidas não tinham protagonismo nas análises, mas eram considerados também na perspectiva teratológica.

Obras como o *Directorium Inquisitorum* – *manual dos inquisidores* (século XIV) e principalmente o *Malleus Maleficarum* – *o martelo das feiticeiras* (século XV) consolidaram um maniqueísmo estigmatizante e elegeram bodes expiatórios específicos. Autorizaram e expandiram a caça às bruxas. De certa forma, o sistema inquisitorial estabelecido acabou por moldar todo o sistema investigativo contemporâneo (PICCINI, 1987).

Vale ressaltar que esse tratado medieval acabou por legitimar a morte indiscriminada de mulheres, tanto na Europa quanto em toda a América. A preocupação de tal texto era eminentemente de caráter sexual. Entre outros absurdos, o *Malleus Maleficarum* citava que a luxúria carnal seria insaciável nas mulheres. O teor misógino do tratado ajudou a consolidar toda a estrutura patriarcal da sociedade atual e demonizou a mulher de forma insidiosa (PICCINI, 1987).

Essas obras consolidaram o pensamento pré-cartesiano que marcou o Estado teocrático da época e contribuíram para o extermínio de milhares de mulheres, mortas das mais sádicas formas. A demonologia aplicada no *Malleus Maleficarum* acabou por embasar toda a sujeição feminina diante de uma sociedade opressora, o que vemos até os dias atuais (PICCINI, 1987).

A aproximação entre comportamentos não desejáveis, o controle de minorias e vulneráveis e as causas demoníacas até hoje permeia o ideário popular. No caso, aqueles tachados como criminosos são vistos de forma caricata, como uma figura alegórica que detém todos os aspectos que a sociedade abomina. Os homicidas em série, assim como alguns bodes expiatórios da Idade Média, não são analisados em sua humanidade, pelo contrário, são desumanizados.

O estudo do comportamento violento nessa época era, além de secundário, totalmente desnecessário, pois as questões espirituais se sobrepunham aos aspectos físicos e naturais. Pensadores como São Tomás de Aquino (século XIII), no entanto, chegaram a dissertar sobre ocasiões e motivos para a criminalidade, principalmente os relacionados com a pobreza (ANITUA, 2008).

A Idade Média seguiu consolidando um embrionário direito penal do terror, a caça às bruxas e o dualismo como explicação para comportamentos não toleráveis de determinados sujeitos. Sem o devido protagonismo em relação aos homicidas, nenhuma reflexão ultrapassou os limites das explicações teológicas e demonizantes.

Percebe-se que o tratamento dado aos homicidas em série acompanha o desenvolvimento da criminologia. Nesse período, assim como incipientes (ou mesmo inexistentes) eram as preocupações com o crime (como fenômeno), também era nula qualquer reflexão relativa aos sujeitos que cometiam homicídios e outros delitos. Tampouco existia uma preocupação com o sujeito e sua relação com a sociedade e a vítima.

Nesse momento, a obscuridade da análise não permitia ponderar a respeito dos crimes nem refletir sobre suas causas. Isso não significa que homicidas em série não existiram (possivelmente em profusão) nessas épocas.

Um exemplo de homicida contemporâneo à Idade Média foi Gilles de Rais (século XV), que deixou um rastro de centenas de crimes e condutas cruéis, como degolação de crianças, pactos demoníacos, pedofilia e também heresia (BERTIN, 1980).

Na Escócia, tivemos um curioso e lendário caso de canibalismo perpetrado por Alexander "Sawney" Bean (século XV) e sua família, que juntos mataram centenas de pessoas. Além disso, suspeita-se que tenham comido grande parte de suas vítimas.

Alguns atribuem o canibalismo de famílias dessa época à fome que então assolava a Europa. Vale lembrar que Alexander e seu clã foram ainda acusados de vários outros crimes.

Embora tal história esteja presente em várias obras sobre grandes homicidas em série, sua autenticidade é controversa, uma vez que alguns autores afirmam que ele não existiu, enquanto outros afirmam que o histórico de mortes foi devidamente exagerado com o passar dos séculos. Hoje tal história faz parte do folclore local e alimenta livros e diversos contos (HOLMES, 1975).

Ao final da Idade Média, também tivemos assassinos como Erzsébet Báthory (século XVI), condessa húngara que seria responsável pela morte de dezenas (ou mais) de camponeses, entre crianças e adultos, além do envolvimento em rituais sádicos relacionados aos cadáveres e seu sangue (PENROSE, 1962).

Não havia um *modus operandi* para a tal condessa. Foram dezenas de formas de torturar e matar suas vítimas. Decapitações, estrangulamento, fogo, veneno, entre outras. Algumas vítimas foram untadas com mel e devoradas por insetos. Outras foram obrigadas a caminhar nuas pelo frio até a morte. Algumas tinham braços e pernas desmembrados por navalhas. Outras eram obrigadas a entrar em grandes barris cheios de lanças e eram jogadas em um desfiladeiro. Suspeita-se que parte de suas vítimas foi devorada viva. Muitas de suas atrocidades são difíceis até mesmo de ser descritas (PENROSE, 1962).

Assim, os crimes praticados pela condessa Báthory se destacavam pela criatividade vinculada aos instrumentos de morte e também aos desejos peculiares da homicida, que visava com as mortes abastecer em parte sua banheira, pois acreditava nos poderes rejuvenescedores do sangue de suas vítimas – embora alguns historiadores questionem a veracidade dessas afirmações (VRONSKY, 2007).

Sua história é de difícil análise, pois muitas vezes o mito precede os fatos históricos relacionados à conhecida "condessa sangrenta". O que podemos afirmar é que Báthory fazia parte de uma das famílias mais influentes da região da Hungria no século XVI (parte das mais importantes propriedades ficava, na verdade, na atual Eslováquia). Não por acaso, a região que sua família controlava era a Transilvânia, o que leva a uma aproximação dessa homicida com toda a criação e folclore relacionados a vampiros (VRONSKY, 2007).

Podemos afirmar também que o lar em que a pequena Báthory cresceu era totalmente desordenado, com parentes satanistas, tios alcoólatras, casos de incesto, assassinos e sádicos, e, para complicar, suspeita-se que na época ela já sofresse de epilepsia e de dores de cabeça agonizantes (PENROSE, 1962).

Algumas teorias afirmam que Báthory – na verdade, uma condessa viúva – não gozava de influência neste mundo, portanto, tornou-se vulnerável perante os homens influentes da época. A acusação de bruxaria, aliás, partiu de um pastor, e há quem afirme que todos esses crimes bárbaros citados (e toda a história que circunda a condessa) não passavam de invenção para que seus inimigos pudessem se livrar dela sem precisar do mínimo esforço (VRONSKY, 2007).

Suspeita-se que o motivo da prisão da condessa não foram as mortes, mas sim o desejo de confiscar todos os seus bens e propriedades, além de dar como quitadas as dívidas que alguns nobres e monarcas tinham com seu falecido marido. Alguns húngaros hoje reveem o papel de

Báthory, chegando a afirmar que ela foi, na verdade, uma heroína, devido à resistência que representou em sua época.

Décadas depois, na França, podemos apontar Marie de Brinvilliers (século XVII), que, a despeito de Locusta, é considerada por muitos a primeira mulher a envenenar uma série de pessoas. Muitas de suas vítimas eram pessoas vulneráveis e enfermos de hospitais, mas até mesmo seu pai foi alvo de seus venenos. Por tais crimes foi condenada, mas antes sofreu uma série de graves torturas (SEGRAVE, 1992).

Os homicídios em nada despertaram a curiosidade sobre suas reais causas, tampouco levantaram reflexões a respeito das influências que tais sujeitos sofreram ao cometer tais atos. Ademais, as vítimas, em sua maioria, eram sujeitos sem nenhuma importância para a estrutura de poder da época. A estrutura social tampouco era objeto de crítica.

As vítimas dos crimes, em sua maioria, eram pobres camponeses e demais trabalhadores, que detinham papel totalmente secundário na sociedade da época. Nesse sentido, cumpre ressaltar que a prisão e a morte de algum desses prolíficos assassinos foram efetivadas mais por razões políticas e econômicas do que por razões criminais.

Embora o estudo de grandes homicidas não fosse uma preocupação específica dos profissionais da época, tivemos nesse período a proliferação das ideias da fisiognomia natural, uma pseudociência que buscava no semblante dos sujeitos a análise de sua personalidade, principalmente fazendo a aproximação de sua aparência com a de animais (DE MATOS, 2015).

Essa pseudociência teve grande repercussão nos séculos que sucederam a Idade Média. Trabalhando com o dualismo externo e interno, buscou identificar o caráter dos sujeitos a partir da constituição física e derivada de uma análise moralista.

Vale lembrar que a descrição da personalidade de um sujeito comparada ao comportamento de determinado animal não era inédita, mas foi consolidada por Della Porta (1988) no século XVI, que assinalava tal aproximação.

Devemos destacar que, embora se aponte a fisiognomia de maneira embrionária nos séculos XVI e XVII, ela se consolidará com Kaspar Lavater no século XVIII.

Sobre a fisiognomia, De Matos (2015, p.18) afirma:

Cabe lembrar que a fisiognomonia (...) é um conhecimento antigo, caracterizado por ambivalências entre o racional e o místico, o médico-científico e o mágico-religioso. Na sua trajetória histórica, as análises do rosto foram formuladas em tratados filosóficos, médicos e anatômicos, manuais artísticos, místicos e de civilidade, alvo de observações detalhadas e pormenorizadas que visaram revelar o que seria autêntico ou imposto, o que exprimia ou ocultava, a espontaneidade e o silêncio das emoções, sempre procurando desvendar os segredos da alma.

Outras pseudociências dos séculos XVI e seguintes, como a **metoposcopia**, tentavam analisar a personalidade e o caráter do indivíduo por suas linhas faciais. Podemos perceber que existe uma inegável aproximação entre o biodeterminismo dos positivistas do século XIX e tais pseudociências, na tentativa de diagnosticar e descrever o sujeito e seu comportamento a partir de traços externos.

Homem e sua semelhança com um leão (DELLA PORTA, 1988, p. 108)

Homem e sua semelhança com um porco (DELLA PORTA, 1988, p. 132)

Homem e sua semelhança com um ruminante (DELLA PORTA, 1988, p. 99)

A comparação com o animal não será exclusividade de Della Porta. A literatura criminal, até os dias de hoje, busca no mundo bestial grande parte de seus adjetivos e rotulações ao sujeito criminoso.

Em longo prazo, o processo de transformar a questão do caráter e da personalidade em uma demanda externa (exógena) acabou por reduzir as possibilidades de entendimento do sujeito que comete o crime, entregando seu diagnóstico à mera presença de traços físicos e anatômicos, o que possibilitou a estigmatização apenas de uma classe devidamente selecionada para tal.

Com o passar dos séculos, após o final da Idade Média, as técnicas de tortura, pautadas nos valores religiosos, começaram a ser questionadas, e os métodos rudimentares de investigação foram alvo de críticas. Vozes começaram a se levantar contra o poder ilimitado da Igreja e suas concepções arbitrárias vinculadas ao procedimento acusatório (ANITUA, 2008).

O Iluminismo surgiu no século XVIII com o ideário da defesa de um conhecimento racional como instrumento para dissipar as obscuridades das ideias tradicionais. Tal corrente trouxe o questionamento dessas arbitrariedades e materializou um "garantismo humanizador" (ANITUA, 2008, p. 160).

Esse garantismo encontrou na obra *Dos delitos e das penas*, de Cesare Beccaria, de 1764, seu ponto máximo. A obra preconizou que as penas devem ser previstas em lei. O autor atentou também para que o réu jamais pudesse ser considerado culpado antes de uma sentença condenatória. O escritor italiano afirmou, ainda, que o roubo é geralmente ocasionado pela miséria e pelo desespero. Pregou a moderação na aplicação das penas, a importância da prevenção penal em face da repressão penal e, entre outras coisas, abominou penas de morte ou banimento (BECCARIA, 1995).

Tal livro marcou a transição entre as já citadas pseudociências, como astrologia, oftalmoscopia, metoposcopia, quiromancia, fisiognomia e demonologia, para um conhecimento científico em que explicações abstratas e pactos demoníacos seriam desconstruídos.

Os modelos racionalistas tiveram em René Descartes (1596 - 1650) a influência em relação ao método para estudar fenômenos humanos. Interpretar a análise dos objetos pelo mais simples, buscando o conhecimento pleno; fracionar o conhecimento e valorizar a reflexão.

Outros pensadores, como Hobbes (1588-1679), Montesquieu (1689-1755), Voltaire (1694-1778) e Rousseau (1712-1778), moldaram o Iluminismo como uma forte reação a todo obscurantismo da Idade Média, com a razão substituindo a Deus (como explicação fenomenológica) e o antropocentrismo sendo levado ao *status* de verdade universal.

Mas vale lembrar que, embora racional, o movimento iluminista não foi um movimento humanista. Na verdade, foi um importante instrumento de consolidação de poder, em que o direito penal assumiu um papel de protagonista, com poder de selecionar e estigmatizar pessoas (FOUCAULT, 1984).

Embora esse antropocentrismo deixasse o homem como protagonista em relação aos dilemas humanos, o comportamento humano, em particular a conduta violenta e dita desviada dos padrões burgueses, não mereceu grande curiosidade ou destaque.

O crime foi considerado um mero ente jurídico, e a razão para alguém cometer um crime seria tão somente uma escolha ou simplesmente o livre-arbítrio (BARATTA, 2002).

Surge nesse período uma preocupação maior a respeito da questão da responsabilização dos atos, exatamente derivada da questão do livre-arbítrio. Os psiquiatras Philippe Pinel e Jean-Étienne Esquirol auxiliaram a romper na França (do início do século XIX) com o punitivismo voltado aos portadores de sofrimento mental. Pregaram a irresponsabilidade desses sujeitos perante os atos considerados criminosos (TENDLARZ; GARCIA, 2013).

O conceito de liberdade para a ação exigia um pleno discernimento do agente para articular e escolher sua conduta criminosa. O inimputável não teria possibilidade de tomar decisões livres, portanto não poderia ser responsável pelos seus atos.

É importante ressaltar que surge em 1810, na França, o primeiro Código Penal Europeu, que enfrenta a questão da inimputabilidade, seguindo totalmente a dogmática clássica. "Não há crime nem delito se o detido está em estado de demência no momento da ação ou se foi impelido por uma força à qual não pôde resistir". Aqui podemos ver dois eixos interessantes para a inimputabilidade: demência e impulso irresistível (TENDLARZ; GARCIA, 2013).

Iniciada com o italiano Beccaria, seguido de pensadores como Jeremy Bentham (1748-1832) e Francesco Carrara (1805-1885), surge a primeira escola genuinamente identificável, minimamente sistematizada e com um objeto limitado, conhecida como "os clássicos", que vão aprofundar o estudo do fenômeno do crime, do castigo e de seus efeitos. O crime é visto aqui como um mal injusto (SHECAIRA, 2004).

Não é difícil perceber que, para os clássicos, sendo o crime uma decisão pessoal, os homicidas mais uma vez não foram objeto de estudos mais relevantes, tampouco se viu uma crítica à macroestrutura de poder e à sua influência no cometimento de crimes e na seletividade do recém-criado sistema prisional e manicomial.

No entanto, embora a criminologia em sua forma embrionária seja silente em relação aos crimes violentos, principalmente quanto à vida, os homicidas em série continuavam a surgir.

Um exemplo de homicida prolífico foi Luísa de Jesus (século XVIII), que cometeu em Portugal quase três dezenas de homicídios, tendo como vítimas em sua maioria bebês abandonados. Crianças cujo desaparecimento por muito tempo não despertou a atenção da sociedade.

Em relação aos homicidas em série, aliás, até o final do século XVIII, podemos afirmar que eles não causavam grande repercussão, uma vez que é raro encontrar relatos oficiais sobre mortes catalogadas em livros ou outros meios de comunicação, mesmo que rudimentares, na época.

Convém ressaltar que o século XVIII não foi apenas da racionalidade. Na seara penal, ainda embrionária, tivemos o recrudescimento do estigma. Isso porque houve a exaltação das características físicas como definidoras do caráter de um indivíduo em um processo penal.

Um século antes de Cesare Lombroso consolidar o biodeterminismo, Marquês de Moscardi se eternizou com uma maneira peculiar de julgar, em que as características físicas do sujeito deveriam ser levadas em conta no momento da condenação.

É ao Marquês de Moscardi que se atribui o conhecido Édito de Valério: quando se tem dúvida entre dois presumidos culpados, condena-se o mais feio. As sentenças dessa proeminente figura napolitana ficaram famosas ao basear as condenações no rosto e no formato da cabeça do condenado (SHECAIRA, 2004).

Corroborando esse pensamento, tivemos então a consolidação da fisiognomia como ciência no século XVIII, atribuída a Johann Kaspar Lavater (1741-1801), que publicou um livro sobre os traços faciais e sua relação com a personalidade do sujeito.

Esse filósofo defendia que a aparência de uma pessoa indicaria o seu caráter, e o rosto seria o responsável por revelar a alma do indivíduo (DOS SANTOS; CATHARINA, 2014).

Nesse sentido, Lavater (*apud* DOS SANTOS; CATHARINA, 2014, p. 224) afirma:

> A fisiognomonia é a ciência, o conhecimento da relação que liga o exterior ao interior, a superfície visível ao que ela encobre de invisível. Numa concepção restrita, compreende-se por fisionomia a aparência, os traços do rosto, e por fisiognomonia o conhecimento dos traços do rosto e sua significação. **Aquele que julga o caráter do homem numa primeira impressão que se faz do seu exterior é naturalmente fisiognomonista**; ele o faz cientificamente quando sabe expor de maneira precisa e organizar numa ordem os traços e sinais observados; enfim, o fisiognomonista filósofo é aquele que, na inspeção de tal ou tal traço, de tal ou tal expressão, é capaz de deduzir as causas e dar as razões internas dessas manifestações exteriores (grifo nosso).

É indiscutível que a obra de Lavater influenciou os processos investigativos e também abalizou julgamentos nos séculos XVIII e XIX, influenciando o positivismo que surgiria anos mais tarde.

Embora hoje cause estranheza (ao pensamento científico) tal édito ou a afirmação de julgar alguém pelas aparências, não se pode negar que toda a construção do direito penal e do processo penal parece seguir uma lógica semelhante no momento da condenação.

Os processos relacionados a homicidas e outros criminosos foram moldados com essa forma caricata de julgar. E ainda hoje os homicidas violentos se beneficiam dessa cultura das aparências e estigmas, muitas vezes se livrando da prisão por não apresentarem a aparência que o senso comum espera de um assassino.

Embora a chamada escola de Bolonha, com a participação de grandes pensadores clássicos, tenha avançado no século XVIII, foi apenas no século XIX que começamos a ver uma mudança significativa em relação ao estudo dos atos violentos e principalmente de sua responsabilização e etiologia.

Contribuíram para esse desenvolvimento, no início do século XIX, autores como o belga Quételet (1796-1874), que interpretou o delito como um fenômeno coletivo, normal e principalmente natural. Curiosamente, ponderava que as estações do ano teriam efeitos sobre o aumento ou a variação da criminalidade (ANITUA, 2008).

Tivemos na França a figura de Pinel (1745-1826), psiquiatra precursor na separação clínica entre criminosos comuns e os portadores de transtorno mental. Denunciou a violência e acabou por rever os espaços de exclusão a que os enfermos mentais eram relegados. Ademais, o psiquiatra francês abordou a chamada "mania sem delírio" para descrever uma agressividade sem alterações significativas no intelecto (ALMEIDA, 2013).

Em 1838, houve a contribuição de Esquirol (1772-1840), que apontou as monomanias, em que enfermos, mesmo com aspecto normal, poderiam cometer atos criminosos, desde que sob o efeito de fenômenos delirantes. Ou seja, Esquirol foi um dos pioneiros a refletir sobre uma loucura moral, em que sujeitos com certa inteligência apresentavam desvios morais (TENDLARZ; GARCIA, 2013).

Nesse sentido, o britânico Prichard (1786-1848) aprofundou o termo "insanidade moral", que Cesare Lombroso usaria décadas depois para basear suas conclusões sobre o criminoso nato. Prichard, sobre a "moral insanity", preconizava (*apud* ALMEIDA, 2013, p. 1.065):

> Loucura que consiste em perversão mórbida dos sentimentos naturais, afetos, inclinações, temperamento, hábitos, disposições morais e impulsos naturais, desprovida de qualquer desordem observável ou defeito do intelecto ou faculdades de conhecimento e razão, particularmente sem nenhuma ilusão insana ou alucinação.

É inegável que todas essas mudanças no foco investigativo (preocupações se voltando ao sujeito e a maior ênfase no comportamento violento) não se deram de forma arbitrária. Pelo contrário, essas transformações foram fruto do século XIX, com a Revolução Industrial, a urbanização e a modificação em grande parte do modo de viver da população, o que acabou acarretando também mudanças significativas no comportamento e na cultura.

Nessa senda, os homicidas em série passam a ser mais conhecidos a partir do século XIX, não somente na Europa como também nas Américas. Alguns anos antes de o mundo conhecer Jack, o Estripador (1888), quando nem mesmo os Estados Unidos conheciam homicidas em série, Porto Alegre foi abalada por acontecimentos que deixariam qualquer jornalista londrino estático.

Em 1863/1864, José Ramos e Catarina Palse (século XIX) e mais um cúmplice mataram de três a dez pessoas, com requintes de crueldade e esquartejamento. Alguns historiadores afirmam que houve inclusive a fabricação de linguiça com os restos mortais das vítimas. Embora hoje esse crime seja pouco conhecido, ele repercutiu nos jornais da época, inclusive fora do Brasil (FREITAS, 1996).

Sobre esses crimes, Prikladnicki (2005, p. 27) assevera:

> Foi decerto o crime mais bizarro que Porto Alegre já viu. Aliás, não foi apenas um crime, mas um verdadeiro conto de horror. Se você não costumava ser apavorado pelos pais ou avós com esta história quando menor, aí vai uma palinha: na lúgubre Porto Alegre do século 19, [...] a formosa e sensual "amásia" do açougueiro [...] atrai as vítimas. Seduzidos pela beleza inenarrável da moça, os pobres senhores eram levados para uma casa mal-assombrada, onde caíam em um alçapão, dando de cara com o açougueiro sanguinário, que por sua vez já os esperava sorridente, com um enorme machado na mão. O resto da história é previsível: o sujeito era esquartejado e acabava na mesa da alta sociedade.

Sobre a mutilação e o esquartejamento de vítimas, isso foi exposto nos julgamentos, no entanto nenhuma referência concreta se tem a respeito da produção de linguiças. Estranhamente, muitos relatos sumiram dos arquivos oficiais. E nada se falou dos crimes nos jornais brasileiros da época, numa clara tentativa do Império abafar o caso.

Nos Estados Unidos, na mesma época, a família Bender (século XIX) tratava de matar, de maneira cruel, mais de uma dezena de pessoas no estado de Kansas. A família homicida agiu durante anos e se utilizou de métodos insidiosos e cruéis para dar fim às vítimas.

Os corpos eram enterrados na própria propriedade da família. Embora tenha sido oferecida à época uma recompensa para a captura dos Bender, eles nunca foram presos.

Já na Inglaterra, tivemos a figura de Mary Ann Cotton (século XIX), que matou os filhos, além de ser suspeita da morte de mais duas dezenas de pessoas. O *modus operandi* desses homicídios foi o envenenamento. Quase todas as pessoas que conviveram intimamente com Mary, entre filhos e maridos, morreram de causas ligadas à chamada febre gástrica ou em decorrência de alguma complicação intestinal.

Mary foi a única beneficiária do seguro de vida de várias vítimas. As investigações da época acusaram a presença de arsênio vinculada a algumas das mortes, e ela foi presa pouco depois. Embora sempre tenha negado todas as acusações, Mary Ann foi enforcada em 1873.

Dessa maneira, o século XIX prospera, com mudanças incontáveis em todos os aspectos. Os homicidas ganham maior destaque e, concomitantemente, a burguesia se solidifica na Europa, o Direito Penal consolida a prisão como um meio seletivo e excludente de tratar parte da população, a imprensa potencializa sua influência e pensadores como Lavater e Quételet, entre outros, materializam um ideário voltado ao estigma.

Enfim, as últimas três décadas do século XIX foram, portanto, importantes para a consolidação das teorias voltadas ao estigma e ao biodeterminismo, como veremos a seguir.

5.3. A PROCURA DA NATUREZA CRIMINOSA – LOMBROSO E SEU CRIMINOSO IDEAL

Nos últimos anos do século XIX foram prolíferas na tentativa de entender o comportamento violento e justificar uma higienização social desejada pela classe dominante. Esses ingredientes fizeram surgir um movimento chamado **positivismo**.

Contemporâneos ao surgimento dessa escola, tivemos expoentes que contribuíram para o pensamento biodeterminista, como Francis Galton (1822-1911) e Alexandre Lacassagne (1834-1924). Este último, embora determinista, preferia dar protagonismo ao ambiente e não ao tipo físico do delinquente – aliás, é dele a célebre frase: "O meio social é o caldo de cultura da criminalidade, o micróbio é o criminoso que faz o caldo fermentar" (TENDLARZ; GARCIA, 2013).

Nessa mesma época, o tema homicida em série já começava a surgir no ideário social como um conceito literariamente mais estabelecido. Em 1846 (algumas décadas antes da consolidação do ponto de vista criminológico), surge um romance chamado *The string of pearls*, contando a história de um homicida sádico que aterrorizava sua vizinhança.

Vale ressaltar que as histórias de terror foram difundidas nessa época (na Inglaterra) por meio das chamadas *penny dreadful*, que eram publicações voltadas a uma literatura popular e barata, com roteiros geralmente baseados em eventos sobrenaturais. No entanto, entre vampiros e lobisomens, foi exatamente um homicida em série que representou um dos personagens mais populares desse estilo de publicação.

O sucesso de *The string of pearls* foi tanto que pouco depois acabou por se transformar em uma peça de teatro, intitulada *O barbeiro demoníaco da Rua Fleet* (século XIX). A história arrebatou o público londrino e atravessou décadas, chegando a se transformar em musical, na segunda metade do século XX, e foi contada inclusive por Tim Burton, no filme *Sweeney Todd*, em 2007.

A história do barbeiro assassino que mata seus clientes e os transforma em torta acabou tendo uma boa recepção do público na época e fez, inclusive, relativo sucesso quatro décadas antes do surgimento de Jack, o Estripador. Destacamos que os fatos narrados pelo autor se passam no final do século XVIII, em uma Londres que vivenciava mudanças urbanas significativas e convivia com uma desordem social e econômica.

O que mais chama a atenção nessa obra é o fato de que leitores da época afirmavam se tratar de uma história real baseada em homicídios que realmente aconteceram na cidade no final do século XIX e início do século XX. Não obstante, historiadores asseguram que, se realmente existiu tal homicida, ele não transformava suas vítimas em bolos ou tortas, mas decepava seus clientes com a navalha e desaparecia com os corpos.

Embora o verdadeiro barbeiro da Rua Fleet seja uma lenda urbana, não existem documentos ou dados que comprovem minimamente a existência de um homicida com essas características no período mencionado.

A escola positivista da criminologia, também chamada de positivismo, foi sem dúvida a grande responsável por consolidar o estigma como importante critério na diferenciação de criminosos na sociedade, considerada ordeira e pacífica.

Embora muitos já houvessem tentado apontar uma causa inequívoca ao comportamento violento, os primeiros a realmente limitar o objeto de estudo do crime foram os já citados positivistas. Ainda que Lombroso tenha destaque nesses estudos, o nome "criminologia" efetivamente se concretizou a partir do livro homônimo de Raffaele Garofalo (1851-1934).

O criminoso seria, para tal escola, um ponto fora da curva na estrutura social, um fenômeno presente universalmente e que deveria encontrar respostas no biodeterminismo fatalista. O delinquente seria um tipo especial de sujeito, com características que o diferenciariam do homem médio e comum (SHECAIRA, 2004; BARATTA, 2002).

Essas particularidades não estariam apenas atreladas à personalidade e ao caráter, mas seriam evidentes principalmente do ponto de vista físico e biológico. Ou seja, o criminoso seria identificado de maneira objetiva, devido à presença de determinados traços que o diferenciavam dos demais (SHECAIRA, 2004; BARATTA, 2002).

É impressionante o fato de que o ideário positivista tenha se amalgamado no seio social e que hoje, quase dois séculos depois, a maneira como vemos certos indivíduos excluídos e vulnerabilizados sofra total influência desses conceitos primitivos. A periculosidade atrelada ao diferente e ao anormal se consolidou e ainda hoje dita todos os procedimentos vinculados ao estudo do comportamento violento.

Ainda buscamos modelos biológicos e padrões físicos para corroborar o estigma antecedente. Ao temermos algumas pessoas, ao atravessarmos a rua por causa de um indivíduo suspeito ou quando temos uma sensação de insegurança em relação a alguém, estamos utilizando (quase sempre) todos os preceitos e modelos dados por Lombroso, mesmo que inconscientemente.

O médico italiano Cesare Lombroso foi responsável por delinear esse **homem criminoso ideal.**

Nas palavras de Tendlarz e Garcia (2013, p. 51-52):

> Mas é em 1876, com a publicação de *O Homem Delinquente,* que Lombroso formaliza pela primeira vez as orientações dessa nova aproximação. No seu entender, **os criminosos têm uma disposição natural ao crime, sem conexão alguma com o meio social, o que se denomina "criminoso nato". Trata-se de indivíduos que sofrem de uma regressão atávica, física e moral. Regressão a uma das primeiras etapas do desenvolvimento da espécie humana.** Esse pensamento supõe uma concepção linear acerca da evolução do homem (grifo nosso).

Dentro do biótipo traçado por Lombroso, temos a presença de uma série de peculiaridades físicas e anomalias para caracterizar esses indivíduos. O médico italiano afirmava que os assassinos tinham um olhar vidrado e representariam uma regressão ao patamar de seres humanos primatas e não evoluídos (LOMBROSO, 2001).

Cesare Lombroso difundiu a teoria de que os criminosos deveriam ser reconhecidos por estigmas e características físicas, além de degenerescências mentais. Entre essas características, podemos apontar a desproporção do tamanho do crânio, ter uma altura superior à da média da população, anomalias presentes no sacro, no fígado e demais órgãos, além de apresentar o maxilar protuberante, as orelhas desproporcionais e deformadas, o nariz achatado, os lábios grossos, caninos ressaltados e também tatuagens e uma insensibilidade latente à dor (LOMBROSO, 2001).

Além desse modelo físico de homem criminal, Lombroso solidificou a teoria do homem atávico de que o médico francês Prosper Lucas (1808-1885) já havia tratado anos antes. Lucas analisou as enfermidades e as relacionou com a hereditariedade, afirmando que existe um condicionamento criminal em alguns sujeitos que é perpetuado pela hereditariedade das características criminosas, e que tais atributos estão presentes desde o nascimento do indivíduo (SOLANO; GUTIERREZ, 2006).

Esse homem atávico tinha relação direta com as teorias da evolução de Charles Darwin (1809-1892) e certo determinismo biológico em face da alardeada seleção natural. Nesse sentido, o sujeito atávico seria um homem não evoluído, portanto, desigual.

Para Darwin, o atavismo era o reaparecimento de características presentes em nossos ancestrais e que permaneciam adormecidas por algumas gerações. Essa volta ao passado era uma regressão evolutiva (DARWIN *apud* SOLANO; GUTIERREZ, 2006).

Desse modo, Solano e Gutierrez (2006, p. 207) afirmam:

> O encontro de Darwin com as ideias de Lucas e de outros autores abriu o caminho para que suas reflexões passassem da interpretação do problema da hereditariedade como um efeito do desenvolvimento embrionário até uma ideia que se foi convertendo em algo maior que um simples efeito de processos, primeiro como um "problema importante" associado aos estudos de geração e depois como uma causa do desenvolvimento.

A análise de homicidas e outros criminosos passou, então, a ser vinculada à figura do indivíduo anormal, desviado, aquele que por questões biológicas apresentava uma nítida regressão do estado evolutivo. Há nesse momento a consolidação do fenômeno criminoso totalmente vinculado à questão patológica (BASALDÚA, 2009).

O ícone desse pensamento positivista foi a criação da figura do **criminoso nato**, ou seja, um sujeito que nasce com a predisposição para cometer crimes, com falhas em seu senso moral e com caráter e personalidade desvirtuados. Como se não bastasse, tal sujeito ainda apresentaria todos os estigmas físicos mais visíveis (LOMBROSO, 2001).

Essa análise de Lombroso é carregada de outro simbolismo, a retirada da responsabilidade do agente, pois o ato seria biodeterminado e não mais uma manifestação livre do agente. O delito como ente natural se consolida, embora Lombroso considerasse, ainda que como mero gatilho, os fatores psicológicos e sociais (BARATTA, 2002).

Foi Enrico Ferri (1856-1929), discípulo das ideias de Lombroso, que estendeu tal análise, considerando importantes três fatores na análise do comportamento delituoso: fatores **físicos, sociais** e **antropológicos**, embora os primeiros sempre se perpetuassem como protagonistas na análise. Ferri ainda traçou uma classificação de criminosos em **natos, habituais, loucos, ocasionais e passionais** (BARATTA, 2002).

Nessa classificação, o jurista italiano considerou os criminosos **natos** de acordo com a teoria lombrosiana, em que estigmas e degenerações seriam fator de identificação do sujeito delinquente; além disso, outra característica dessa classificação seria a atrofia do senso moral. Como **loucos** eram classificados os sujeitos que cometiam crimes, mas apresentavam desvios no aspecto mental, Ferri identificava-os como alienados ou mesmo fronteiriços. O delinquente **habitual** seria o indivíduo reincidente, aquele que faz do crime sua rotina e profissão. O criminoso **ocasional** seria aquele sujeito que, a despeito de não apresentar um comportamento criminoso característico, aproveita-se de certas situações para se beneficiar ilicitamente. E, por fim, Ferri apresentava o criminoso **passional**, que agia totalmente dominado pelas emoções, inconsequente e imaturo.

Assim, como já ressaltamos, essas ideias, todas cultivadas no mesmo recorte histórico, marcaram a análise do primeiro e mais famoso homicida em série – Jack, o Estripador – e acabaram por perpetuar o estudo desses criminosos por um viés biológico questionável e estigmatizante.

A criminologia tradicional, dessa forma, moldou uma maneira de se enxergar o criminoso e, consequentemente, o homicida, que acabou por influenciar todas as investigações e, principalmente, todo o conhecimento popular sobre o tema.

O criminoso, sob a perspectiva de Lombroso, passou a ser visto como um **homem atávico, biodeterminado, com ausência de responsabilidade,**

que possui estigmas físicos e mentais. Ademais, seu crime é visto como um ente natural, e ele é considerado um criminoso nato.

Portanto, a criminologia positiva pareceu dar uma nova roupagem também às pseudociências dos séculos que a precederam, consolidando todo um aparato de segurança pública e investigação que imaginam ser o criminoso um mero primata atávico. O pensamento positivo pode ser encontrado até os dias de hoje e ainda reverbera nas academias e principalmente na análise de indivíduos que cometeram crimes.

O impacto que tal pensamento tem sobre as análises de comportamento violento não deve ser menosprezado, uma vez que retira da investigação um olhar transdisciplinar e multifacetado sobre o sujeito, analisando-o de maneira estéril, sem a visão sob seus diferentes matizes.

Sobre o final do século XIX, podemos ainda afirmar que a dualidade bem x mal se concretizou por completo no seio da sociedade moderna ocidental. Enquanto o médico Cesare Lombroso afirmava que o homicida nasce desviado e criminoso (devido a questões biológicas e identificáveis pelo rosto, pela cor, entre outras características físicas), Robert Stevenson escrevia *O médico e o monstro*, que reforçava a ideia de que existe um lado sombrio e monstruoso que pode arrebatar a sociedade.

Em meio a tudo isso, entre palestras que debatiam características em crânios e livros que descreviam monstros, anomalias e aberrações, chegavam às bancas de jornal as primeiras notícias dos homicídios de Jack.

Era o que faltava para a população sedimentar estigmas e consolidar rótulos. Em uma sociedade sofrendo os efeitos indiretos e diretos da industrialização, como o crescimento acentuado da riqueza de alguns juntamente com o aumento exponencial da pobreza da maioria, a interpretação do comportamento marginal pelo viés determinista trazia uma conveniente saída para toda e qualquer profilaxia social ou políticas higienistas.

Na principal metrópole da Europa à época, vivia-se a era vitoriana[80], em uma Londres por vezes caótica, devido ao aumento substancial da população e com uma sociedade imersa em preconceitos em que a desigualdade social começava a despontar. A estigmatização e a exclusão de determinados sujeitos se solidificaram no ideário social.

Devido aos efeitos da recente Revolução Industrial, a cidade passou a conviver com o fortalecimento de uma classe burguesa influente e ávida por garantir e expandir seus poderes. Por outro lado, houve também o surgimento de sujeitos periféricos, que não encontravam espaço na sociedade, com exceção das ruas como Whitechapel, onde milhares de prostitutas se aglomeravam juntamente com ociosos, trabalhadores miseráveis e parte da elite, que, embora moralista durante o dia, se esgueirava pela noite atrás das mulheres, pagando valores ínfimos e perpetrando todo tipo de violência.

Essa realidade, representada por uma burguesia que se fortalecia diante da pobreza de parte da população, ficava latente entre os excluídos que formavam o cenário de toda a East End de Londres. Tal realidade ultrapassava as fronteiras da Inglaterra e atingia toda a Europa, e foi reproduzida em grandes obras de Charles Dickens, de Victor Hugo, entre outros[81], os quais retrataram a miserabilidade de grande parte do Velho Mundo no século XIX.

O cenário urbano europeu desse período demonstrava um enfraquecimento da coesão social, devido ao desordenado crescimento, ao êxodo rural e ao acúmulo de riquezas por determinada parte da sociedade. Essa situação repercutiu no aumento da criminalidade nos centros urbanos e no consequente aumento da sensação de insegurança por parte da elite.

Em meio a esse panorama singular, uma teoria biodeterminista, com viés segregativo e que justificava todo tipo de exclusão, seria, além de muito bem aceita pela elite, incentivada para justificar uma profilaxia que tardava em acontecer. Nesse sentido, o positivismo criminológico de Lombroso deu exatamente a explicação que o momento exigia para garantir aos detentores do poder a sua perpetuação e justificar a exclusão de toda uma parcela da sociedade (LOMBROSO, 2001).

O positivismo criminológico se consolida, então, na década de 1870, pela obra *O homem delinquente*, de Cesare Lombroso, que conseguiu condensar e sistematizar todo um pensamento biodeterminista e segregativo em uma obra que se tornaria a justificativa para a consolidação de uma teoria da defesa social (BARATTA, 2002).

Lombroso foi o responsável por embasar pseudocientificamente as justificativas que faltavam para segregar os não adaptados pela sua periculosidade e aparência, e não necessariamente pelos crimes cometidos. É inegável que os estudos do médico italiano modificaram a maneira de analisar os sujeitos tachados como criminosos, em especial os homicidas, estupradores e autores de crimes violentos, que ganharam contornos mais selvagens e menos humanos.

A obra *O homem delinquente* tratou de descrever todo e qualquer homicida como aberração e evitar questionamentos mais profundos a respeito das causas sociais e multifatoriais de um crime. Tal livro sepultava as chances de uma análise dos sintomas que a presença de crimes no seio social poderia representar, e isso era bem conveniente ao novo *establishment*[82].

Os homicidas e outros criminosos se tornaram, assim, uma exceção em relação ao homem normal. A presença de anomalias em seu corpo deveria denunciar sua condição. O homicida se assemelharia mais a um animal ou mesmo aos nossos ancestrais selvagens do que com o resto da população (LOMBROSO, 2001).

O século XIX, portanto, consolidava o indivíduo que comete crimes como um degenerado, e nesse momento surge, exatamente na já citada e desordenada Whitechapel (representação simbólica do cenário de parte da Europa), um homicida que se destacou entre tantos outros que por lá perpetravam crimes.

Jack, o Estripador, surge no momento exato em que a questão biodeterminista está sob os holofotes, e a humanização na interpretação e na investigação dos crimes não existe. Desse modo, o fenômeno "serial killer" se solidifica com o positivismo e vai ser relevantemente marcado por ele, pois, a partir desse momento, será indissociável a figura dos homicidas em série do sujeito atávico, deformado e animalesco lombrosiano.

Enfim, Jack surge exatamente quando a criminologia positivista se expandia. Um ícone para ajudar na solidificação da necessidade de higienização social. O símbolo para se estampar nos jornais e consolidar o dualismo maniqueísta. O sujeito para se chamar de monstro.

Dez anos depois de Jack, esse pensamento dualista parece se consolidar. Tendlarz e Garcia (2013, p. 53) transcrevem um episódio do Congresso de Antropologia realizado em 1899, em Paris:

> Em 1899, no Congresso de Antropologia Criminal de Paris, Valentin Magnan conceitualiza a **criminalidade como uma forma de degeneração**. Segundo sua perspectiva, devido à ação de uma herança psicopática, infecciosa ou tóxica, uma criança, nascida com um determinado estado físico, intelectual e moral, dificilmente conseguirá uma boa adaptação à vida social; isso a converterá em

um degenerado, propenso a todas as enfermidades mentais; em certas circunstâncias, essa condição pode conduzi-la ao crime. **Essas anormalidades ou defeitos se expressam nos estigmas físicos chamados de degeneração e nas taras mentais, entre as quais predomina o desequilíbrio emotivo.** Dessa maneira, o crime executado por esses enfermos é um ato produzido por efeito de uma obsessão criminal mórbida: ao estarem esses sujeitos mais predispostos que outros a apresentar falhas na vontade e na moral, são mais propensos a cometer delitos e crimes (grifo nosso).

Vale lembrar que tanto a escola clássica como a positivista acabaram por solidificar a Teoria da Defesa Social. Tal teoria se baseia em seis princípios: a legitimidade do Estado para reprimir a criminalidade; o delinquente sendo visto como a representação do mal; o delito como um ato reprovável universalmente; a pena como prevenção ao delito; a lei penal sendo igualitária em sua aplicação; e o interesse social juntamente com o conceito de delito natural (BARATTA, 2002).

Embora tais princípios sejam frágeis perante a análise criminológica do crime, eles acabam por abalizar até os dias atuais quase todas as políticas públicas de segurança e também estão por trás de todas as reflexões do comportamento violento. Ou seja, é inegável que ainda não nos livramos dos pensamentos rudimentares do século XIX na análise dos crimes e, principalmente, dos homicidas em série.

O fato de o homicida icônico Jack, o Estripador, ter surgido em meio a esse turbilhão de conceitos não parece ser uma mera coincidência. Pelo contrário, Jack foi fruto de seu tempo e foi uma notícia aguardada e desejada pela população da época.

Por fim, temos a partir desse século a consolidação da figura do monstro, uma representação teratológica de tudo que a sociedade (ou a classe dominante) não suporta.

5.4. OS MONSTROS E O POSITIVISMO

Esse monstro, forjado nos séculos XVIII a XX, se consolida nas palavras de Foucault como sendo o indivíduo que deve ser corrigido, aquele que se identifica entre anomalias e imperfeições frente à norma. É uma exceção, o impossível mesclado com o proibido. Foucault ainda adverte que a junção entre monstro e desvio sexual aparece no final do século XVIII, com a mulher antropófaga de Sélestat ou Henriette Cornier (FOUCAULT, 2000).

Lembrando que Papavoine, a mulher de Sélestat, em 1817, matou sua filha, cortou-a em pedaços, cozinhou parte de sua coxa com repolho e a comeu, sendo a fome a justificativa primária para o ato. Já Cornier é uma jovem mulher que mata o bebê de uma vizinha, corta sua cabeça e a joga pela janela, embrulhada em um papel, sem aparentemente ter qualquer motivação clara para o crime.

Os psicanalistas Garcia e Tendlarz lembram que:

> O monstro é considerado desde a Idade Média até o século XVIII como a combinação entre o humano e o animal, que pode se dar pela combinação de duas espécies (o porco com cabeça de carneiro); pela combinação de dois sexos (homem e mulher, ao mesmo tempo) e pela combinação das formas (sem braços, sem pernas). Constitui a transgressão dos limites naturais, das classificações e da lei. Falamos de transgressão quando a desordem natural afeta o direito civil, canônico e religioso (TENDLARZ; GARCIA, 2013, p. 8).

O século XIX consolida a profilaxia social e o positivismo lombrosiano se edifica como um dos principais instrumentos para basear a segregação de sujeitos considerados antagonistas no seio da comunidade.

O biodeterminismo do médico italiano trata da aproximação dos conceitos de loucura, anormalidade e doença e, como consequência, defende o tratamento diferenciado entre os considerados normais ou doentes curáveis e os anormais – aqueles incuráveis ou, pior, aqueles sujeitos que por serem diferentes representariam perigo ao convívio social.

Assim, a dicotomia bem *versus* mal assume, a partir dessa época, o sentido de doente *versus* saudável, dicotomia sintetizada entre aqueles sujeitos que de certa forma assumem uma funcionalidade na sociedade em relação aos indivíduos que são considerados totalmente disfuncionais (CANGUILHEM, 2000).

O homicida em série, como um paradigma a representar o estigma de criminoso, vai sofrer a potencialização desse dualismo entre normal e patológico. Isso fica claro pela ânsia científica que dura até os dias atuais, passando por Lombroso, pela necessidade de achar o "gene do mal" ou qualquer diferença orgânica ou congênita no sujeito que possa referendar o primitivo pensamento de que a maldade está ainda atrelada à doença e à anormalidade.

Essa vontade de edificar um estigma teratológico acaba por criar um ser disforme. Schechter (*apud* MOURA, 2017, p. 10) afirma: "É como se, sob determinadas circunstâncias, uma criatura selvagem e sub-humana assomasse à superfície de seus eus atuais e se apossasse temporariamente deles".

No entanto, na verdade o sujeito normal não será aquele que não apresenta distúrbios ou desejos peculiares, mas sim aquele que obedece a determinados padrões e cumpre uma funcionalidade na engrenagem social e econômica vigente. E o monstro será todo e qualquer indivíduo que fugir a esse papel e será condenado à segregação, independentemente de ser ou não criminoso (CANGUILHEM, 2000).

A relação com o grotesco se acentua nos casos de homicidas em série, e a literatura potencializa esse aspecto. O normal *versus* o anormal aparece didaticamente para ser reforçado no ideário social. Schmid (*apud* Moura 2017, p. 11), nesse sentido, afirma:

> Bundy apresenta a enigmática relação entre a normalidade e a anormalidade nos serial killers, devido ao contraste extremo entre seu exterior bem-sucedido, ambicioso, belo, branco, heterossexual, republicano e classe média com o "monstro interior".

Tendlarz e Garcia (2012, p. 9), citando o código penal francês do final do século XVIII, lembram que somente no século XIX surge o "monstro moral". O referido código deixava clara a ideologia a respeito de homicidas: "Os assassinos são exceções às leis da natureza, todo o seu ser moral está apagado [...] estão à margem das proporções normais [...] Um assassino é um ser doente em que uma organização falha corrompeu suas afeições".

Mesmo nos dias atuais, os investigadores e escritores ainda tacham os assassinos de monstros, principalmente quando não conseguem ver razões aparentes para o ato cruel. Tal conduta, além de perpetuar a falsa e ilusória dicotomia entre normal e patológico, ainda reforça a ideia (em parte hobbesiana) de que os seres humanos são bons, e que somente uma doença ou desvio congênito pode deturpar esse indivíduo.

O problema reside exatamente na ausência de responsabilização que o conceito de anormalidade e doença oferece. Isso porque, juntamente com essa construção do monstro e de aberração, surge a ideia de irresponsabilidade do ato. Do não pertencimento que leva o sujeito a um "não lugar", ou seja, sem a responsabilização eu não me encontro (TENDLARZ; GARCIA, 2013).

Seguindo a teoria da "porta giratória": **quando o patológico entra em cena, a criminalidade, de acordo com a lei, deve desaparecer**. E tal pensamento excludente acaba por prejudicar não só a investigação como o próprio criminoso, que não tem sua verdadeira demanda satisfeita (TENDLARZ; GARCIA, 2013).

Além disso, ao consolidar a monstruosidade como regra para definir alguns indivíduos, acabamos por tranquilizar a sociedade, que fica autorizada a se ver em outro patamar em relação ao homicida. A sociedade o coloca como diferente, dessemelhante. Portanto, ao se excluir o monstro, resolve-se o problema.

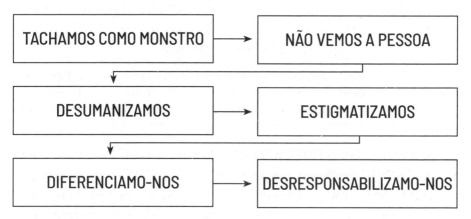

O quadro acima significa que, ao tachar um sujeito como monstro, nós esquecemos a pessoa, e, ao esquecer a pessoa, nós a desumanizamos por completo, e após desumanizar concretizamos os estigmas. Posteriormente, ao estigmatizar o outro, nós nos diferenciamos dele, e perante o diferente não há responsabilização. A fase final após a não responsabilização social será a autorização e a justificativa de todo e qualquer ato nosso.

Nesse sentido, ao homicida em série é negado ser simplesmente humano, pois do contrário a sociedade seria confrontada com suas próprias potencialidades.

> Ou seja, mesmo que alguns serial killers quisessem ou fossem impelidos a se posicionar como figuras quase sobrenaturais, outros tentariam fincar o pé numa humanidade que lhes seria negada pela sociedade. Como David Gore, serial killer que agiu na Flórida no início dos anos 1980,

que disse: "Eu era tão normal em todos os aspectos da minha vida. As pessoas não podiam acreditar que alguém como eu pudesse ter cometido crimes tão horríveis" (Schmid *apud* Moura, 2017, p. 11).

Isso produz uma falsa certeza: a de que o surgimento de homicidas em série seria a causa dos desequilíbrios sociais e não apenas o **mero sintoma**, uma vez que essa sociedade padece de um laço social mais abrangente e sólido.

O conceito de monstro tem um efeito nefasto, pois reduz as possibilidades e saídas e nos deixa apenas duas respostas viáveis ao fenômeno do criminoso em série: ou são monstros e irresponsáveis ou são monstros, portanto, incorrigíveis, e devem ser condenados à morte. Nenhuma dessas saídas parece ser correta.

Concluem os psicanalistas argentinos Tendlarz e Garcia:

> A discussão se inscreve na tensão existente entre os fatores genéticos e os fatores sociais, sendo que estes últimos concernentes aos problemas familiares e aos traumas infantis. [...] o **conceito de maldade** é suficientemente "forte" para ocultar os problemas mentais e as características intelectuais que motivam os atos brutais desses assassinos (TENDLARZ; GARCIA, 2013, p. 21, grifo nosso).

Ou seja, o conceito de monstro acaba por ocultar ou impossibilitar a descoberta dos motivos, consequências e sintomas do ato criminoso.

Vale frisar que a intenção deste livro ao explicar a estrutura criminológica e social em que estamos inseridos é retirar a carga de estigma da análise dos homicidas e, dessa maneira, atribuir a responsabilidade do ato diretamente ao sujeito e não ao monstro ou qualquer outra figura teratológica que ele represente no ideário popular.

5.5. DEMAIS APONTAMENTOS SOBRE A CRIMINOLOGIA E SUA HISTÓRIA

É inegável que hoje as análises sobre homicidas em série e demais criminosos, feitas pelos veículos de informação de massa, por grande parte da população e até mesmo por uma série de profissionais, sofrem grande influência das ideologias positivistas. A ideia estigmatizante de Lombroso e de seus seguidores reverbera ao longo dos séculos.

O foco da presente obra é apenas demonstrar como a criminologia, principalmente a positiva, tem ainda grande influência na maneira de analisar o comportamento violento nos dias atuais. Assim, não abordamos aqui as demais escolas criminológicas, o que fazemos em nossos livros próprios[83].

No entanto, somente a título de curiosidade, lembramos que a criminologia foi além de pensamentos limitadores e evoluiu ao longo das décadas do século XX, enquanto a repercussão de casos de homicidas em série também aumentou.

Todas as grandes escolas criminológicas foram contemporâneas de emblemáticos serial killers em seu período de ascensão e domínio. A análise de cada um desses homicidas com certeza foi influenciada pelas teorias criminológicas vigentes em cada momento. Nesse sentido, podemos destacar as seguintes escolas, com seus principais autores e os homicidas que atuavam no período:

- **1770** – Escola clássica (Beccaria) – **Luísa de Jesus**
- **1870** – Escola positivista (Lombroso) – **Jack, o Estripador / Mary Ann Cotton / Henry Howard Holmes**
- **1890/1940** – Escola funcionalista/anomia (Durkheim/ Merton) – **Karl Denke / Billy Gohl**
- **1910/1950** – Escola ecológica (Shaw/Mckay) – **Bela Kiss / Henri Landru / Dagmar Overbye / Carl Panzram**
- **1920/1950** – Associação diferencial (Sutherland) – **Vasile Tcaciuc / Marcel Petiot / Vera Renczi / Peter Kürten**
- **1950** – Subcultura delinquente (Albert Cohen) – **Ed Gein / Václav Mrázek / Delfina e María de Jesús Gonzáles**
- **1960** – Teoria da rotulação social (Becker/Cooley) – **Zodíaco / Myra Hindley e Ian Brady / Zdzisław Marchwicki / Albert DeSalvo / José Paz Bezerra**
- **1970** – Teoria crítica (Young/Baratta/Mathiesen) – **Ted Bundy / John Wayne Gacy / Harold Shipman / Daniel Camargo Barbosa / Juan Corona**

Assim, a criminologia caminha de maneira paralela ao desenvolvimento dos processos investigatórios, aos avanços do Direito Processual Penal e também à ampliação do próprio Direito Penal. Esse paralelismo indica que a Criminologia seguiu o avanço das investigações, dos métodos e técnicas forenses, mas as análises de comportamento e criminológicas não evoluíram na mesma proporção. As teorias críticas e modernas da Criminologia não produziram na prática forense mudanças significativas.

Ou seja, a criminologia avança sempre, mas a maneira como se interpreta o comportamento violento parece não evoluir no mesmo sentido (crítico). Os mecanismos e instrumentos de investigação parecem a cada dia priorizar um biodeterminismo em detrimento das análises do sujeito e toda a complexidade de sua subjetividade.

A criminologia que hoje abomina a crença em uma sociedade de consenso exige que a interpretação de todo e qualquer comportamento desviado seja analisado por um viés abrangente, em que uma crítica a toda a engrenagem social, econômica e cultural deve preceder a culpa (pura e simples) do agente. O agente, lembramos, não é a causa do desajuste social, mas, sim, é fruto desse desajuste.

Ao analisar homicidas em série, é imprescindível que os agentes entendam o caráter político-ideológico que permeia as leis sociais e os códigos morais. Devem se lembrar de que o sujeito que comete o ato homicida está sempre inserido em uma estrutura de poder muito maior que ele e sua vítima. Diminuir o campo de investigação a causas endógenas e particularidades do sujeito pode até possibilitar a solução de um crime, mas não nos levará a compreender o fenômeno homicida em sua complexidade.

A criminologia em seu viés crítico, como também a criminologia voltada à psicanálise, deve ultrapassar a simples descoberta da autoria de determinado ato violento, para ir adiante e descobrir qual é o papel que esse crime ocupa no mundo e qual lugar a passagem ao ato ocupa nas fantasias do homicida.

Ressignificar o ato é também ressignificar o sujeito, para enfim tentarmos entender qual é o sentido que a ação homicida ocupa, pois toda conduta suplica por uma resposta, e a passagem ao ato homicida precisa ser compreendida, para darmos ao sujeito a resposta que simbolicamente ele espera.

6

OS HOMICIDAS EM SÉRIE E A MÍDIA

6.1. A CONSTRUÇÃO DO FASCÍNIO MIDIÁTICO PELOS HOMICIDAS SERIAIS

Para Durkheim (2001), o crime é uma conduta que afronta determinados sentimentos da coletividade, e podemos afirmar que nenhum fenômeno criminológico ofende mais a coletividade do que o homicídio, um fenômeno milenar e intrínseco a qualquer grupamento humano.

Em relação ao surgimento e à proliferação histórica (como também midiática) dos homicidas seriais, adentramos por um caminho nebuloso, uma vez que não se pode chegar a uma constatação linearmente nem tampouco se pode afirmar alguma data como marco inicial sem incorrer em controvérsias.

Como vimos nos capítulos anteriores, o fenômeno dos homicídios em série não é recente na história da humanidade, embora haja quem discorde dessa afirmação: sociólogos como Stuart Palmer afirmam que em sociedades primitivas não havia a presença de homicidas em série nem em massa, sendo esse personagem um típico exemplo das sociedades modernas e principalmente industrializadas.

O que é incontroverso mesmo é que tais atos somente ganharam destaque no **século XIX**. E vieram acompanhados de transformações na ciência, na cultura, sobretudo na sociedade.

A indagação que se faz é por que o final do século XIX e o início do século XX foram responsáveis por um aumento exponencial do número de homicidas em série. É inegável que a resposta envolve muitos fatores, e tal fenômeno se deu por uma série de questões, que vão do avanço da ciência ao surgimento da comunicação de massa.

Primeiramente, em relação à ciência, já abordamos nesta obra toda a gama de conceitos que surgiram principalmente após a segunda metade do século XIX. Podemos incluir nessas mudanças os estudos do psiquiatra alemão Krafft-Ebing, que abordou, na década de 1880, os crimes violentos de conotação sexual, que já chamavam a atenção de grande parte da população (KRAFFT-EBING; KLAF, 1965).

Até então, esses crimes não eram tão analisados e tampouco objeto de investigações mais apuradas. Na obra do psiquiatra citado, são descritos sujeitos e atos que poderiam ser enquadrados nos conceitos de homicidas em série, embora até então o personagem serial killer ainda não habitasse o ideário social.

Paralelamente ao avanço da ciência, podemos citar como fatores que ajudaram na proliferação de tais criminosos: as facilidades encontradas no mundo urbanizado; a sociedade de consumo; a dificuldade de lidar com o crescimento da violência nas grandes metrópoles; o distanciamento dos indivíduos na sociedade moderna; as dificuldades de manter o núcleo familiar; a impunidade criminal como fenômeno mundial.

Além disso, o final do século XX é marcado pela perda cada vez maior da eficácia social, os cidadãos da sociedade moderna tendo vínculos cada vez mais tênues. Além disso, o aumento da concentração de renda, do poder político sobre o direito penal e da estigmatização de parcela da sociedade (como visto em capítulos anteriores). Somam-se a isso os empecilhos das investigações policiais em cidades com dezenas de crimes diários.

Pobreza, estigma, distanciamento, embrionário caos urbano, entre outros ingredientes, contribuíram para um aumento significativo dos atos considerados desviados, ou pelo menos para o aumento da sensação de insegurança, principalmente de uma parcela da sociedade, representantes de estratos superiores na desigual concentração de renda.

Podemos citar também o antropólogo canadense Elliott Leyton (*apud* TENDLARZ; GARCIA, 2013), que atribui o aumento no número de casos de homicídios em série ao novo panorama da vida urbana (tediosa e monótona), que gerou um completo desinteresse pelo outro.

Nesse sentido, o antropólogo ainda afirma que **o mundo industrializado trouxe a legitimação da violência como um recurso necessário para combater a frequente frustração gerada pelas expectativas criadas pela sociedade de consumo e nunca satisfeitas pela população em geral** (TENDLARZ; GARCIA, 2013).

O escritor inglês Philip Lindsay corrobora esse pensamento (*apud* TENDLARZ; GARCIA, 2013, p. 131) ao afirmar que "o assassino em massa é um fenômeno moderno, que se deve à industrialização, já que aparece somente no final do século XVIII".

A violência, o abuso, assim como o sexo e a pornografia, se transformam em instrumentos possíveis e aceitáveis de satisfação dessas frustrações, e os meios de comunicação em massa vão tratar de dar à população doses desses produtos.

A nossa pulsão por morte, assim como a necessidade de saciar a eterna frustração a partir da violência, formam um cenário perfeito para a proliferação de notícias e casos envolvendo homicídios violentos e histórias cruéis. A Europa, recém-industrializada, oferecia todos os ingredientes para que fenômenos violentos se tornassem destaque no ideário social.

Aliás, para a imprensa de massa, o fenômeno dos homicídios em série e a era industrial parecem estar bem interligados:

> A maior frequência desse fenômeno [...] alimentou a hipótese de que a era industrial possibilita o surgimento desses assassinos, ao gerar uma nova ordem social. Para uma grande quantidade de autores, os efeitos da marginalização social, junto com sua diversidade de manifestações, permitem interpretar e dar a chave desses atos criminosos (TENDLARZ; GARCIA, 2013, p. 134).

Os homicidas em série, então, se tornam personagens de destaque nessa nova formação urbana e social. Nesse sentido, é incontroverso que tal tema veio a se difundir no ideário social no final do século XIX, e isso tem uma relação estreita com a consolidação da imprensa escrita, os jornais e a comunicação de massa.

Uma das grandes revoluções do século XIX se deu em relação à imprensa, pois foram anos de expansão da comunicação em (de) massa. Antes disso, precisamos lembrar que a prensa móvel surgiu ainda no século XV, com Gutenberg, e a confecção do primeiro livro se deu na década de 1450, mas foi apenas no século XVIII que esse artefato foi utilizado para imprimir jornais e difundir notícias[84].

A difusão da chamada imprensa de massa se deu com a circulação de jornais como o *The Daily Universal Register* (atual *The Times*), em Londres, que é inaugurado no final do século XVIII. Já o século XIX traz a consolidação desse meio de comunicação e, principalmente, a solidificação do papel de controle exercido pela imprensa, no sentido de edificar a realidade (ou sua representação) e selecionar quais fatos seriam notícia e teriam destaque.

A imprensa começa a se materializar como uma produtora da verdade. Do ponto de vista empresarial, começa a despertar o interesse dos comerciantes da época, que descobrem o lucro que os jornais diários poderiam gerar. A massificação da notícia se potencializa no século XIX e torna-se um item indissociável da cultura moderna.

Nesse período, tivemos a fundação de grandes veículos de comunicação, como o jornal *The Guardian*, em 1821, na Inglaterra, e o *The New York Sun*, em 1833. Aliás, vale ressaltar que na década de 1850 o povo britânico viu a proliferação de pequenos jornais de baixo custo e qualidade duvidosa (CORREIA, 1998).

Nesse cenário, a Inglaterra desenvolve a imprensa chamada popular, com temas mais violentos e sensacionalistas. A cobertura sangrenta de Jack, o Estripador, foi, sem dúvida, um grande marco na consolidação desse mercado, inclusive com a revista *Punch*[85], que, inaugurada ainda na década de 1840, alcança grande popularidade com os casos de Jack.

Os Estados Unidos também consolidavam esse gênero em diversos diários, como o *New York Herald*, que flertavam com o popularesco, e a imprensa nesse século se torna uma indústria também voltada ao lucro. A repercussão de crimes e violência (incluem-se aqui homicidas em série) transforma-se em um importante elemento para seduzir leitores e, consequentemente, popularizar jornais como o *Lloyd's Weekly Newspaper*, em Londres (CORREIA, 1998).

Os jornais são contemporâneos das modernas cidades industriais, um produto dos novos tempos trazidos pela Revolução Industrial, como também o aumento da população nas cidades europeias. Embora tenhamos a consciência de que o fenômeno de matar pessoas em série não era inédito, é evidente que o século XIX nos mostra uma gama muito maior desses criminosos.

Esse acréscimo se dá, por conseguinte, também pelo aumento do alcance da comunicação e pelo protagonismo de tais sujeitos nas notícias. Desse modo, quando se usa o jargão *serial killer*, atualmente, nos vem à cabeça, mesmo que de maneira involuntária, a figura de seu mais célebre expoente, Jack, o Estripador, que sem dúvida nenhuma foi o primeiro a alcançar um *status* considerável na mídia e reconhecimento mundial. Foi exatamente com esse misterioso criminoso que o assunto se expandiu, principalmente no mundo ocidental.

Jack, dessa maneira, foi fruto de seu tempo, beneficiou-se pelo período de crescimento da imprensa (se autopromovendo e lançando seu nome à eternidade, pelo fato de nunca ter sido apanhado) e também acabou por moldar, em parte, a narrativa do jornalismo policial.

Afinal o momento era 1888, a Europa estava no auge das mudanças urbanas, culturais e sociais, os jornais, em produção diária, almejavam se popularizar, a urbanização seguia a passos largos, a mídia estava edificando seu domínio na sociedade moderna e seu alcance estava em um crescendo que não sofreu declínio até os dias de hoje. Difícil dimensionar a importância icônica da figura representada por Jack, o Estripador.

Além disso, Jack, ou a figura que ele representava, acabou por gerar uma série de desdobramentos, até então inéditos, em relação à comunicação midiática. Como, por exemplo, suas (supostas) cartas.

Entre elas, Gomez (2005, p. 2) aponta:

Querido Chefe

Continuo ouvindo que a polícia me pegou, mas não é agora que vão me dar um corretivo. Dou gargalhadas quando eles parecem tão espertos e falam sobre estar no caminho certo. Aquela piada do "avental de couro" me deu ataque de risos. Estou obcecado pelas putas e não deixarei de estripá-las até que eu esteja farto. Meu último trabalho foi grandioso. Eu nem dei à senhorita tempo para gritar. Como eles vão me pegar agora? Eu amo meu trabalho e quero começar novamente. Em breve ouvirá falar de mim e de meus joguinhos divertidos. Guardei um pouco do líquido vermelho do meu último trabalho em uma garrafa de cerveja de gengibre para escrever, mas estava tão espessa como a cola e não pude usá-la. A tinta vermelha serve, espero, ha, ha.

No próximo trabalho cortarei as orelhas das senhoritas e as enviarei aos oficiais de polícia para me divertir, não te agradaria? Mantenha esta carta até que eu realize outro trabalho e depois a distribua. Minha faca é tão bonita e afiada que quero seguir trabalhando agora mesmo, se eu tiver oportunidade. Boa sorte.

Atenciosamente,

Jack, o Estripador

Não se incomode por eu estar dando meu nome profissional. Não estava bem o suficiente para enviar isto antes de tirar toda a tinta vermelha das minhas mãos. Maldita seja. Sem sorte ainda, agora dizem que sou médico, ha, ha[86].

A respeito de tais cartas, Moura (2007, p. 14) conclui:

> As cartas de Jack the Ripper à polícia e à comunicação social da época causaram um grande impacto na Londres do fim do século XIX e, juntamente com o início da noção de que os assassinatos de Whitechapel não eram infortúnios isolados, fizeram com que a atenção do público finalmente se voltasse para ele.

Tal forma de sensacionalismo foi tão impactante para fixar o homicida em série no ideário popular que décadas depois, já no século XX, outros homicidas utilizaram esse artifício para alcançar fama, como Zodíaco e também David Berkowitz, que, entre outras correspondências à imprensa, escreveu:

> *Estou profundamente magoado por me chamarem de "aquele que odeia as mulheres". Não sou. Mas sou um monstro. Eu sou o "filho de Sam" [...] eu adoro caçar. Perambulando pelas ruas à procura de uma presa – carne saborosa [...] Polícia, deixe-me assombrá-la com essas palavras; eu vou voltar! Eu vou voltar! (MOURA, 2017, p. 15)*

Tanto as cartas de Jack como as de Berkowitz e Zodíaco podem ser falsas e sua autoria nunca foi efetivamente comprovada. No entanto, o efeito midiático que cada uma produziu entre a população não teve o seu valor diminuído. O poder catártico da morte e o medo sempre foram propalados por tais publicações, independentemente da veracidade dessas correspondências.

Sem dúvida, a mídia trabalha, nesses casos, com o "imaginário aterrorizado", e Jack foi o precursor de toda essa engrenagem midiática em torno dos homicidas em série (MOURA, 2017, p. 16).

Destacamos que, curiosamente, duas décadas antes do aparecimento de Jack, o Brasil já sofria com o já citado pseudoaçougueiro José Ramos e suas vítimas. Embora mais prolífico e letal, esse homicida brasileiro não alcançou o mesmo *status* do assassino de Londres, mesmo com as peculiaridades que seu caso apresentava. Pode-se atribuir esse fato exatamente à diminuta população de Porto Alegre à época, e também devemos considerar que seus crimes aconteceram em um país periférico na estrutura do século XIX, não urbanizado e sem o alcance da comunicação.

Mas, embora houvesse casos isolados em alguns países na segunda metade do século XIX, devemos a Jack a propagação do tema "homicídio em série" no mundo moderno ocidental, bem como a mística e o fascínio que tais delinquentes, ainda hoje, exercem sobre a sociedade, ainda que o termo, como nós conhecemos hoje, só surgiu décadas depois, no século XX.

Após 1888, partindo de Whitechapel, em Londres, estava edificado para os próximos séculos um dos maiores mistérios criminais do mundo e, consequentemente, estava marcado para sempre no inconsciente da coletividade a figura teratológica de Jack. Além disso, a maneira como a imprensa olha os homicídios em série ficou fortemente assinalada pela simbologia de Jack.

Deve-se ressaltar que considerar Jack, o Estripador, como "um dos maiores mistérios criminais do mundo" somente se justifica do ponto de vista simbólico, uma vez que são incontáveis os criminosos mais prolíficos pelo mundo, sendo que grande parte dos homicídios perpetrados até hoje se encontram sem solução. A maioria dos crimes (homicídios e outros) acaba por edificar as cifras ocultas (crimes que não chegam ao conhecimento das instâncias oficiais). O direito penal, na verdade, atua apenas de maneira seletiva e ideológica.

Os homicidas em série, desde o século XIX, se tornaram objeto de curiosidade, no entanto, desde aquela época nunca foram satisfatoriamente estudados. O termo, o fascínio e a curiosidade surgiram no final do século XIX, mas infelizmente tais sujeitos foram em sua maioria coisificados por parte (questionável e sensacionalista) da imprensa e sua monstruosidade foi ressaltada pelos leitores. Esse distanciamento do sujeito tem impactos até os dias de hoje, influenciando na análise de tais indivíduos.

Muito questionado é o papel da imprensa perante os homicidas em série. Desde Jack, o Estripador, parte da mídia se aproveita desse fenômeno, mas poucas vezes traz realmente uma contribuição. A má imprensa só faz crescer o estigma sobre determinados sujeitos, consolidando estereótipos que na maioria das vezes atrapalham a compreensão da complexidade de uma passagem ao ato.

Ao demonizar sujeitos e expô-los de maneira incessante nos meios de comunicação, acabamos por fetichizar o crime e aguçar a pulsão por morte do espectador. Além disso, é evidente que o homicida passa a funcionar como um bode expiatório dos desejos semelhantes presentes no próprio espectador. Ao ver no sujeito a culpa que o habita, o espectador deseja a punição como forma de aplacar seus desejos análogos aos do criminoso. Temos também a questão das acusações sem provas e da demonização e exposição de sujeitos (supostos criminosos), que posteriormente serão inocentados e terão sua vida arruinada por falsas incriminações.

De outro modo, o sentimento sedutor que a morte nos causa ainda pode levar à construção simbólica de verdadeiros anti-heróis, com notoriedade nacional ou mesmo mundial, que uma vez presos recebem cartas, presentes, convites para programas de TV e para entrevistas em jornais e revistas e até mesmo convites para se casar (BONN, 2014). Ou seja, ou o público anseia a morte do homicida para aplacar os próprios desejos ou se deixa seduzir pelo símbolo que o assassino representa.

A brutalidade tem um grande poder de atração, por isso desperta a curiosidade da população. O homicida em série acaba por oferecer o suprassumo da violência, e o mito se confunde com o desejo. A mídia hiperboliza essa simbologia (BONN, 2014).

Trata-se, enfim, de amor e ódio relativo ao objeto de desejo. O criminoso é o ser real, o ser que foge ao simbólico, e a mídia, ao estampar isso, seduz e simultaneamente aterroriza.

Moura (2017, p. 20) reflete:

> O desejo de ver a desgraça pode ser considerado sua canonização. É preciso ir à delegacia para ver de perto o monstro. Para linchá-lo? Sim. Mas também para se "tornar próximo". Para tocar, como se toca numa imagem de um santo.

Por outro lado, é importante ressaltar que, desde Jack, o mundo se voltou ao fenômeno do homicídio em série como o suprassumo da caótica sociedade moderna. Desde o famoso homicida londrino, vários outros assassinos se revezaram nos noticiários como também no ideário popular.

Embora nenhuma década tenha passado incólume à presença de vários desses prolíficos homicidas, foi, sem dúvida alguma, nos anos 1970 e no começo dos anos 1980 que se deu a maior popularização dos chamados "serial killers", principalmente nos Estados Unidos, que trataram de notabilizar tais personagens no mundo.

Ou seja, quase um século depois dos crimes de Whitechapel, tivemos a verdadeira consolidação dos homicidas no âmbito mundial. E isso se deve a dois fatores principais.

Primeiramente, como já apontado nesta obra, o cinema dos anos 1970 e início dos anos 1980 foi marcado pela descoberta do potencial mercadológico desses homicidas e seus crimes. Tivemos em Hollywood e em outros lugares do mundo uma profusão de produções que abordaram a temática. O modelo de filmes de ação com um antagonista homicida em série foi exaustivamente copiado.

Vale frisar que, desde o final da década de 1950, o cinema já havia começado a explorar o tema de homicidas em série. Aproveitando a difusão da comunicação televisiva recém-inaugurada e as notícias de grandes crimes e assassinos pela imprensa, o cinema se aproveitou embrionariamente do tema.

Em 1960, tivemos o emblemático *Psicose*, de Alfred Hitchcock. No entanto, é incontestável que foi somente uma década depois que uma abundância de produções acabou por tornar os homicidas ícones mundiais.

Nesse período, tivemos, além dos filmes já citados nesta obra (*Dirty Harry, Frenesi, O massacre da serra elétrica* e *Sexta-feira 13*), trabalhos como:

- *The honeymoon killers* (1970)
- *O estrangulador de Rillington Place* (1971)
- *O abominável Dr. Phibes* (1971)
- *Nas mãos do estripador* (1971)
- *Lâmina assassina* (1971)
- *A inocente face do terror* (1972)
- *Magnum 44* (1973)
- *Terra de ninguém* (1973
- *Noite do terror* (1974)
- *Confissões de um necrófilo* (1974)
- *Prelúdio para matar* (1975)
- *Helter Skelter* (1976)
- *The town that dreaded sundown* (1976)
- *Devorado vivo* (1976)
- *Quadrilha de sádicos* (1977)
- *Halloween – a noite do terror* (1978)
- *A vingança de Jennifer* (1978)
- *Vengeance is mine* (1979)
- *O assassino da furadeira* (1979)
- *Quando um estranho chama* (1979)
- *Buio omega* (1979)
- *O maníaco* (1980)
- *Dias das Mães macabro* (1980)
- *Parceiros da noite* (1980)
- *Vestida para matar* (1980)
- *Trilha de corpos* (1980)
- *Dia dos Namorados macabro* (1981)
- *Sexta-feira 13 – parte 2* (1981)
- *Chamas da morte* (1981

- *Enigma na estrada* (1981)
- *Halloween 2 – o pesadelo continua* (1981)
- *Grito de horror* (1981)
- *Tenebrae* (1982)
- *The New York ripper* (1982)
- *Sexta-feira 13 – parte 3* (1982)
- *Halloween 3 – a noite das bruxas* (1982)
- *Psicose 2* (1983)
- *Impacto fulminante* (1983)
- *Medo* (1983)

A década de 1970 foi, portanto, um divisor de águas na proliferação das notícias e do tema homicidas em série no mundo. O cinema chegou a consolidar um gênero chamado *slasher*, de filmes que envolvem, em sua maioria, um homicida psicopata, com mortes violentas e variadas, perpetradas por um indivíduo ou um grupo. Esse homicida se caracteriza por usar fantasias ou máscara (e ter feições monstruosas por baixo da máscara, deformações e cicatrizes), e a produção é precária, com roteiro pobre e fotografia rudimentar. Especialistas apontam mais uma dezena de características de tais filmes, mas o ponto principal reside no fato de que os homicidas em série eram sempre os antagonistas principais.

Na Itália, também tivemos o desenvolvimento de um gênero nas artes (cinema e literatura) chamado de Giallo, em que geralmente homicidas em série eram perseguidos por investigadores e polícia. Mortes em profusão e vítimas (geralmente mulheres) caracterizam tais obras.

Além do cinema e da literatura, a sociedade americana (e consequentemente mundial) foi apresentada nesse período a vários homicidas verdadeiros, com ações e histórias impactantes, como Zodíaco (no final dos anos 1960), David Berkowitz, Ted Bundy, John Wayne Gacy, Kenneth Bianchi, Angelo Buono, Assassino do Alfabeto, entre outros.

No Brasil, em 1976, Chico Picadinho faz sua última vítima e se torna capa de vários jornais e revistas. Na Colômbia, Daniel Barbosa, na União Soviética, Gennady Mikhasevich, assim como Peter Sutcliffe, no Reino Unido, se tornam foco nos noticiários. O mundo se voltou aos homicidas em série como produtos a serem consumidos. A fama e as notícias se alastravam, e a venda de jornais, revistas e filmes aumentava.

Em meio a essa profusão de referências, notícias e acontecimentos, podemos afirmar que a consolidação popular dos homicidas em série, de maneira secundária, se concretizou de forma definitiva com a realização de uma conferência de imprensa realizada em Washington, em 1983. Nesse evento, realizado em outubro desse ano, o Departamento de Justiça dos Estados Unidos tratou de tornar público um grande e detalhado estudo sobre homicidas em série (MOURA, 2017).

Para pesquisadores como Schmid (2006), foi essa conferência que tornou os homicidas em série conhecidos do público, com um conceito formal e definido. Além disso, o jornal *The New York Times* tratou de difundir tal conceito e considerações (MOURA, 2017).

Dessa maneira, a mídia, o cinema e demais meios de informação materializaram esses homicidas no dia a dia do espectador, a ficção e a realidade representadas nos jornais passaram a se confundir e o "serial killer" se tornou um personagem não só conhecido, mas aceitável e crível.

Nas palavras de Schmid (*apud* MOURA, 2017, p. 20): "A fama dos serial killers se tornou uma parte aceitável do cenário da cultura americana contemporânea".

Fica claro que a criação midiática do homicida em série remonta aos últimos séculos, surgindo ainda na Inglaterra vitoriana. No entanto, é inegável que a grande expansão no ideário popular sobre os serial killers se deu nas décadas de 1970, 1980 e 1990, nos Estados Unidos (JENKINS, 1994).

E tal fato não se deu aleatoriamente ou de maneira ocasional; cabe ressaltar que os Estados Unidos viviam um delicado momento em sua política interna e externa, e a política do medo, combinada com o reforço do binômio bem x mal, era abertamente patrocinada e insuflada pelos detentores do poder.

Jenkins (1994) aponta que houve um crescimento realmente exponencial no número de homicidas em série a partir da década de 1970. Nesse sentido, Tendlarz e Garcia (2013, p. 178) afirmam que "entre 1976 e 1981 os casos de assassinatos em série foram especialmente publicados e transformados em filmes, produzindo um forte impacto na opinião pública e na construção social e cultural do conceito".

Assim, o fascínio midiático, que teve o seu início no final do século XIX, encontrou nas últimas décadas do século XX o seu auge e foi potencializado pelos meios de comunicação em massa. Agora, não somente os jornais repercutiam os crimes e homicídios em série, mas todo o aparato de entretenimento se servia desses sujeitos para criar notícias, ícones e vilões para o ideário popular.

Tendlarz e Garcia (2013, p. 178) completam:

> Os livros, as notícias, a televisão e os meios de massa de comunicação se ocuparam especialmente de casos famosos como os de Charles Manson, Charles Starkweather, Juan Corona, Dean Corll, Ted Bundy, David Berkowitz (o filho de Sam), John Wayne Gacy e Wayne Williams. Cria-se assim o estereótipo do assassino em série como homem branco que assassina mulheres jovens e homens jovens homossexuais.

O homicida em série, então, adquire sua imagem indelével na cultura pop em geral e se torna um produto muito maior que os sujeitos e vítimas envolvidas. A caçada a tais indivíduos se tornou um produto de Hollywood. A imagem suplanta o sujeito.

Vale frisar que a mídia de que aqui falamos (conhecida como marrom, em uma alusão à qualidade duvidosa de suas fontes e ao seu sensacionalismo) ainda criou, ao longo dos anos, uma série de homicidas que nem sequer existiram, ambicionando apenas a venda de exemplares e a popularização de jornais e revistas.

Advertimos que nem todos os veículos de mídia contribuem com o desprestígio relativo à qualidade das informações sobre os homicidas em série – temos como um bom exemplo Robert Graysmith (2006), cartunista de um grande jornal de São Francisco nas décadas de 1960 e 1970, que colaborou largamente com as investigações sobre o assassino Zodíaco, que cometeu diversos homicídios em São Francisco.

Contudo, o autor Michael Newton (2002) cita mais de duas dezenas de situações em que ou o número de mortes foi inflado ou os homicidas foram inventados. Entre esses casos, o autor cita como exemplo Jack, o Estripador, ao qual ao longo das décadas foram atribuídos vários outros homicídios, que em nada se relacionavam com os crimes originais de Whitechapel. Da mesma maneira, o serial killer Zodíaco foi alvo de dúzias de suspeitas e crimes alheios foram atribuídos a ele por parte da imprensa.

Além disso, vários casos relatados por Newton (2002, p. 43) apontam, inclusive, para a criação de personagens fictícios, fruto de acusações levianas feitas por veículos de imprensa que não se apoiavam em nenhuma investigação ou evidência concreta, como o homem do machado de New Orleans, chegando o autor a se referir a tais casos como "assassinos míticos relatados em fontes de não ficção".

Outro aspecto preocupante é a criação de revelações e denúncias falsas envolvendo atos que nem sequer aconteceram, como o caso de decapitações em Moscou, na década de 1970, ou o caso das sete vítimas de um suposto estripador australiano, que nunca apareceram em nenhum relatório policial (NEWTON, 2002).

Soma-se a isso a edificação de verdadeiras lendas urbanas, derivadas de repetidas notícias espalhadas com o objetivo de despertar a curiosidade e o medo da população.

REFERÊNCIAS BIBLIOGRÁFICAS

ABDALLA-FILHO, E.; ENGELHARDT, W. A prática da psiquiatria forense na Inglaterra e no Brasil: uma breve comparação. **Rev. Bras. Psiquiatr.** 25(4):245-8, 2003.

ABDALLA-FILHO, E. Avaliação de risco. In: TABORDA, J. G. V.; CHALUB, M.; ABDALLA-FILHO, E. (eds.) **Psiquiatria Forense**. Porto Alegre: Artmed, 2004. p. 161-74.

ABDALLA-FILHO, Elias. Avaliação de risco de violência em psiquiatria forense. **Rev. Psiquiatr. Clín.** [online]. v. 31, n. 6, p. 279-284, 2004. ISSN 0101-6083. http://dx.doi.org/10.1590/S0101-60832004000600002.

ACHÁ, Maria Fernanda Faria. Funcionamento executivo e traços de psicopatia em jovens infratores. 2011. Dissertação (Mestrado em Psiquiatria) – Faculdade de Medicina, Universidade de São Paulo, São Paulo, 2011. Disponível em: http://www.teses.usp.br/teses/disponiveis/5/5142/tde-07122011-150839/. Acesso em: 14 jun. 2012.

ALEXANDER, F.; STAUB, H. **Le criminel et ses juges**. Paris: Gallimard, 1934 (1. ed. 1928).

ALMEIDA, Francis Moraes de. Descontinuidades e ressurgências: entre o normal e o patológico na teoria do controle social. **Hist. Cienc. Saúde-Manguinhos**, Rio de Janeiro, v. 20, n. 3, p. 1057-1078, set. 2013.

ALMEIDA, Neide Sofia Ferreira Faustino de. **Regras sociais e psicopatia:** Wason Selection Task, 2011. Dissertação (Mestrado em Psicologia Forense) – Universidade de Aveiro, 2011. Disponível em: chrome-extension://efaidnbmnnnibpcajpcglclefindmkaj/https://ria.ua.pt/bitstream/10773/7420/1/243699.pdf.

ALTHUSSER, Louis. **O futuro dura muito tempo**. São Paulo: Companhia das Letras, 1993.

AMBERTIN, M. (comp.). **Culpa, responsabilidad y castigo en el discurso jurídico y psicoanalítico**. Buenos Aires: Letra Viva, 2006.

ANITUA, Gabriel Ignacio. **Histórias dos pensamentos criminológicos**. Revan, 2008.

APAC. **Estatísticas.** Disponível em: http://www.apacitauna.com.br/pages/principal.htm. Acesso em: 15 out. 2013.

ARAÚJO, Antonio Fábio Medrado de. **Solução final do serial killer no positivismo de Hans Kelsen**. Tradução [espanhol] Camilo Mercado, [inglês] Cássia Penteado. São Paulo: Pillares, 2012.

ARBEX, Daniela. **Holocausto brasileiro**. Geração Editorial, 2013.

ARENDT, Hannah. **Eichmann em Jerusalém: um relato sobre a banalidade do mal**. São Paulo: Companhia das Letras, 1999.

ASSIS BRASIL, Luiz Antônio de. **Cães da província**. Porto Alegre: Mercado Aberto, 1987.

ASSY, Bethânia. Eichmann, banalidade do mal e pensamento em Hannah Arendt. In: BIGNOTTO, Newton; MORAES, Eduardo Jardim de (orgs.). **Hannah Arendt: diálogos, reflexões, memórias**. Belo Horizonte: Editora UFMG, 2001. p. 136-165.

ATHENS, Lonnie. **The creation of dangerous violent criminals**. New York, 1992.

AVAKIAN, Sabrina. **African serial killers**: tra magia, superstizione e omicidi rituali. Lulu. com. 2015.

BACILA, Carlos Roberto. **Estigmas:** um estudo sobre os preconceitos. Rio de Janeiro: Lumen Juris, 2014.

BAHÉ, Marco; ARINI, Juliana. **42 histórias de horror**: como funciona a mente de um maníaco acusado de ter violentado, emasculado e estrangulado dezenas de crianças no norte do país. Entrevista de Francisco Chagas à revista Época. Disponível em: http://revistaepoca.globo.com/ Revista/Epoca/0,,EDR75606-6014,00.html. Acesso em: 24 jan. 2018.

BALLONE, G. J. **Personalidade criminosa**. PsiqWeb, 2002. Disponível em: https://ballone.com. br/personalidade-criminosa/. Acesso em: 4 ago. 2016.

BARATTA, Alessandro. **Criminologia crítica e crítica do direito penal**. 3. ed. Rio de Janeiro: Revan, 2002.

BARBIERI, Cibele Prado. Que culpa tem o eu? In: PERES, U. T. (org.). **Culpa**. Salvador: Escuta, 2001. p. 23-35.

BARRETO, Tobias. **Menores e loucos em direito criminal**. Campinas: Romana, 2003.

BARROS-BRISSET, Fernanda Otoni de. **Contando causos**. São Paulo: Del Rey, 2005.

BARROS-BRISSET, Fernanda Otoni de. **Por uma política de atenção integral ao louco infrator**. Tribunal de Justiça do Estado de Minas Gerais, 2010.

BASALDÚA, Marcelo Jorge. **Sobre la relatividad de la idea de delito** – relaciones entre la antropología y la criminología. Disponível em: <http://www.buscalegis.ufsc.br/revistas/files/ anexos/10771-10771-1-PB.htm>. Acesso em: 15 mar. 2017.

BATAILLE, Georges. **El verdadero Barba-Azul** (La tragedia de Gilles de Rais). Barcelona: Tusquets, 1972.

BATAILLE, Georges. **O erotismo**. Porto Alegre: L&PM, 1987.

BECCARIA, Cesare. **Dos delitos e das penas**. 11. ed. São Paulo: Hemus, 1995.

BECKER, Howard S. **Outsiders**. Estudos de sociologia do desvio. Rio de Janeiro: Zahar, 2008.

BÉNÉZECH, H.; ADDAD, A.; GRASSET, A. Criminologie et Psychiatrie. **Encycl. Méd. Chir.**, 1969, 37906, A-10.

BERTIN, Claude (Dir.). **Gilles de Rais – Petiot**. Trad. superv. Tito Leite. São Paulo: Otto Pierre Editores (Os Grandes Julgamentos da História). 1980.

BIAGI-CHAI, F. Le criminal est-il analysable? **La Lettre mensuelle** 230, Paris. 2004.

BIELBA, Ariadna. **Jack el Destripador y otros asesinos en serie**. Madri: Edimat Libros, 2007.

BLASS, Thomas. Understanding behavior in the Milgram obedience experiment: The role of personality, situations, and their interactions. **Journal of personality and social psychology**, v. 60, n. 3, p. 398, 1991.

BOLLAS, Christopher. **A sombra do objeto**. Psicanálise do conhecido não pensado. Rio de Janeiro: Imago, 1992.

BOLLAS, Christopher. **Forças do destino**. Psicanálise e idioma humano. Rio de Janeiro: Imago. 1992.

BOLLAS, Christopher. The structure of evil. Em Cracking up: The work of unconscious experience. p. 180-220, 1995.

BONFIM, Edilson Mougenot. **A imputabilidade penal dos homicidas seriais** – contrarrazões de apelação que oferece o Ministério Público, por seu Promotor de Justiça em desfavor do Apelante Francisco de Assis Pereira, nos autos nº 385.367.3/4-00. 2002.

BONFIM, Edilson Mougenot. **O julgamento de um serial killer.** São Paulo: Malheiros Editores, 2004.

BONN, Scott. **Why we love serial killers**: the curious appeal of the world's most savage murderers. Skyhorse Publishing, 2014.

BORGES, Manuela C. et al. Transtornos parafílicos em pacientes com transtorno obsessivo-compulsivo: série de casos. **J. Bras. Psiquiatr.**, Rio de Janeiro. v. 56, n. 3, p. 219-223, 2007. Disponível em: <http://www.scielo.br/scielo.php?script=sci_arttext&pid=S0047-20852007000300010&lng=en&nrm=iso>. Acesso em: dez. 2016.

BROPHY, John. **The meaning of murder**. New York: Thomas Y. Crowell, 1966.

BROWNING, Christopher. Ordinary men: reserve police battalion 101 and the final solution in Poland. London: Penguin, 2001.

BRUNO, F.; MARRAZZI, M. **Inquietudine omicida** – i serial killer: analisi di un fenomeno. Roma: Phoenix, 2000.

BRUNETEAU, Bernard. **O século dos genocídios**: violências, massacres e processos genocidários da Arménia ao Ruanda. Lisboa: Instituto Piaget, 2004.

BURG, B. K. The sick and the dead: the development of psychological theory on necrophilia from Krafft-Ebing to the present. **J Hist Behav Sci.** 1982;18(3):242-54.

BURKET, Richard E. **The construction and transmission of law enforcement discourse as the dominant discourse on serial killing in the US**. 2010. https://www.semanticscholar.org/paper/The-Construction-and-Transmission-of-Law-Discourse-Burket/ada354915b2f2942b83f4d9548a5bbb3601dccbd

CAETANO, Dorgival (trad.). **Classificação de transtornos mentais e de comportamento da CID-10**: descrições clínicas e diretrizes diagnósticas. Editora Artes Médicas Sul, 1993.

CAMPOS, Paulo F. S. Os crimes do monstro negro: representações da degenerescência em São Paulo. Anais do XXII Simpósio Nacional de História. João Pessoa: ANPUH, 2003.

CANGUILHEM, G. **O normal e o patológico**. Rio de Janeiro: Forense Universitária, 2000.

CANTER, David. **Criminal Shadows**: inside the mind of the serial killer. Londres: HarperCollins, 1994.

CARVALHO, Leonardo Dallacqua de; SOUZA, Breno Sabino Leite de. Ciência e hereditariedade na história de um assassino em série: em busca do gene perdido de Febrônio. **Revista Tempo e Argumento**, Florianópolis, v. 8, n. 18, p. 385-410, maio/ago 2016.

CARVALHO, Salo de. **Antimanual de criminologia**. Rio de Janeiro: Lumen Juris, 2008.

CASOY, Ilana. **Serial killer**: louco ou cruel?. São Paulo: WVC, 2001.

CASOY, Ilana. **Serial killers**: made in Brazil. São Paulo: Arx, 2004.

CASTRO, Jason B.; RAMANATHAN, Arvind; CHENNUBHOTLA, Chakra S. Categorical dimensions of human odor descriptor space revealed by non-negative matrix factorization. **PloS One**, v. 8, n. 9, p. e73289, 2013.

CATANI, A. M.; LINHART, R. Lenin, os camponeses, Taylor. **Rev. adm. empres.**, São Paulo, v. 26, n. 1, p. 107-120, mar. 1986 . Disponível em: <http://www.scielo.br/scielo.php?script=sci_arttext&pid=S0034-75901986000100012&lng=en&nrm=iso>. Acesso em: 11 jul. 2016.

CAUFFIEL, Lowell. **Forever and five days** – The chilling true story of love, betrayal, and serial murder in Grand Rapids, Michigan. Pinnacle Books, 1997.

CAVALCANTI, Klester. **O nome da morte**: a história real de Júlio Santana, o homem que já matou 492 pessoas. Planeta, 2018.

CENTINI, M. **I serial killer**. Milano: Xenia, 2001.

CHABROL, Henri et al. Contributions of psychopathic, narcissistic, Machiavellian, and sadistic personality traits to juvenile delinquency. **Personality and Individual Differences**, v. 47, n. 7, p. 734-739, 2009.

CHARLOTTE, Greig. **Serial killers** – nas mentes dos monstros. Trad. Larissa Wostog Ono. São Paulo: Madras, 2010.

CHAVES, Paulo Guilherme Santos et al. **Estudo epistemológico do termo serial killer:** conceito e nova proposta de classificação. Criminologia/ Núcleo de Estudos em Segurança Pública e Pesquisa – NESPP/ ACADEPOL. Ano 2. n. 2. Belo Horizonte, 2007, p. 5-13. Disponível em: http://www.acadepol.mg.gov.br/images/pdf/revista%20revisada%202007.pdf. Acesso em: 3 dez. 2016.

CHRISTIE, N. El control de las drogas como um avance hacia condiciones totalitárias. In: **Criminología Crítica y Control Social**. Rosario: Editorial Juris, 1993.

CLECKLEY, Hervey. **The mask of sanity:** an attempt to clarify some issues about the so-called psychopathic personality. 3. ed. St Louis: The C.V. Mosby Company, 1955.

COIMBRA, David. **Canibais: paixão e morte na rua do Arvoredo**. L&PM, 2004.

CORRÊA, Flávio Rotta et al. XXVII Congreso Latinoamericano de Psicoanálisis - FEPAL. 2008.

CORREIA, João. Algumas reflexões sobre a importância da formação universitária dos jornalistas. 1998. **BOOC**. Disponível em: www.bocc.ubi.pt/pag/correiajoao-formacao-universitaria-jornalista.pdf. Acesso em: 2 maio 2017.

CORREIA JUNIOR, Rubens; VENTURA, Carla Aparecida Arena. As internações involuntárias de drogodependentes frente à legislação brasileira – uma análise em relação ao contexto histórico do tratamento de dependentes e as políticas higienistas e de profilaxia social. **Revista Direitos Fundamentais & Democracia**, v. 13, n. 13. p. 250-280, 2013.

CORREIA JUNIOR, Rubens. Homicidas em série – o fenômeno no mundo e no Brasil: uma abordagem crítica sobre o tema. 2008. Monografia (Pós-graduação em Direito Penal e Processo Penal) – Universidade de Franca.

CORREIA JUNIOR, Rubens. O poder público frente às internações involuntárias – uma análise em relação à institucionalização da segregação e a profilaxia social. In: CALÇADO, Gustavo; RAMOS, José Humberto (Org.). **Gestão Pública e suas implicações no século XXI**. 2013, p. 277-299.

COSTA, Álvaro Mayrink da. **Raízes da sociedade criminógena**. Rio de Janeiro: Lumen Juris, 1997.

CSISZAR, Sean Anderson. **Pequeno manual de psicopatia**. Clube de Autores, 2016.

DELLA PORTA, Giambattista. **Della fisionomia dell'uomo**. 1988.

DE MATOS, Maria Izilda Santos. Espelhos da alma: fisiognomonia, emoções e sensibilidades. **Revista Brasileira de História das Religiões**, v. 5, n. 14, 2015.

DE MATTOS, Virgílio. **Crime e psiquiatria**: uma saída: preliminares para a desconstrução das medidas de segurança. Revan, 2006.

DE RIBERA, Olga Sanchez; KAVISH, Nicholas; BOUTWELL, Brian. Sobre a relação entre psicopatia e inteligência geral: uma revisão meta-analítica. **BioRxiv**, 2017.

DE TARTARI, Lívia. Psicopatologia forense e o caso Chico Picadinho: relação da personalidade criminosa com as teorias da criminologia. Disponível em: < http://scholar.googleusercontent.com/scholar?q=cache:lPGNfj8adFUJ:scholar.google.com/&hl=pt-BR&as_sdt=0,5>. Acesso em: 23 jan. 2017.

DI LORETO, Oswaldo. **Origem e modo de construção das moléstias da mente (psicopatogênese)**: a psicopatogênese que pode estar contida nas relações familiares. Casa do Psicólogo, 2005.

DOMENES, Márcio. **Um serial killer da Idade Média**. Histórias ocultas. Disponível em: <http://br.geocities.com /historias_ocultas/fatoshistoria/galles.htm>. Acesso em: 23 dez. 2007.

DOUGLAS, John; OLSHAKER, John. **Mindhunter**: inside the FBI's elite serial crime unit. New York: Pocket Books, 1995.

DOS SANTOS, Edmar Guirra; CATHARINA, Pedro Paulo Garcia Ferreira. Ciência e racismo nos retratos literários de Jules Verne. **Signótica**, v. 26, n. 1, p. 217-239, 2014.

DUNHAM, Will. Conheça o perfil de autores de massacres. **Globo.com**, 2007. Disponível em: https://g1.globo.com/Noticias/Mundo/0,,AA1519341-5602,00-CONHECA+O+PERFIL+DE+AUTORES+DE+MASSACRES.html.

DURKHEIM, Émile. **As regras do método sociológico**. Tradução de Maria Izaura Pereira de Queiroz. 16 ed. São Paulo: Companhia das Letras, 2001.

EÇA, Antônio José. **Roteiro de psicopatologia forense**. São Paulo: Forense, 2008.

EGGER, Steven A. **The killers among us**: examination of serial murder and its investigations. Upper Saddle River, N.J.: Prentice Hall, 1998.

EGGER, Steven A. **The need to kill inside the world of the serial killer.** USA: Person Education, 2003.

ELMIR, Cláudio Pereira. **A História devorada**: no rastro dos crimes da Rua Arvoredo. São Paulo: Escritos, 2004.

ELMIR, Cláudio Pereira. Uma história a procura de seu motivo: ensaio de método (os crimes da Rua do Arvoredo – Porto Alegre, 1863-4). **História Unisinos**, v. 9, n. 3, p. 246-251, 2005.

FALCÃO, Ana Luísa Silva; CRUZ, Marcus Vinícius Gonçalves da. **O método APAC – Associação de Proteção e Assistência aos Condenados**: análise sob a perspectiva de alternativa penal. 2015.

FBI. Morton, R. J. 2005. **Serial murder**: multi-disciplinary perspectives for investigators. National Center for the Analysis of Violent Crime. Washington, D.C.: U.S. Department of Justice. Disponível em: http://www.fbi.gov/stats-services/publications/serial-murder.

FBI. **Uniform Crime Report.** 2011. Disponível em: http://www.fbi.gov/about-us/cjis/ucr/crime-in-the-u.s/2011/crime-in-the-u.s.-2011/violent-crime/murder.

FERNANDES, Newton; FERNANDES, Valter. **Criminologia integrada.** São Paulo: Ed. Revista dos Tribunais, 1995.

FERREIRA, Aurélio Buarque de Holanda. **Novo dicionário Aurélio.** 2. ed. São Paulo: Saraiva, 2000.

FERRI, Enrico. **Princípios de direito criminal**: o criminoso e o crime. Tradução de Paolo Capitanio. 2 ed. Campinas: Bookseller, 1998.

FOUCAULT, Michel. **Vigiar e punir:** história de violência nas prisões. Tradução de Ligia Ponde Vassalo. 3. ed. Petrópolis: Vozes, 1984.

FOUCAULT, Michel. **Eu, Pierre Rivière, que degolei minha mãe, minha irmã e meu irmão.** Tradução de Denize Lezan de Almeida. Rio de Janeiro: Graal, 1979.

FOUCAULT, Michel. **Los anormales.** Buenos Aires: Fondo de Cultura Económica, 2000.

FOUCAULT, Michel. **Os anormais**. São Paulo: Martins Fontes, 2002.

FOUCAULT, Michel. **Yo, Pierre Rivière: habiendo degollado a mi madre, a mi hermana y a mi hermano**... Barcelona: Tusquets, 1976.

FRAYZE-PEREIRA, João A. Uma poética psicanalítica: Christopher Bollas e a questão da experiência estética. **Ide**, São Paulo, v. 34, n. 53, dez. 2011. Disponível em: http://pepsic.bvsalud.org/scielo. php?script=sci_arttext&pid=S0101-31062011000200016&lng=pt&nrm=iso. Acesso em: 15 jun. 2012.

FREITAS, Décio. **O maior crime da terra.** Porto Alegre: Sulina, 1996. p. 56.

FREUD, Sigmund. **Além do princípio do prazer** [1920]. Rio de Janeiro: Imago, 1998.

FREUD, Sigmund. **Obras completas**. Buenos Aires: Amorrortu, 1976.

FREUD, Sigmund. **O ego e o id** (Edição Standard Brasileira das Obras Psicológicas Completas de Sigmund Freud, v. 19). Rio de Janeiro: Imago (originalmente publicado em 1923). 1976.

FREUD, Sigmund. **O mal-estar na civilização** (Edição Standard Brasileira das Obras Psicológicas Completas de Sigmund Freud, v. 21). Rio de Janeiro: Imago (originalmente publicado em 1930). 1976a.

FRIED, Itzhak. Syndrome E. **The Lancet**, v. 350, n. 9094, p. 1845-1847, 1997.

GALLO, Héctor. **El sujeto criminal: una aproximación psicoanalítica al crimen como objeto social**. Universidad de Antioquía, 2007.

GAROFALO, Raffaele. Criminologia. **Estudo sobre o delito e a repressão penal**. Tradução de Júlio de Mattos. São Paulo: Teixeira & Irmãos, 1983.

GIGERENZER, Gerd. **O poder da intuição**: o inconsciente dita as melhores decisões. Rio de Janeiro: Best Seller, 2009.

GOFFMAN, Erving. **Estigma**: notas sobre manipulação do comportamento deteriorado. Rio de Janeiro: LTC, 2012.

GOIZ, Juliana de Almeida Martins. Um crime de cor, do sistema penal racista ao tribunal racial: reflexões sobre a condenação de Preto Amaral em 1927. **AEDOS**, v. 9, n. 20, p. 164-181. 2017.

GÓMEZ, Amparo Guerra. La Huella de Jack the Ripper. **Area Abierta**, n. 12, 2005.

GONÇALVES, Rui Abrunhosa. **Delinquência, crime e adaptação à prisão**. Coimbra: Quarteto, 2000.

GONÇALVES, Davidson Sepini. O sentimento de culpa em Freud: entre a angústia e o desejo. Psicol. **Rev.**, Belo Horizonte, v. 25, n. 1, p. 278-291, jan. 2019. Disponível em: http://pepsic.bvsalud.org/scielo.php?script=sci_arttext&pid=S1677-11682019000100016&lng=pt &g/10.5752/P.1678-9563.2019v25n1p278-291.

GORENDER, M. E. Serial-killer: o novo herói da pós-modernidade. **Estudos de Psicanálise**, v. 1, n. 34, p. 117-122, 2010.

GRAYSMITH, Robert. **Zodíaco**. Tradução de Samuel Dirceu. São Paulo: Novo Conceito, 2006.

GREIG, Charlotte. **Evil serial killers: in the minds of monsters** [fully illustrated]. Arcturus Publishing, 2006.

GREIG, Deidre. Criminal responsibility and the concept of evil. **Psychiatry, Psychology and Law**, v. 3, n. 2, p. 163-178, 1996.

GUIRAUD, P. Les meurtres immotivés. **l'Evolution Psychiatrique** (1932), p. 25,34.

GUTMAN, Guilherme. Febronio, Blaise & Heitor: Pathos, violência e poder. **Rev. Latinoam. Psicopatol. Fundam.**, São Paulo, v. 13, n. 2, p. 175-189, jun. 2010. Disponível em: http://www.scielo.br/scielo.php?script=sci_arttext&pid=S1415-47142010000200002&lng=en&nrm=iso. Acesso em: 22 jan. 2018.

HACKING, Ian. **The social construction of what?**. Harvard University Press, 1999.

HAMERSKI, Cristina Fuentes. Os crimes da rua do Arvoredo. Versões e subversões em cães da província e canibais: paixão e morte na rua do Arvoredo. 2010. Dissertação de Mestrado.

HARE, R. D. **Manual Escala Hare PCL-R**: critérios para pontuação de psicopatia revisados. Versão brasileira: Hilda Morana. São Paulo: Casa do Psicólogo, 2004.

HARE, Robert D. **Sem consciência**: o mundo perturbador dos psicopatas que vivem entre nós. Artmed, 2013.

HARRISON, Marissa A. et al. Female serial killers in the United States: means, motives, and makings. **The Journal of Forensic Psychiatry & Psychology**, v. 26, n. 3, p. 383-406, 2015.

HAUCK FILHO, Nelson; TEIXEIRA, Marco Antônio Pereira; DIAS, Ana Cristina Garcia. Psicopatia: o construto e sua avaliação. **Aval. Psicol.**, Porto Alegre , v. 8, n. 3, p. 337-346, dez. 2009. Disponível em: http://pepsic.bvsalud.org/scielo.php?script=sci_arttext&pid=S1677-04712009000300006&lng=pt&nrm=iso. Acesso em: 10 jan. 2017.

HAUCK FILHO, Nelson; PEREIRA TEIXEIRA, Marco Antônio; GARCIA DIAS, Ana Cristina. Psicopatia: uma perspectiva dimensional e não criminosa do construto. **Av. Psicol. Latinoam.**, Bogotá, v. 30, n. 2, p. 317-327, dez. 2012. Disponível em: <http://www.scielo.org.co/scielo.php?script=sci_arttext&pid=S1794-47242012000200008&lng=en&nrm=iso>. Acesso em 23 dez. 2016.

HENRIQUES, Rogério Paes. De H. Cleckley ao DSM-IV-TR: a evolução do conceito de psicopatia rumo à medicalização da delinquência. **Revista Latinoamericana de Psicopatologia Fundamental**, São Paulo, v. 12, n. 2, p. 285-302, 2009.

HICKEY, Eric. **Serial murderers and their victims**. 6. ed. Belmont, California: Wadsworth, 1997.

HOBSBAWM, E. Las reglas de la violência (1968). In: HOBSBAWM, E. **Gente poco corriente**. Barcelona: Crítica, 1999.

HOLMES, Ronald M. **The legend of Sawney Bean**. F. Muller, 1975.

HOLMES, Ronald M.; HOLMES, Stephen T. **Profiling violent crimes:** an investigative tool. Sage Publications, 2008.

HOLMES, Ronald M.; DE BURGER, James; HOLMES, Stephen T. Inside the mind of the serial murder. **American Journal of Criminal Justice**, v. 13, n. 1, p. 1-9, 1988.

HOLMES, Ronald. M. **Profiling violent crimes**. Thousand Oaks: Sage Publications, 1996.

HOLMES, Ronald. M.; DE BURGER, James. **Serial murder**. Sage Publications, 1988.

HUNGRIA, Nelson. **Comentários ao código penal**, v. V, arts. 121 a 136. 3. ed. Rio de Janeiro: Forense, 1955.

IMPARA, Elise. Medieval violence and criminology: using the Middle Ages to understand contemporary 'motiveless' crime. **Journal of Theoretical & Philosophical Criminology**, v. 8, n. 1, p. 26, 2016.

INGRAO, Christian. Conquérir, aménager, exterminer. In: **Annales. Histoire, Sciences Sociales**. Éditions de l'EHESS, 2003. p. 417-438.

INGRAO, Christian. **Crer & destruir: os intelectuais na máquina de guerra da SS nazista**. Zahar, 2015.

INGRAO, Christian. Culture de guerre, imaginaire nazi, violence génocide. Le cas des cadres du SD. **Revue d'histoire moderne et contemporaine (1954-)**, p. 265-289, 2000.

INNES, Brian. **Perfil de uma mente criminosa:** a psicologia solucionando os crimes da vida real. São Paulo: Livros Escala, 2009.

JAKOBS, Günther; MELIÁ, Manuel Cancio. **Direito penal do inimigo**. Noções e críticas. Porto Alegre: Livraria do Advogado Editora, 2008.

JENKINS, P. **Using murder**: the social construction of serial homicide. New York: Aldine de Gruyter, 1994.

JONASON, Peter K.; WEBSTER, Gregory D. The dirty dozen: a concise measure of the dark triad. **Psychological Assessment,** v. 22, n. 2, p. 420, 2010.

JONES, Daniel N.; PAULHUS, Delroy L. Introducing the short dark triad (SD3) a brief measure of dark personality traits. **Assessment**, v. 21, n. 1, p. 28-41, 2014.

JONES, Ron. **The third wave**. Forlaget Mols, 1991.

KARNAL, Leandro. **A história dos Estados Unidos**. Contexto, 2007.

KATZ, Jack. **Seductions of crime:** moral and sensual attractions of doing evil. New York: Basic Books, 1988.

KELLEHER, Michael D.; KELLEHER, C. L. **Murder most rare**: the female serial killer. Westport, CT: Praeger, 1998.

KEPPEL, Robert D. **Signature killers**. New York: Pocket Books, 1997.

KERNBERG, Otto. Diagnóstico diferencial de la conducta antisocial. **Rev. psiquiatr.** (Santiago de Chile), v. 5, n. 2, p. 101-11, 1988.

KONZEN, Adriana; THEOBALD, Pedro. Catarina Palse em Cães da Província e Canibais: duas visões. 2005. p. 246-251.

KONVALINA-SIMAS. Tânia. **Profiling criminal**. 2. ed. Rei dos Livros, 2014.

KORI, Ryan; SKRAPEC, Candice. **The Macdonald Triad: predictor of violence or urban myth?** Trabalho apresentado no encontro anual da ASC, St. Louis Adam's Mark, St. Louis, Missouri, 12 nov., 2008.

KRAFFT-EBING, Richard. **Psychopathia sexualis**: a medico-forensic study. Butterworth-Heinemann, 2013.

KRAFFT-EBING, Richard; KLAF, Franklin S. **Psychopathia sexualis:** with especial reference to the antipathic sexual instinct: a medico-forensic study. Arcade Publishing, 1965.

KRIVICH, Mikhail; OL'GIN, Olgert; Comrade Chikatilo: The psychopathology of Russia's notorious serial killer. Barricade Books, 1993.

LACAN, Jacques. **De la psicosis paranoica en sus relaciones con la personalidad** (1932). Buenos Aires: Siglo Veintiuno, 1976.

LACAN, Jacques. Motivos del crimen paranoico: el crimen de las hermanas Papin. Disponível em: https://psicopatologia1unlp.com.ar/bibliografia/seminario-lacan/Motivos%20del%20crimen%20paranoico.pdf. Acesso em 28/10/2023.

LACAN, Jacques. **O Seminário, livro III:** as psicoses. Rio de Janeiro: Jorge Zahar, 1992.

LACAN, Jacques. **O Seminário, livro VII:** a ética da psicanálise. Rio de Janeiro: Jorge Zahar, 1998.

LACAN, Jacques. **O Seminário, livro X:** a angústia. Rio de Janeiro: Jorge Zahar, 2005.

LACAN, Jacques. Para além do princípio de realidade. In: LACAN, Jacques. **Escritos**. Rio de Janeiro: Jorge Zahar, 1998.

LACAN, Jacques. Premissas a todo desenvolvimento possível da criminologia. In: LACAN, Jacques. **Outros escritos.** Rio de Janeiro: Jorge Zahar, 2003. p. 131.

LACAN, Jacques. Introdução teórica às funções da psicanálise em criminologia. In: LACAN, Jacques. **Escritos**. Rio de Janeiro: Jorge Zahar, 1998.

LACCASAGNE, A. **Discussion du rapport de Lombroso**: "Les dernières recherches d'Anthropologie Criminel". Actes du deuxième Congrès International d'Anthropologie Criminelle, Paris, 1889, p. 167.

LANNING, Kenneth V. Child molesters: a behavioral analysis for professionals investigating the sexual exploitation of children. Disponível em: http://www.missingkids.com/en_US/publications/NC70.pdf.

LEARY, Mark R.; HOYLE, Rick H. (Ed.). Handbook of individual differences in social behavior. Guilford Press, 2009.

LEGENDRE, P. **El crimen del cabo Lortie**. Tratado sobre el padre. Buenos Aires: Siglo Veintiuno, 1994.

LE TEXIER, Thibault. **Histoire d'un mensonge**: enquête sur l'expérience de Stanford. Zones, 2018.

LHERMITTE, François. Human autonomy and the frontal lobes. Part II: patient behavior in complex and social situations: the "environmental dependency syndrome". **Annals of Neurology**, v. 19, n. 4, p. 335-343, 1986.

LIMA, Andréa Pereira de. O modelo estrutural de Freud e o cérebro: uma proposta de integração entre a psicanálise e a neurofisiologia. **Rev. Psiquiatr. Clín.**, São Paulo, v. 37, n. 6, p. 280-287, 2010. Disponível em: http://www.scielo.br/scielo.php?script=sci_arttext&pid=S0101-60832010000600005&lng=en&nrm=iso. Acesso em: 27 jan. 2017.

LOMBROSO, C. **Les derniers recherches d'antropologie criminel,** Actes du deuxième, Paris, 1889, p. 25-27.

LOMBROSO, C. **O homem delinquente**. Tradução de Maristela Bleggi Tomasini. Porto Alegre: Ricardo Lenz, 2001.

LOVIBOND, S. H.; X. MITHIRAN; ADAMS, W. G. The effects of three experimental prison environments on the behaviour of non-convict volunteer subjects. **Australian Psychologist,** v. 14, n. 3, p. 273-287, 1979.

MACDONALD, John M. The threat to kill. **American Journal of Psychiatry**, v. 120, n. 2, p. 125-130, 1963.

MALUF-SOUZA, Olimpia. O ódio de si e o fascínio pela morte: o gozo ilimitado do sujeito perverso. Artigo publicado nos anais do V SEAD, Universidade Federal do Rio Grande do Sul-UFRGS, 2011.

MAROCCO, Beatriz. Crítica das práticas jornalísticas, um pequeno inventário. **Revista Observatório**, v. 4, n. 1, p. 377-397, 2018.

MARRIOTT, Trevor. **Jack the Ripper:** the 21st century investigation. John Blake Publishing, 2007.

MARSH, Abigail A. et al. Reduced amygdala response to fearful expressions in children and adolescents with callous-unemotional traits and disruptive behavior disorders. **American Journal of Psychiatry**, v. 165, n. 6, p. 712-720, 2008.

MARTA, Taís N.; MAZZONI, Renata M. O. Assassinos em série: uma questão legal ou psicológica? **Revista de Direito**, v. 10, n. 17, p. 22-37, 2009.

MAZZUCA, Renata. El psicopata y su partenaire. **Revista Alcmeón,** v. 9, n. 35, Buenos Aires, 2000.

MCCORD, William; MCCORD, Joan. **The psychopath:** an essay on the criminal mind. 1964.

Mercer, N. **Fate – Inside the backpacker murders investigation**. Sydney: Random House, 1997.

MCCRAW, Kimberly. **Why cannibalism?**. 2011. Disponível em: https://deepblue.lib.umich.edu/bitstream/handle/2027.42/85302/kimmik.pdf?sequence=1&isAllowed=y. Acesso em: 7 dez. 2016.

MEDRADO DE ARAÚJO, Antonio Fábio. **Solução final do serial killer no positivismo de Hans Kelsen**. São Paulo: Pillares, 2012.

MELOY, J. Reid. **The psychopathic mind:** origins, dynamics, and treatment. Rowman & Littlefield, 1992.

MIRA Y LOPES, Emilio. **Manual de psicologia jurídica**. Tradução de Elso Arruda. São Paulo: Impactus, 2007.

MIRABETE, Júlio Fabbrini. **Manual de direito penal**. Volume 2. São Paulo: Atlas, 2011.

MILGRAM, Stanley; GUDEHUS, Christian. **Obedience to authority**. 1978.

MILLON, Theodore et al. **Psycopathy:** antisocial, criminal and violent behaviours. New York: The Guilford Press, 2003.

MONTEIRO, Klaylian M. S. N. Assassinos seriais e os efeitos no psiquismo e no laço social. **Rev. Latinoam. Psicopatologia**, v. 17, n. 3, p. 738-748, 2014.

MORANA, H. **Escala Hare PCL-R:** critérios para pontuação de psicopatia revisados. Versão brasileira. São Paulo: Casa do Psicólogo, 2004.

MORANA, H.; STONE, Michael H; ABDALLA-FILHO, Elias. Personality disorders, psychopathy and serial killers. **Rev. Bras. Psiquiatr.**, São Paulo, 2013. Disponível em: http://www.scielo.br/scielo.php?script=sci_arttext&pid=S1516-44462006000600005&lng=en&nrm=iso. Acesso em: 4 ago. 2013.

MORRISON, H.; GOLDBERG, H. **Mi vida con los asesinos em serie**. Barcelona: Océano, 2004.

MOSQUERA, C. A. M.; Valencia, J. G.; Acosta, C. A. P.; Rico, O. A C.; Restrepo, C. G.; Viana, J. C. A. **Aspectos neurobiológicos de la psicopatia**. Iatreia, 2004.

MOTA, Leidiana Alves. Práticas funerárias e canibalismo no Pleistoceno Inferior e Médio da Península Ibérica: leitura bibliográfica dos estudos de caso de Gran Dolina e Sima de Los Huesos, Atapuerca - Espanha. **Revista de Iniciação Científica**, v. 10, n. 1, 2014.

MOURA, Luiz Alberto. Dos serial killers. Ensaio acerca do Mal que escondemos, das definições, das relações com a sociedade. **Working Papers**. 3ª série. n. 48. Porto, 2017.

MYERS, Wade C.; GOOCH, Erik; MELOY, J. Reid. The role of psychopathy and sexuality in a female serial killer. **Journal of Forensic Science**, v. 50, n. 3, p. 1-6, 2005.

NADIS, S. Utter amorality: can psychopaths feel emotions? **Academic Search Premier**, v. 17, p. 12, 2002.

NEWTON, Michael. **A enciclopédia de serial killers**. Tradução de Ana Lucia Mantovani Ferreira. São Paulo: Madras, 2002.

NORRIS, Joel. **Serial killers**. New York: Doubleday, 1989.

NORRIS, Joel. **Serial killers:** the growing menace. New York: Anchor Books, 1988.

NUCCI, Guilherme de Souza. **Código Penal Comentado**. São Paulo: Editora Revista dos Tribunais, 2010.

NUCCI, Guilherme de Souza. **Código de Processo Penal Comentado**. São Paulo: Revista dos Tribunais, 2013.

ORGANIZAÇÃO MUNDIAL DA SAÚDE. **Classificação de transtornos mentais e de comportamento da CID-10** – Diretrizes diagnósticas e de tratamento para transtornos mentais em cuidados primários. Porto Alegre: Artes Médicas, 1998.

PÁDUA, Cláudia Maria França. **O criminoso e seu juízo...** Existe prazer em matar? Belo Horizonte: Lider, 2008.

PARENTE, Gaetano. Serial killer: il database mondiale. Tueur en série: une base de données mondiale. Serial killer: a worldwide database. **Rivista di Criminologia, Vittimologia e Sicurezza**, vol. X, n. 2. Disponível em: http://www.vittimologia.it/rivista/articolo_parente_2016-02.pdf. Acesso em: dez. 2016.

PASINATO, Wânia et al. "Femicide" and the death of women In Brazil ["Femicídios" e as mortes de mulheres no Brasil]. **Cadernos Pagu**, p. 219-246. 2011.

PAULHUS, Delroy L.; WILLIAMS, Kevin M. The dark triad of personality: narcissism, Machiavellianism, and psychopathy. **Journal of Research in Personality**, v. 36, n. 6, p. 556-563, 2002.

PENROSE, Valentine. **Erzsébet Báthory: la comtesse sanglante**. Mercure de France, 1962.

PEREIRA, Mário Eduardo Costa. Krafft-Ebing, a Psychopathia Sexualis e a criação da noção médica de sadismo. **Rev. Latinoam. Psicopatol. Fundam.**, São Paulo, v. 12, n. 2, jun. 2009. Disponível em: http://www.scielo.br/scielo.php?script=sci_arttext&pid=S1415-47142009000200011&lng=e n&nrm=iso. Acesso em: ago. 2013.

PHILBIN, Tom; PHILBIN, Michael. **killer book of serial killers**: incredible stories, facts, and trivia from the world of serial killers. Sourcebooks, 2009.

PICCINI, Amina Maggi. Visão psicanalítica do imaginário dos inquisidores e das bruxas (Malleus Maleficarum). **Rev. Bras. Psicanál**, p. 367-401, 1987.

PRACANA, Clara. Felix Culpa: ensaio psicanalítico sobre a culpa. 2007. Tese de Doutorado. Instituto Superior de Psicologia Aplicada (Portugal).

PRIKLADNICKI, Fábio. O mito virou linguiça. **Aplauso – Cultura em Revista**. Ano 7, 2005, p. 26-31.

PONTES, Nicole; BRITO, Simone. Contra o efeito Lúcifer: esboço para uma teoria sociológica do mal. **RBSE – Revista Brasileira de Sociologia da Emoção**, v. 13, n. 39, p. 384-398, dez. 2014.

QUINET, Antonio. **Psicose e laço social**: esquizofrenia, paranoia e melancolia. Rio de Janeiro: Jorge Zahar, 2006.

QUINET, Antonio. **Psicanálise e psiquiatria**: controvérsias e convergências. Rio de Janeiro: Rios Ambiciosos, 2001.

RAINE, Adrian. **A anatomia da violência**: as raízes biológicas da criminalidade. Porto Alegre: Artmed, 2015.

RÁMILA, Janire. **Predadores humanos**: o obscuro universo dos assassinos em série. São Paulo: Madras, 2012.

REIK, T. **Le Besoin d'avouer: psychanalyse du crime et du châtiment**. Paris: Payot, 1997.

REIK, T. **Geständniszwang und Strafbedürfnis**. Probleme der Psychoanalyse und der Kriminologie. Psychoanalyse und Justiz. Frankfurt: A. Mitscherlich, 1971.

REIK, T. **Le Besoin d'avouer: psychanalyse du crime et du châtiment**. Paris: Payot, 1997.

REINHARDT, James. **Sex perversions and sex crimes**. 3. ed. Illinois: C. C. Thomas, 1957.

RESSLER, Robert; BURGESS, Ann; DOUGLAS; John. **Sexual homicide**. Lexington, Massachusetts: Lexington Books, 1988.

RESSLER, Robert; BURGESS, Ann. Crime scene and profile characteristics of organized and disorganized serial murderers. **FBI Law Enforcement Bulletin** 114-126. 1985. Disponível em: https://vault.fbi.gov/Criminal%20Profiling/Criminal%20Profiling%20Part%206%20of%207. Acesso em: 5 dez. 2016.

RESSLER, Robert; SHACHTMAN, Tom. **Asesinos en serie**. Tradução de María Faidella. Barcelona: Ariel, 2005.

RESSLER, Robert; SHACHTMAN, Tom. **Dentro del monstro**: um intento de comprender a los asesinos em serie. Tradução de María Faidella. Barcelona: Ariel, 2003.

ROCA, Lluís Borrás. **Asesinos en serie españoles**. 2. ed. Barcelona: Bosch Editor, 2002.

RODRIGUES, Alexandre Manuel Lopes. O psicopata frente ao direito penal. In: FRANCO FILHO, Georgenor de Sousa. **Temas Atuais de Direito**. 1. ed. Rio de Janeiro: LMJ Mundo Jurídico, 2013. p. 1-16.

RULE, Ann. **The stranger beside me**. Planet Ann Rule, 2012.

SÁ, Alvino Augusto de. Homicidas seriais. **Revista Brasileira de Ciências Criminais**, v. 7, n. 27, São Paulo, julho-setembro, 1999.

SABBATINI, Renato M. E. O cérebro do psicopata. **Revista Eletrônica de Divulgação Científica em Neurociência**. Internet, 1998.

SANTOS, Juarez Cirino dos. **A criminologia radical**. Rio de Janeiro: Lumen Juris, 2006.

SANTOS, Maria Josefina Medeiros. Sob o véu da psicopatia. 2013. Tese de Doutorado. Dissertação de mestrado). Universidade Federal de Minas Gerais, Programa de Pós-Graduação em Psicologia, Belo Horizonte.

SANTOS, Washington. **Dicionário jurídico brasileiro**. 2. ed. São Paulo: Del Rey, 2001.

SANTOS, William; DOS SANTOS, William Douglas Resinente (Coord.). **Medicina Legal:** teoria e prática à luz do direito penal e processual penal. Rio de Janeiro: Impetus, 2006.

SCHECHTER, Harold. **Serial killer:** anatomia do mal. Rio de Janeiro: Darkside, 2013.

SCHMID, David. **Natural born celebrities: serial killers in American culture**. University of Chicago Press, 2006.

SCHMIDT, Paulo. **Jack, o estripador**: a verdadeira história, 120 anos depois. São Paulo: Geração Editorial. 2008.

SCHNEIDER, Kurt. **Les Personnalités psychopathiques**: "die psychopathischen Persönlichkeiten", par le Prof. Kurt Schneider... Traduit de l'allemand par Francis Demers. Presses Universitaires de France, 1955.

SEGRAVE, Kerry. **Women serial and mass murderers:** a worldwide reference, 1580 through 1990. McFarland & Company, 1992.

SELTZER, Mark. **Serial killers: death and life in America's wound culture**. Routledge, 2013.

SHECAIRA, Sérgio Salomão. **Criminologia**. São Paulo: Revista dos Tribunais, 2004.

SHECAIRA, Sérgio Salomão. **Mídia e crime**. Estudos criminais em homenagem a Evandro Lins e Silva. São Paulo: Método, 2001.

SHINE, K. **Psicopatia**: coleção clínica psicanalítica. São Paulo: Casa do Psicólogo, 2000.

SIMON, Robert I. **Homens maus fazem o que homens bons sonham**: um psiquiatra forense ilumina o lado obscuro do comportamento humano. Porto Alegre: Artmed, 2009.

SOARES, Olavo Pinheiro. O cariótipo XYY e a criminalidade. **Arquivos Brasileiros de Psicologia Aplicada**, v. 22, n. 4, p. 47-60. 1970.

SOEIRO, Cristina; GONÇALVES, Rui Abrunhosa. O estado de arte do conceito de psicopatia. **Aná. Psicológica**, Lisboa , v. 28, n. 1, p. 227-240, jan. 2010 . Disponível em: http://www.scielo.mec.pt/scielo.php?script=sci_arttext&pid=S0870-82312010000100016&lng=pt&nrm=iso. Acesso em: 24 dez. 2016.

SOLANO, Ricardo Noguera; GUTIÉRREZ, Rosaura Ruiz. La tinta invisible: Darwin y la fuerza de la herencia. **Arbor**, v. 182, n. 718, p. 207-217, 2006.

SOU DA PAZ. Onde mora a impunidade – por que o Brasil precisa de um indicador nacional de esclarecimento de homicídios. 2017. Disponível em: http://www. http://soudapaz.org/upload/pdf/index_isdp_web.pdf. Acesso em: 15 fev. 2018.

SPINNEY, Laura. Roots of brutality. **New Scientist**, v. 228, n. 3047, p. 40-43, 2015.

STASCH, R. **Giving up homicide**: Korowai experience of witches and police (West Papua). Oceania, 72(1):33-52. 2001.

STONE, Michael. **Personality disordered patients**: treatable and untreatable. Washington, DC: American Psychiatric Press, 2006.

SUSKING, P. **El perfume**: historia de um asesino, Buenos Aires: Seix Barral, 1991.

TAVARES, Juarez. **Teoria do injusto penal**. Belo Horizonte: Del Rey, 2000.

TENDLARZ, Silvia; GARCIA, Carlos Dante. **A quem o assassino mata** – o serial killer à luz da criminologia e da psicanálise. Tradução de Rubens Correia Junior. São Paulo: Atheneu, 2013.

TENDLARZ, Silvia. Acerca del Kakon. **Malentendido** 3, Buenos Aires, 1988.

TENDLARZ, Silvia. Los homicídios inmotivados: presentación. **Malentendido** 5, Buenos Aires, 1989.

TENDLARZ, Silvia. Una agresión inmotivada (con F. Gorog). **Malentendido** 5, Buenos Aires, 1989.

TENDLARZ, Silvia. L'autopunition dans Le cas Aimée. Quarto 33-34, Bélgica, 1989.

TENDLARZ, Silvia. Los cortadores de trenzas: presentación. **Malentendido** 6, Buenos Aires, 1990.

TENDLARZ, Silvia. La prise de sujet par la guerre. Quarto 46, Bélgica, 1991.

TENDLARZ, Silvia. Guiraud: la inmotivación del homicidio en la psicosis. Etiem 1, Buenos Aires, 1995.

TENDLARZ, Silvia. A quem o assassino mata? **Curinga**, Belo Horizonte, (22): 167-182, jun. 2006.

THOMAS, M.E. **Confessions of a sociopath**: a life spent hiding in plain sight. New York: Crown, 2013.

THOMPSON, Augusto. **A questão penitenciária**: de acordo com a Constituição de 1988. 3. ed. Rio de Janeiro: Forense, 1991.

THOMPSON, Augusto. **Quem são os criminosos**: o crime e o criminoso, entes políticos. Rio de Janeiro: Lumen Juris, 1998.

TJMG. **Programa do TJMG ganha reconhecimento no Brasil e no exterior**. Disponível em: http://www.tjmg.gov.br/anexos/nt/noticia.jsp?codigoNoticia=6000. Acesso em: 15 out. 2007.

TOBLER, Giseli Caroline. **O efeito Lúcifer**: como pessoas boas se tornam más. Disponível em: http://emporiododireito.com.br/o-efeito-lucifer/. 2016. Acesso em: 18 out. 2016.

TODODOV, Tzvetan. **Os inimigos da democracia**. São Paulo: Companhia das Letras, 2012.

TONKONOFF, Sergio. La culpa del hijo. La cuestión criminal en psicoanálisis. **Delito y Sociedad: Revista de Ciencias Sociales**, v. 28, p. 65-84, 2009.

TURNER, Christy G.; TURNER Jacqueline A. Cannibalism in the Prehistoric American Southwest: occurrence, taphonomy, explanation, and suggestions for standardized world definition. **Anthropological Science**, 103(1): 1-22. 1994.

TURNER, Christy G; TURNER, Jacqueline A. **Man corn:** cannibalism and violence in the Prehistoric American Southwest. Salt Lake City, Utah: The University of Utah Press. 1999.

TURVEY, Brent E. **Criminal Profiling:** an introduction to behaviorial Science analysis. 3. ed. Boston: Elsevier Academic Press, 2009.

TYRER, P.; SIMONSES, E. Personality disorder in psychiatric pratice. **WPA Official Journal.** 2003.

UBINHA, Paulo de Tarso; CASSORLA, Roosevelt Moises Smeke. Narciso: polimorfismo das versões e das interpretações psicanalíticas do mito. **Estud. Psicol. (Campinas),** v. 20, n. 3, p. 69-81, 2003.

VALLADARES, Izabelle; MACEDO, Janduí. **Os maiores crimes de todos os tempos**. Editora Valladares, 2011.

VASCONCELLOS, Silvio José Lemos. **O bem, o mal e as ciências da mente**: do que são constituídos os psicopatas. São Paulo: Ícone, 2014.

VEYLON, R. [XYY chromosomes and criminality. Has genetics rediscovered the born criminal?]. **La Presse medicale**, v. 77, n. 9, p. 333-335, 1969.

VIENDRAS (A-M), Ernst Wagner, Robert Graupp: **Un monstre et son psychiatre.** Paris: E.P.E.L, 1996.

VORPAGEL, Russel. **Profiles in murder:** an FBI legend dissects killers and their crimes. New York: Dell Publisher, 1998.

VRONSKY, Pedro. **Assassinas em série femininas:** como e por que as mulheres se tornam monstros. Pinguim, 2007.

WACQUANT, Loïc. **As prisões da miséria**. Tradução de André Telles. Rio de Janeiro: Jorge Zahar Editores, 2001.

WALSH, Anthony. African Americans and serial killing in the media: the myth and the reality. **Homicide Studies**, v. 9, n. 4, p. 271-291, 2005.

WAYNE, Lindsay R. **Gifted serial killers:** John Wayne Gacy, Edmund Kemper, Theodore Bundy: an honors thesis (HONRS 499). 2007.

WHITMAN, Terry A.; AKUTAGAWA, Donald. Riddles in serial murder: A synthesis. **Agression and Violent Behavior**, v. 9, n. 6, p. 693-703, 2004.

WILSON, James Q.; KELLING, George L. Broken Windows: the police and neighborhood safety. **The Atlantic** (Digital edition), mar., 1982.

WINNICOTT, D. W. Aspectos clínicos e metapsicológicos da regressão dentro do setting psicanalítico (p. 459-481). In: WINNICOTT, D. W. **Textos selecionados: da pediatria à psicanálise.** Rio de Janeiro: Francisco Alves, 1988. (Original publicado em 1954.)

WRIGHT, Emily M. The measurement of psychopathy dimensional and taxometric approaches. **International Journal of Offender Therapy and Comparative Criminology**, v. 53, n. 4, p. 464-481, 2009.

YAMADA, Lia Toyoko. O horror e o grotesco na psicologia – a avaliação da psicopatia através da Escala HARE PCL-R (psychopathy checklist revised). 2009. Tese de Doutorado. Dissertação (mestrado). Universidade Federal Fluminense, Instituto de Ciências Humanas e Filosofia, Programa de Pós-Graduação em Psicologia. Niterói, RJ.

YOUNG, Jock. **A sociedade excludente**: exclusão social, criminalidade e diferente da modernidade recente. Tradução de Renato Aguiar. Rio de Janeiro: Revan, 2002.

ZAFFARONI, Eugenio Raúl. **Criminología**: aproximación desde un margen. Bogotá: Temis, 1998.

ZIMBARDO, Philip. **Urban decay, vandalism, crime and civic engagement**. In: Schrumpfend Sadte/Shrinking Cities Bolenius, F. (Org.) Berlim: Philip Oswalt, 2005.

ZIMBARDO, Philip G.; LEIPPE, Michael R. **The psychology of attitude change and social influence**. McGraw Hill Book Company, 1991.

ZIMBARDO, Philip. **O efeito Lúcifer:** como pessoas boas se tornam más. Rio de Janeiro: Record, 2013.

NOTAS

1. Na psicanálise lacaniana, se refere a um dos processos que caracterizam – junto com a metáfora – a linguagem do inconsciente. Na psicanálise, o processo metonímico é uma forma de pensamento onde um elemento ou símbolo é usado para representar algo mais amplo ou abstrato. É como usar uma parte para representar o todo.

2. Na criminologia, a teoria de uma sociedade consensual baseou todas as escolas criminológicas até a década de 1960, quando foi suplantada pela ideia de uma sociedade de conflito. Tal mudança de paradigma se intensificou com os teóricos do Labelling Approach (BARATTA, 2002). A sociedade de consenso parte do princípio de que existe na comunidade um consenso de valores e a unidade se dá pela coesão. Para os teóricos do conflito, a sociedade é pautada pela coerção, pois não existe consenso de valores entre os sujeitos. Nesse sentido, temos o binômio dominação *versus* sujeição para que a sociedade funcione.

3. Lembramos que vamos utilizar o termo "sociopata" eventualmente nesta obra, devido à grande presença dessa definição nas obras relativas a homicidas em série. No entanto, sabemos que muitos profissionais rechaçam o termo, por considerar que não se trata de um termo clínico.

4. Médico italiano que em 1874 lançou o livro *O homem delinquente*, em que disserta sobre o atavismo e o determinismo biológico que leva ao crime. Tal autor e suas teorias serão analisadas em capítulo específico desta obra.

5. A contracultura deve ser considerada um movimento de contestação da cultura majoritária, surgido nos Estados Unidos, na década de 1960. Tal movimento preconizava o abandono dos valores morais e sociais pautados no capital, no consumo e na exploração. Pregava, assim, uma cultura heterogênea, de aceitação dos diferentes, incentivava as propostas de paz. Deu também protagonismo às lutas ambientais e de respeito à natureza. Além disso, e principalmente, questionou a sociedade americana patriarcal e branca, iniciando uma luta pelos direitos das minorias e dos excluídos. Tal movimento fazia, ainda, forte crítica aos meios de comunicação aliados ao consumismo e alertava para uma sociedade que estava definitivamente em conflito.

6. *Kulaks* ou cúlaques é um termo de cunho estigmatizante que se usava na antiga União Soviética, em referência aos inimigos representados por proprietários de grandes e médias propriedades. Tais indivíduos sofreram na década de 1930 um extermínio, sob a justificativa da coletivização das propriedades rurais. O termo, a partir do início da política de coletivização, foi abrangendo cada vez mais camponeses, até mesmo os donos de pequenas propriedades. Tais indivíduos foram considerados pelo governo de Stalin como inimigos e sabotadores e foram caçados por anos (CATANI; LINHART, 1986).

7. Alguns autores argumentam que na verdade o termo "homicida em série" apareceu em 1961, em uma citação atribuída ao alemão Siegfried Kracauer, em um dicionário internacional.

8. Federal Bureau of Investigation.

9. Acreditamos que o melhor seria dividir os conceitos de homicida em série em *lato sensu* (sentido amplo), que levaria em conta apenas critérios objetivos e quantificáveis, e *stricto sensu* (sentido estrito), que é o apresentado nesta obra, em que os aspectos subjetivos delimitam o conceito.

10. Alguns autores afirmam que o homicídio ao acaso pode ser considerado uma **espécie** enquanto o homicídio em massa seria o **gênero.**

11. O homicida em série, suas motivações e sua personalidade foram estudados em diferentes obras. Entre elas, citamos "Murder for Profit", do criminólogo Bolitho; "Masters of Crime", de Guy Logan; "Murders by Numbers", de Grierson Dickson; "Murder and Madness", de Donald Lunde; "Whoever Fights Monsters", de Robert K. Ressler; "Hunting Humans: The Rise of the Modern Multiple Murderer", de Elliot Leyton; e "My Life among the Serial Killers", de Helen Morrison e Harold Goldberg.

12. Lembramos que tais estatísticas, embora bastante difundidas, carecem de melhor definição das variáveis, do grupo pesquisado etc.

13. Mauro Paulino é coordenador da Mind | Instituto de Psicologia Clínica e Forense (Lisboa, Portugal), psicólogo forense consultor do Instituto Nacional de Medicina Legal e Ciências Forenses (INMLCF, IP) e coordenador da pós-graduação em Psicologia Forense da Universidade Autónoma de Lisboa.

14. Esse fragmento foi escrito pelo psicólogo Mauro Paulino exclusivamente para o livro, atendendo a um pedido do autor.

15. Como referências bibliográficas, Mauro Paulino utilizou: Convenção sobre os Direitos da Criança adotada pela Assembleia Geral das Nações Unidas, em 20 de novembro de 1989. Echeburúa, E.; Guerricaechevarría, C. (2000). *Abuso sexual en la infancia: víctimas y agresores un enfoque clínico.* Barcelona: Editorial Ariel. Gordon, N.; Fleisher, W. (2011). *Effective interviewing and interrogation techniques.* London: Elsevier. Machado, C. (2003). Abuso sexual de crianças. In Machado, C.; Gonçalves, R. (Coords.). *Violência e vítimas de crimes: crianças.* 2. ed. p. 39-93. Coimbra: Quarteto Editora. Paulino, M. (2009). *Abusadores sexuais de crianças: a verdade escondida.* Lisboa: Prime Books. Paulino, M. (2012). Caracterização dos abusadores sexuais de crianças. In Almeida, F.; Paulino, M. (Coords.). *Profiling, vitimologia e ciências forenses: perspetivas atuais.* p. 361-376. Lisboa: Pactor. Santos, J. C.; Costa, T. (2014). Exame médico de crianças vítimas de abuso sexual: da ausência de evidência à evidência da ausência. In Paulino, M.; Almeida, F. (Coords.). *Psicologia, justiça & ciências forenses: perspetivas atuais.* p. 179-202. Lisboa: Pactor. Salter, A. (2003). *Pedofilia e outras agressões sexuais: como nos podemos proteger a nós e aos nossos filhos.* Lisboa: Editorial Presença.

16. A psicopatia será tratada em capítulo próprio, mas desde já deve-se deixar claro que tal fenômeno está intrinsecamente ligado aos crimes em série e, por vezes, é impropriamente considerado sinônimo de homicida em série.

17. Famosos homicidas americanos: John Gacy e Ted Bundy.

18. *Hotline* tem o sentido de disque-denúncia, ou uma linha segura para os familiares da vítima receberem informações.

19. Estudos recentes desconstroem a ideia do psicopata como um sujeito de inteligência acentuada. Uma pesquisa, com quase duas centenas de pessoas que apresentavam traços de psicopatia, demonstrou que essas pessoas tiveram os piores resultados em testes de inteligência (DE RIBERA; KAVISH; BOUTWELL, 2017).

20. Misoginia é o ódio, desprezo ou aversão ao sexo feminino.

21. Lembramos que os conceitos e definições apresentados neste livro visam facilitar o estudo e propiciar um caminho inicial às investigações. Não se deve considerá-los como sendo conceitos fechados ou possibilidades diretas de diagnóstico. Vale ressaltar que a subjetividade deve ser analisada em cada indivíduo, e o caminho que leva à aproximação de homicidas com psicopatas pode levar a graves erros e condenações, além de contribuir para a estigmatização de sujeitos.

22. Famosos homicidas americanos, David Richard Berkowitz e Richard Chase.

23. No Brasil, temos um parque na cidade de São Paulo como local onde o conhecido "Maníaco do Parque" cumpria seu ritual homicida.

24. Os irmãos Milat ficaram conhecidos como homicidas de mochileiros, no entanto, apenas Ivan Robert Marko Milat foi devidamente condenado, por sete mortes, ocorridas entre os anos de 1980 e 1990. Seu *modus operandi* se caracterizou por atacar em territórios que conhecia bem e levava suas vítimas para áreas inabitadas.

25. Neste item, tratamos do lugar do crime. Veja também o tópico "estradeiros", um tipo de homicida em série.

26. Para um melhor estudo da obra de Krafft-Ebing, indicamos: PEREIRA, Mário Eduardo Costa. Krafft-Ebing, a Psychopathia Sexualis e a criação da noção médica de sadismo.

27. O artigo 121 do Código Penal Brasileiro, em seu *caput* e parágrafos 1º e 2º, assim afirma: Art. 121. Matar alguém: Pena – reclusão, de seis a vinte anos. [...] Homicídio qualificado § 2º Se o homicídio é cometido: I – mediante paga ou promessa de recompensa, ou por outro motivo torpe; II – por motivo fútil; III – com emprego de veneno, fogo, explosivo, asfixia, tortura ou outro meio insidioso ou cruel, ou de que possa resultar perigo comum; IV – à traição, de emboscada, ou mediante dissimulação ou outro recurso que dificulte ou torne impossível a defesa do ofendido; V – para assegurar a execução, a ocultação, a impunidade ou vantagem de outro crime: Pena – reclusão, de doze a trinta anos. Feminicídio VI – contra a mulher por razões da condição de sexo feminino: VII – contra autoridade ou agente descrito nos arts. 142 e 144 da Constituição Federal, integrantes do sistema prisional e da Força Nacional de Segurança Pública, no exercício da função ou em decorrência dela, ou contra seu cônjuge, companheiro ou parente consanguíneo até terceiro grau, em razão dessa condição: VIII – com emprego de arma de fogo de uso restrito ou proibido: Homicídio contra menor de 14 (quatorze) anos. IX – contra menor de 14 (quatorze) anos: Pena – reclusão, de doze a trinta anos.

28. Quando se fala em qualificação no direito penal, estamos nos referindo a situações específicas descritas nos artigos (tipos penais) que devem majorar a pena em abstrato do crime. Nesse sentido, no homicídio simples a dosimetria da pena do agressor partirá de 6 a 20 anos. Se houver qualificadoras (uma ou mais), a sanção do agressor, na dosimetria, deverá partir da pena em abstrato de 12 a 30 anos (NUCCI, 2002).

29. Qualificações subjetivas são aquelas situações que devem majorar a pena em abstrato do agressor e estão relacionadas com o fim de agir, o desejo interno do agente dirigido a um resultado. Tal conduta está relacionada à esfera interna do agente e não ao ato praticado em si (NUCCI, 2002).

30. Motivo fútil é aquele insignificante, desproporcional. Não se confunde com a ausência de motivação ou motivação injusta (NUCCI, 2002).

31. Motivo torpe é vil, abjeto, reprovável pelo homem médio. Demonstra desprezo pelos valores sociais. Não se confunde com o mero motivo reprovável (NUCCI, 2002).

32. Em relação ao homicídio (chamado por alguns doutrinadores de) privilegiado temos: **Caso de diminuição de pena** § 1º Se o agente comete o crime impelido por motivo de relevante valor social ou moral, ou sob o domínio de violenta emoção, logo em seguida a injusta provocação da vítima, o juiz pode reduzir a pena de um sexto a um terço.

33. A eutanásia é a chamada morte piedosa, com participação ativa. O sujeito opta por não mais prolongar sua vida. A ortotanásia é também uma morte piedosa, mas com participação passiva – a eutanásia omissiva, ou seja, a pessoa se deixa morrer. Ver enunciados 403 e 528 da V Jornada do Conselho Federal de Justiça. Ver também Resolução nº 1.805/2006 do Conselho Federal de Medicina (CFM). Por fim, temos ainda a distanásia, que se dá pelo prolongamento da vida de maneira artificial, mas causando dor e sofrimento desnecessários ao sujeito (NUCCI, 2002).

34. Indicamos o filme *Vivos*, de 1993, com direção de Frank Marshall, que conta a história do time de rúgbi que cai nos Andes. Indicamos ainda o livro *O caso dos exploradores de caverna*, de Lon Fuller, que conta a história de cinco pessoas presas em uma caverna que vivem um dilema entre a fome e o canibalismo, sendo posteriormente julgadas pelos atos cometidos.

35. Em relação à lesão corporal, o Brasil a tipifica no artigo 129 do Código Penal.

36. No Brasil, o crime que trata da profanação encontra-se no artigo 210 do Código Penal, que se refere a violação de sepultura.

37. No Código Penal, temos o vilipêndio a cadáver: **Vilipêndio a cadáver** Art. 212 – Vilipendiar cadáver ou suas cinzas: Pena – detenção de um a três anos e multa.

38. A zelofilia é uma parafilia em que o prazer buscado pelo casal se faz mediante jogos eróticos complexos que envolvem terceiros na relação sexual. O componente principal é o ciúme, e também se verifica a humilhação do cônjuge "traído". Nessa parafilia, geralmente a mulher assume um papel de protagonista, com o homem sendo o indivíduo passivo, a olhar a cena.

39. A necrofilia é uma parafilia em que o prazer deriva do contato direto com cadáveres.

40. O Código Penal diferencia ambos os crimes, sendo que o homicídio consta do artigo 121 (e trata de matar alguém) e o latrocínio, no artigo 157 (e trata de subtrair com violência ou grave ameaça o objeto de alguém, resultando em morte).

41. O latrocínio, ainda não explicitado no trabalho, segue no Código Penal desta forma: **CAPÍTULO II - DO ROUBO E DA EXTORSÃO Roubo** Art. 157 – Subtrair coisa móvel alheia, para si ou para outrem, mediante grave ameaça ou violência a pessoa, ou depois de havê-la, por qualquer meio, reduzido à impossibilidade de resistência: Pena – reclusão, de quatro a dez anos, e multa. [...] § 3º Se da violência resulta lesão corporal grave, a pena é de reclusão, de sete a quinze anos, além da multa; se resulta morte, a reclusão é de vinte a trinta anos, sem prejuízo da multa.

42. Cifra oculta (preferimos aqui cifra oculta ao antigo "cifra negra") é a maneira como a criminologia classifica os crimes que são cometidos na sociedade, mas que, por vários motivos, não chegam a ser conhecidos das autoridades. Também tem relação com crimes não solucionados ou sem suspeitos. Tais cifras têm variações, tais como as cifras douradas, que fazem referência aos crimes cometidos por pessoas abastadas e que, em razão de seu poder econômico, também não são alcançados pelas agências de controle penal.

43. As lâmias fazem parte da mitologia grega, eram belas mulheres que devoravam crianças. Originalmente, tal demônio era a rainha da Líbia, que foi vítima do ciúme de Hera.

44. O filme é de 1931.

45. Tal personagem lendário realmente existiu. Foi o rei da atual Romênia (antiga Valáquia), nascido na Transilvânia (Sighisoara). Destacou-se como um exímio combatente e participou de uma série de batalhas. Destacou-se contra os otomanos. Autor de homicídios em massa, ficou famoso por sua crueldade para com os inimigos. Matou e ordenou a morte de milhares de pessoas. A alcunha "empalador" se deve à maneira com que preferia matar suas vítimas. Embora muitos atribuam a ele a origem das lendas de vampiro, ele ficou mais conhecido pelo prazer de assistir e participar de torturas do que necessariamente por beber o sangue de suas vítimas. O escritor Bram Stoker se baseou nesse personagem e nas lendas e histórias de que tal rei apreciava beber o sangue humano durante as torturas e empalamentos para criar o vampiro Drácula.

46. Erzsébet Báthory (século XVI) e De Rais (século XV) se tornaram figuras lendárias devido às acusações que os acompanharam. Juntos podem ter matado mais de 400 pessoas.

47. A era vitoriana faz referência ao período em que a rainha Vitória governou a Inglaterra, de 1837 a 1901.

48. É importante esclarecer que ninguém pode cometer crime de pedofilia ou necrofilia, pois tais palavras se referem a transtornos de ordem sexual e não fazem referência a um tipo penal de mesmo nome. As pessoas que praticarem tais atos responderão por crimes específicos; no caso da necrofilia, podemos utilizar o artigo 212 do Código Penal: Art. 212 – Vilipendiar cadáver ou suas cinzas: Pena – detenção de um a três anos e multa. Já em relação à pedofilia, o agente pode cometer, entre outros crimes, o estupro de vulnerável (217-A).

49. Criança é pessoa de 12 anos de idade incompletos, e adolescente aquela entre 12 e 18 anos de idade, segundo o Estatuto da Criança e do Adolescente – ECA (art. 2º).

50. A pedofilia se enquadra, aqui, como a gerontofilia, atração sexual por pessoas idosas (também conhecida por alfamegamia ou graofilia), e a teleiofilia, que é a atração do menor por adultos.

51. No Código Penal, o estupro de vulnerável se encontra no artigo 217-A: Art. 217-A. Ter conjunção carnal ou praticar outro ato libidinoso com menor de 14 (catorze) anos: Pena – reclusão, de 8 (oito) a 15 (quinze) anos. § 1º Incorre na mesma pena quem pratica as ações

descritas no *caput* com alguém que, por enfermidade ou deficiência mental, não tem o necessário discernimento para a prática do ato, ou que, por qualquer outra causa, não pode oferecer resistência. § 3º Se da conduta resulta lesão corporal de natureza grave: Pena – reclusão de 10 (dez) a 20 (vinte) anos. § 4º Se da conduta resulta morte: Pena – reclusão de 12 (doze) a 30 (trinta) anos. § 5º As penas previstas no *caput* e nos §§ 1º, 3º e 4º deste artigo aplicam-se independentemente do consentimento da vítima ou do fato de ela ter mantido relações sexuais anteriormente ao crime.

52. O Estatuto da Criança e do Adolescente – ECA – descreve uma série de crimes de cunho sexual e violento que envolvem crianças e adolescentes. Desde a produção de vídeos de caráter sexual ou vexatório à publicação de fotos com pornografia. As penas podem variar de 2 a 8 anos, em alguns casos.

53. O Código Penal também protege as crianças e adolescentes em vários outros artigos. Como exemplos, podemos citar o 218 (corrupção de menores), o 218-A (satisfação de lascívia mediante presença de criança ou adolescente), o 218-B (favorecimento da prostituição ou de outra forma de exploração sexual de criança ou adolescente ou de vulnerável) e o 218-C (divulgação de cena de estupro ou de cena de estupro de vulnerável, de cena de sexo ou de pornografia). No ECA, temos o artigo 244-A (submeter criança ou adolescente à prostituição ou à exploração sexual), entre outros.

54. Abordaremos mais adiante as origens do pensamento biodeterminista e sua influência até os dias atuais.

55. O próprio DSM afirma, sobre o transtorno da personalidade antissocial, que esse padrão também já foi referido como psicopatia, sociopatia ou transtorno da personalidade dissocial.

56. Tais classificações serão abordadas principalmente mais adiante.

57. CID-10 – Classificação Estatística Internacional de Doenças e Problemas Relacionados à Saúde – http://www.datasus.gov.br/cid10/ v2008/cid10.htm.

58. DSM-5 – Manual Diagnóstico e Estatístico de Transtornos Mentais. Manual direcionado a profissionais da área da saúde mental, que identifica diversas categorias de transtornos mentais e estabelece critérios para diagnóstico.

59. Como frisamos em nota anterior, ver DE RIBERA; KAVISH; BOUTWELL (2017).

60. A palavra "sadismo" decorre do nome do polêmico escritor francês Marquês de Sade, ou Donatien Alphonse François de Sade (1740-1814).

61. Alguns traduzem esse fenômeno como tríade negra da personalidade.

62. *Manie sans délire* – "loucura sem delírio" ou "loucura racional". Também podemos citar como precursor da psicopatia a chamada "moral insanity" de Prichard (HENRIQUES, 2009).

63. PCL-R – Psychopathy Checklist Revised.

64. Entre os países que adotam a PCL-R, temos: Alemanha, Bélgica, China, Dinamarca, Estados Unidos, Finlândia, Holanda, Noruega e Suécia.

65. Trecho retirado do jornal *The New York Times* do dia 8 de fevereiro de 2005, no artigo "For the Worst of Us, the Diagnosis May Be 'Evil'".

Serial killers   263

66. Vivissecção é o ato de dissecar um animal vivo com o propósito de realizar estudos de natureza anatomofisiológica. No seu sentido mais genérico, define-se como uma intervenção invasiva num organismo vivo, com motivações científico-pedagógicas.

67. Tal índice foi apresentado em um programa de televisão americano sobre investigação forense, no canal Discovery Channel.

68. Existe certa controvérsia com relação ao número de escalas no índice da maldade do professor Michael Stone; algumas traduções brasileiras apontam apenas 21 escalas. No entanto, a obra original contém 22 níveis, como descrito nesta obra.

69. Tal sigla faz referência às iniciais do padrão de ataque desse homicida em série, que seria "Bind, Torture, Kill", ou amarrar, torturar, matar.

70. No Brasil, conhecido popularmente como carrocinhas, veículos de centros de controle de zoonoses usados para recolher animais abandonados das ruas.

71. Dennis Rader está vivo e cumprindo pena perpétua em uma prisão no Kansas.

72. Sobre as "pessoas de bem" e o perigo e a falácia desse discurso, é importante citar Tzvetan Todorov, que afirma: "Por que é perigoso o projeto de impor o bem? Supondo-se que se conheça a sua natureza, seria preciso declarar guerra a todos os que não compartilham do mesmo ideal" (TODOROV, 2012, p. 59).

73. Lembramos que nos referimos a como esses homicidas se apresentavam perante a sociedade, pois muitos deles, embora conservadores nos ideais, ocultavam sentimentos totalmente opostos em sua vida privada.

74. Tal teoria, no entanto, se traduziu, na prática, em um grande instrumento de controle seletivo de cidadãos, com a criminalização de diversas condutas e a prisão em massa de negros e latinos nos Estados Unidos (WACQUANT, 2001).

75. Caso o leitor queira se aprofundar nessa crítica, indicamos PONTES, Nicole; BRITO, Simone. Contra o efeito Lúcifer: esboço para uma teoria sociológica do mal. **RBSE – Revista Brasileira de Sociologia da Emoção**, v. 13, n. 39, p. 384-398, dezembro de 2014.

76. Para o leitor que quiser se aprofundar nas críticas, ver: https://medium.com/s/trustissues/ the-lifespan-of-a-lie-d869212b1f62. Já a resposta de Zimbardo está neste endereço: http:// www.prisonexp.org/response/. Por fim, o assunto também pode ser encontrado em nosso blog: https://rubenscorreiajr.blogspot.com/2018/10/o-efeito-lucifer-e-suas-criticas-o.html.

77. *Schutzstaffel* ou, em tradução literal, "tropa de proteção". Tal grupo foi formado ainda na década de 1920 e teve como função principal, na sua história, proteger Hitler e os demais membros do partido nazista.

78. Este livro não tem a intenção de aprofundar tema tão complexo, mas somente dar ao leitor uma ideia de como somos formados, qual a natureza de nossos comportamentos e de como valores externos (como lei e cultura) podem nos moldar.

79. É importante lembrar que esta obra não se dedicará a diferenciar conceitualmente remorso de culpa, embora saibamos que as duas estruturas apresentam peculiaridades singulares.

80. A era vitoriana diz respeito aos anos de 1837 a 1901, período em que o Reino Unido teve o reinado da rainha Vitória.

81. Victor Hugo retrata muito bem o período em sua obra *Os miseráveis*, que foi publicada em 1862.

82. *Establishment* pode ser entendido como uma ordem política, ideológica, econômica e legal que constitui uma sociedade.

83. Para um maior aprofundamento em relação à criminologia em geral e principalmente seu viés crítico e engajado, indicamos as obras de Alessandro Baratta, entre outros autores.

84. Embora tenhamos notícias de jornais desde o século VIII, na China.

85. *Punch* ou *The London Charivari.*

86. Tradução livre do original (GOMEZ, 2005): *Dear Boss, I keep on hearing the police have caught me but they won't fix me just yet. I have laughed when they look so clever and talk about being on the right track. That joke about leather apron gave me real fits. I am down on whores and I shant quit ripping them till I do get buckled. Grand work the last job was. I gave the lady no time to squeal. How can they cacth me now. I love my work and want to start again. You will soon hear of me with my funny little games. I saved some of the proper red stuff in a ginger beer bottle over the last work to write with but it went thick like glue and I cant use it. Red ink is fit enough I hope ha. ha. The next job I do I shall clip the ladys ears off and send to the police officers just for jolly wouldn't you. Keep this letter back till I do a bit more work, then give it out straight. My knife's so nice and sharp I want to get to work right away if ai get a chance. Good luck. Yours truly Jack the Ripper. Don't mind me giving the trade name. PS. Wasn't good enough to post this before I got all the red ink off my hands. Curse it no luck yet. They say I am a doctor now. ha ha.*